Hanna Leybrand
Tigerküsse

Foto: © Gudrun-Holde Ortner

HANNA LEYBRAND

TIGERKÜSSE

ZWEI KLEINE ROMANE

MANUTIUS VERLAG HEIDELBERG

amico

www.manutius-verlag.de

Bibliografische Information der Deutschen Bibliothek
Die Deutsche Bibliothek verzeichnet diese Publikation in der Deutschen Nationalbibliografie; detaillierte bibliografische Daten sind im Internet über http://dnb.ddb.de abrufbar.

Einbandillustration: Aubrey Beardsley,
Titelblattentwurf zu *The Yellow Book,* Band 3, Okt. 1894
Satz: Elfenbein Verlag, Berlin
Druck: Hubert & Co, Göttingen

ISBN 978-3-944512-03-7

INHALT

TIGERKÜSSE

TIGERKÜSSE

I

VORGEPLÄNKEL

»Vier Weiber auf einen Schlag drei ganze Wochen lang. Ob das gut geht?«

»Du bist ja nicht dabei und mußt uns nicht glücklich machen, lieber Charlie.«

»Ich käme mir vor wie der Hahn im Hühnerhof.«

»Bezirksbefruchter vom Dienst. Aber nein, keine von uns würde dir das zumuten.«

Charlie blickte skeptisch drein, als Ina ihm eröffnete, sie habe mit drei Freundinnen zwei türkische Olivenpflückerhäuschen gemietet.

»Stell dir vor, an einem Hang über einem See in einem romantischen Olivenhain mit uralten Ölbäumen.«

»Wo soll das sein?«

»Zwischen Ephesus und Bodrum, vor der Kulisse des Latmosgebirges. Ich habe Fotos gesehen … der Wahnsinn, sage ich dir.«

»Ich stelle mir vier rasende Mänaden vor … «

»Ach Charlie, du bist ja nur sauer, weil wir euch Männer zu Hause lassen.«

»Was wollt ihr denn die ganze Zeit machen?«

»Wir haben uns so lange Zeit nicht mehr gesehen. Zuerst wollen wir uns mal so richtig ausquatschen.«

»Ab ovo den Urschlamm aufwühlen … Und worüber redet ihr? Über Männer natürlich!«

»Eingebildet bist du gar nicht. Ich erzähls dir haarklein, ja? wenn ich wieder da bin, bis zum letzten Liebhaber.«

Charlie hatte Spaß daran, Ina aufzuziehen. Er liebte es, wenn ihre grünen Augen zu funkeln begannen, ihre dunkle Stimme höher rutschte, wenn sie vor Eifer, ihm zu widersprechen, ein wenig außer Atem geriet und in ihren Dialekt fiel. Er mußte noch einen Trumpf daraufsetzen.

»Ich kann mir vier Männer, eingeschneit in einer Skihütte vorstellen«, stichelte er weiter, »aber vier Weibsbilder? Die eine strickt, die andere spinnt, die dritte legt die Karten?«

»Und ich bin vermutlich diejenige, die spinnt, was? Wir sind übrigens vier. Du hast eine vergessen.«

Charlie lachte vergnügt. Er hatte es wieder einmal geschafft. Ina konnte man so schön ärgern.

»Ach ja, stimmt. Ihr seid zu viert. Ja, was macht die wohl jetzt, die vierte? Ist nicht eine von euch ne durchgeknallte Yoga-Tussi mit nem gaga Vornamen?«

»Yoga Schakti … Den Namen hat sie von ihrem Guru gekriegt. Im bürgerlichen Leben heißt sie Sieglinde.«

»Auch das noch! Ich sage dir, du hältst das keine Woche lang aus, andauernd ›om, om‹ und Tschakras abzählen oder wie das Zeugs heißt … «

»Schau an, was du alles weißt, obwohl das selbst für einen promovierten Sinologen nicht unbedingt zum Wissenskanon gehört … «

»Allgemeinbildung, o meine Lotosblume.«

»Du übertriffst dich … «

»Sumpfblüte meines Untergangs … «

»Die Schakti ist aber eine ganz liebe, auch wenn sie immer noch in ihren alten Aschram nach Indien fährt, obwohl der Oberguru längst zu den Verewigten gehört. Einmal im Jahr muß sie raus aus old Europe, zum Entstressen, damit der Blutdruck runtergeht. Die Reise verdient sie sich mit Yogakursen auf einem Ozeanriesen. Die ist schon okay.«

»Aber ja, ist ja gut, Ina. Reg dich nicht auf. Du mußt deinen illustren Esoterikerinnenkreis nicht verteidigen.

Meinen Segen habt ihr. Und vergeßt nicht, euch türkische Pluderhosen nähen zu lassen in Seide aus Bursa. Aber Vorsicht mit türkischen Männern! Alles eingeschworene Obermachos … «

»Da bin ich ja prächtig eingestimmt. Aber beruhige dich, wir fahren weder ins hinterste Anatolien noch ins wilde Kurdistan … Kein Harem in Sicht, wo wir landen könnten, höchstens vielleicht ein Hamam, in dem wir uns einseifen und durchschruppen lassen, falls wir uns am See keinen Sonnenbrand holen … «

»Schade, daß ihr nicht mit mir nach China fahren wollt. Ich würde euch jeden Abend vor dem Einschlafen aus dem Djin Ping Meh vorlesen, zu deutsch: Pflaumenblüten in goldener Vase. Wir könnten den Roman nachspielen. Ich wäre der Mann. Dich würde ich als Hauptfrau, die anderen als Nebenfrauen nehmen.«

»Charlie, du nervst.«

Ina war leicht angesäuert. Sie mochte es nicht, wenn Charlie sich über sie lustig machte. Als Kenner und Liebhaber fernöstlicher Kultur, insbesondere der chinesischen, was immerhin noch den Besuch von China-Restaurants einschloß, ging er jedoch nicht so weit, sich viertausendjähriger medizinischer Erfahrung anzuvertrauen. Vielleicht hing es damit zusammen, daß er seine Brötchen in einem deutsch-chinesischen Wirtschaftsinstitut in Frankfurt verdiente, sagte sich Ina. Weder teilte er ihre Begeisterung für chinesisches Schattenboxen noch hätte er sich je freiwillig furchterregenden Akupunkturnadeln ausgesetzt oder seine Wehwehchen gar mit Kräuteraufgüssen kurieren lassen. Er hielt auch nichts davon, wie er sagte, auf einem Bein stehend mit Blick nach Osten zu meditieren, selbst wenn er dadurch eine Wahnsinnsenergie bekäme. Chinesische Literatur aber ging ihm über alles.

> Bald gerieten sie in die angenehmste Stimmung. Verliebt, wie er war, zog er ihr ein buntgesticktes Seidenpantöffelchen vom Fuß, füllte ein Schälchen Wein hinein und trank es leer. Dann verriegelte er die Tür; sie entkleideten sich und überließen sich auf dem Bett einem munteren Liebesspiel. In ihrer Ausgelassenheit glichen sie einem tollenden Phönixpärchen oder zwei Fischlein, die sich im Wasser tummeln.
>
> *Djin Ping Meh*

Indem er ihr manches schöne Buch zum Geschenk machte, steckte der Bücherwurm Charlie Ina mit dieser Leidenschaft an, bis es auch in ihrer Bibliothek eine wachsende Chinaabteilung gab, eine offene und eine geheime.

II

DIE FREUNDINNEN

Die vier Freundinnen gehörten der Fünfzig-plus-Generation an. Früher betriebene Sportarten wie Skifahren, Klettern, Wildwasserfahren im Kajak oder Surfen hatten sie aufgegeben, weil sie das Risiko scheuten. Doch hielt sich jede von ihnen fit, sei es durch Yoga, durch chinesisches Tai Chi Chuan und Chi Gong oder wie Ina, durch all dieses zusammen einschließlich ihres wöchentlichen Krafttrainings im Fitness-Studio gegenüber. Übrigens war auch Charlie im Besitz einer Jahreskarte, nur lasse ihm sein Arbeitspensum, wie er behauptete, selten Zeit. Schließlich stehe er voll im Geschirr. Auch Ina war berufstätig. Wenn man wie sie im Universitätsarchiv arbeitete unter, wie Charlie es formulierte, Kollegen, denen der Bücherstaub aus Mund und Nase quillt, dann mußte man, sagte sie sich, energisch dagegen ankämpfen, nicht selbst Staub anzusetzen. Mit ihrer Figur und dem dreifarbig gesträhnten Lockenwuschel konnte sie es, dachte sie trotzig, mit mancher Jüngeren aufnehmen. Sie trug immer noch gern enge Samthosen, die ihre schmale Hüfte betonten, und knackige Hemdblusen. Und es gab durchaus welche, die gern an ihrer Bluse genestelt hätten. Charlie ging ihren Freundinnen nicht gerade aus dem Weg. Er legte aber keinen Wert auf nähere Kontakte. Die weibliche Psyche, pflegte er zu sagen, sei ihm auch nach so vielen Jahren und Jahrzehnten immer noch ein Buch mit sieben Siegeln.

Yoga Schakti, alias Sieglinde, war geschieden von einem Mann namens Huber oder Hirber, Ina wußte es nicht genau, da Schakti es vorzog, sich darüber auszuschweigen; er war ein paar Jahre älter als sie. In einer ihrer früheren Existenzen, und deren gab es einige, wie sie sagte, und sie spielte, obwohl dem Buddhismus nicht abgeneigt, keineswegs auf die Wiedergeburt an, war sie Fremdsprachenkorrespondentin gewesen. Sie beherrschte mehrere Sprachen in Wort und Schrift, hatte lange in Sevilla gelebt und konnte Flamenco tanzen. Ina, die immerhin zwei Volkshochschulkurse in dieser schwierigen Disziplin absolviert hatte, erinnerte sich eines Flamenco-Abends in einem andalusischen Speiselokal in Mannheim, als Schakti plötzlich aufstand, ihre Arme über das rastalockige Haupt hob, um mit energisch gesenktem Kinn (*olé guapa*) auf ihren hohen Absätzen ein derart atemberaubendes Stakkato aufs Parkett zu tackern, daß der spanische Gastwirt sie umgehend fürs Beiprogramm seines Lokals engagieren wollte. Die hat getanzt, sagte Ina zu Charlie, wie eine Königin … Doch die »Königin« war nur einer spontanen Eingebung gefolgt. Alles in ihrem Leben sei spontan. Sie folge ausschließlich dem Lustprinzip. So habe sie es von ihrem Guru in Indien gelernt. Die Beschäftigung dürfe nicht in Arbeit ausarten, »ned in Oabeid ausoaddn«, sagte sie in ihrem k. und k. Prinzesserldeutsch. Die bajuwarische Ina übersetzte es ihrem des süddeutschen Idioms unkundigen Charlie, er stammte aus Hannover, und der wollte, so sagte er, diesen schönen Spruch umgehend seinem aktiven Sprachschatz einverleiben.

Dritte im Kreis war Katharina, eine promovierte Chemikerin, die zwischen ihrem Job in der Schweiz und ihrem von ihr getrennt lebendem Ehemann samt Kindern hin und her pendelte, zumindest solange Sohn und Tochter noch schulpflichtig seien. Katharina sprach hochdeutsch, gebot aber auch über reinstes Kurpfälzisch, denn sie stammte aus Mannheim. Dunkelhaarig, kurz gelockt und mollig war sie bestrebt, wenigstens im Sommer drei Wochen in einem südschwedischen Aschram unter absolutem Stillschweigen (kein Telefon, kein Handy, kein Radio, kein Fernseher, nicht einmal was zum Schreiben) wieder zu sich selbst zu finden. In ihrer kargen Freizeit schrieb sie boshafte Kurzgeschichten, um sich von all ihren erotischen Kurzaffären, meist mit Fachkollegen auf Fachkongressen, wie sie zugab, zu befreien. Sie war es auch, die Tag für Tag in ein schwarzes Notizbuch mit leeren Seiten notierte, was sie hier erlebte. Man konnte annehmen, daß sie vor allem Humoristisches zu Papier brachte.

Ono war die vierte im Bunde, Tochter eines Diplomaten (der ein Verehrer Yoko Onos war), geboren in Argentinien und überall dort aufgewachsen und zur Schule gegangen, wo der Herr Papa in Amt und Brot stand. Sie beherrschte fließend mehr als ein halbes Dutzend Sprachen. Von ihrer Mutter war nie die Rede. Sie sei eines Tages in ihrer frühesten Jugend mit einem Schauspieler auf und davon gelaufen. Haushälterinnen, Kindermädchen und Geliebte des Vaters wechselten sich ab, bis auch sie, Ono, es nicht mehr bei ihm ausgehalten und sich mit einem Südländer, Spanier oder Italiener, Ina wußte es nicht genau, zusammengetan habe. Ono sprach nicht gern von ihrer Familie. War ja auch gleichgültig, dachte Ina. Die Frau ist gut. Das war wichtig. Power Yoga und Radfahren hielten sie auf Trab. Sie hegte eine Vorliebe für auffallende Hüte, die sie beim Radfahren unter dem Kinn festband. Ihre Kleider schienen einem Theaterfundus zu entstammen, falls es sich nicht etwa gar um Eigenkreationen handelte, denn sie konnte geschickt mit Nadel und Faden umgehen. In einem der Dachstübchen, die sie bewohnte, sie nahm Ina eines Tages mit zu sich hinauf, standen sogar eine Nähmaschine und eine eigens für ihre Figur angefertigte Schneiderpuppe, auf die sie nicht wenig stolz war. Modeschöpferin, das wäre es gewesen, sagte sie. Eine zweite Coco Chanel. Da hätte sie ja wohl zuerst das Schneiderhandwerk erlernen müssen, dachte Ina, für ihren Diplomatenvater sicher ein Ding der Unmöglichkeit. Näherin, seine Tochter, ach nein! Sie studierte Kunstgeschichte. (Schakti: »Is ja fast kaa Unterschied.«) Keine der Freundinnen wußte, wovon Ono lebte. Sie gab wohl auch selbst Kurse, Yoga-, vielleicht auch Sprachkurse, und geleitete bisweilen als Museumsführerin durch Ausstellungen. Ina fand, Ono habe die hellen Augen einer Meerfee, auch wenn sie sie mit schwarzem Kajal umrahmte. Rabenschwarz auch der Bubikopf. Der brauentiefe Pony wie mit dem Lineal geschnitten. Eiferte sie einer Stummfilmschönheit der Zwanziger Jahre nach oder dem Schwarm ihres Vaters, der japanischen Namensgeberin Yoko Ono, wie Yoga

Schakti behauptete. (»Na, was wollts? Familienkarma!«) Die schmalen, knallroten Lippen kräuselten sich gern ironisch. Ihre weiße, sonnenempfindliche Haut neigte zu Rötungen. Die feinen Hände begleiteten ihr Sprechen mit eleganten Bewegungen. Kurz gesagt, man sah ihr Weltläufigkeit, Bildung und den guten Stall, aus dem sie stammte, ohne weiteres an, ohne daß sie viel Aufhebens davon gemacht hätte.

Diese vier Damen mittleren Alters, Ina, Ono, Katharina und Yoga Schakti, entstiegen also dem Flugzeug in Izmir, bestiegen einen Bus und ließen sich zuletzt von einem Dolmusch genannten Privattaxi am Tor der Club Oliva-Ferienanlage absetzen. Ein freundlich lächelnder, deutschsprechender Türkenjüngling führte sie einen abschüssigen Pfad durch Wiesen und malerische Olivenbäume zu ihren Häuschen und wünschte ihnen einen angenehmen Aufenthalt. Er stellte sich vor als ihr Begleiter, wenn sie wollten, für Ausflüge in die Umgebung. Sie könnten sich mit allen Wünschen und Beschwerden an ihn wenden. Er werde stets bemüht sein, ihnen hilfreich zur Hand zu gehen. (Schakti: »Na wos, is des a Angebot?!«) Er holte ihr Gepäck, das der Dolmuschfahrer an den Straßenrand gestellt hatte, von Schaktis zünftigem Rucksack bis zu Onos großem Kleiderkoffer, und räumte es in die beiden Häuschen. Auch empfahl er vorsorglich, nicht barfuß durchs Gras zu gehen, da sich darin Schlangen und Skorpione befänden.

»Aber nur ganz kleine«, sagte er. Ono stimmte sofort das Lied des beinamputierten Kakerlaken an, und die anderen sangen aus vollem Halse mit:

»La cucaracha, la cucaracha, ya no puede caminar, porqué le falta, porqué le falta la patita principal.«

Der junge Türke sah verdutzt auf und rieb sich die Augen. Er grinste und entfernte sich kopfschüttelnd.

»Wieviele Beinchen hat denn eigentlich ein Kakerlak«, fragte Katharina. »Ich hab mich immer gefragt, was unter einer *patita principal*, dem ›Hauptfüßchen‹ zu verstehen ist. Ono, du müßtest das doch wissen.«

Ono lächelte und spitzte die dünnen Lippen: »Typisch Mann, würde ich sagen, ei was hat er denn da der Kakerlakerich … ?«

»Oha«, lachte Katharina.

»Ihr seids albern«, seufzte Schakti. »Schlimm genug, daß es jetzt nix wird mit ›Sonne ich grüße dich‹ unter Olivenbäumen. Und ich hab mich so drauf g'freut.« Sie schlug das weiße Moskitonetz zurück, das von einem Haken an der Decke herunterhing, und ließ sich auf die Matratze fallen, daß die Sprungfedern ächzten.

»I bi miad«, sagte sie. »Das Aufräumen kann warten. Werkelts ihr nur weiter. Ich mach jetzt a bissel Yoga Nidra«, und damit schloß sie die Augen und sagte eine Viertelstunde lang gar nichts mehr.

Ina, Ono und Katharina ließen sie liegen und gingen, um sie nicht zu stören, zum Nachbarhäuschen hinüber. Sie waren keineswegs müde, sondern machten sich daran, ihr neues Zuhause eingehend zu inspizieren.

»Das ist aber freundlich, daß es hier eine eingebaute Etagenheizung gibt«, sagte Katharina und drehte am Thermostat, denn die Abende waren bisweilen auch hier noch recht frisch.

»Habt ihr nicht den Prospekt gelesen?« fragte Ina und zog ihn aus der Handtasche. »Alle Zimmer erhalten jetzt Warmwasser, steht da, über eine Solaranlage mit Zusatzheizung, so daß auch im Winter genügend Warmwasser zur Verfügung steht.«

»Na, Gott sei Dank«, sagte Katharina, die schon Angst hatte, sie müsse die offenen Kamine heizen. Jedes Zimmer verfügte über einen solchen Kamin, in dem dekorativ zwei große Holzscheite lagen. Sicher hätte man sie beheizen können, einfache, halbrunde Nischen in der Wand ohne Mantel und wie die Zimmer lediglich weiß getüncht.

»Und gottlob gibt's Moskitonetze«, seufzte Ono erleichtert. »Mich mögen sie arg, die Biester.«

»Der absolute Hit«, sagte Katharina, »ist aber – habt ihr das schon gebührend gewürdigt? – das mitteleuropäische Klo und ein großes Bad … «

»Kein Loch im Boden, wo du genau zielen mußt?« fragte Ina.

»Na, das hätte noch gefehlt … Aber schaut euch unsere Terrasse an … mit Bambus-Pergola und Aussicht auf den See und das Latmosgebirge«, sagte Ono und öffnete die Terrassentür. »Bougainvillea am Haus, was wollt ihr mehr?«

»Skorpione und Schlangen«, nuschelte Ina komisch, »aber nur ganz kleine … «

III

KATHARINAS TAGEBUCH

Samstag, 18. Mai, Club Oliva

Sitze um sechs Uhr abends – nach dem Sonnenstand wäre es 16 Uhr – auf Allahs schönster Terrasse, Blick auf See und Latmosgebirge. Zwei Ortschaften blinzeln herüber, eine davon das antike Herakleia. Muslimisches Minarett als Zahnstocher mit bloßem Auge gerade noch erkennbar. Kräftiger Wind treibt kleine Wellen mit weißem Schaum auf den Strand. Geräuschvoll. Links die Berge mäßig hoch im Dunst. Rechts Wasser, dunkelblau, wolkenloser Himmel, der sich spiegelt. Vorn eine kleine Insel mit Mauerresten und Baumbestand. Kinder mit Boot im warmen Wasser. Wir sahen heute kleine grüne Schlangen mit winzigen Köpfchen sich im Wasser winden und tauchen. Eine schob sich in Zeitlupe in einen Busch, der mit den Füßen im Wasser stand. Kreuzspinne baumelt über mir am Faden aus dem Bambusdach. Hundefamilie ohne Halsband mit vollgesoffenen Zecken im Fell, Vater wolfsgrau, Mutter Albino, zwei Albinowinzlinge, wuseln am Strand und liegen tagsüber herum wie nasse Säcke, höchstens, daß sie mal aus der Sonne in den Schatten rutschen, im Halbschlaf, weil sie vermutlich die ganze Nacht herumtoben und bellen. Wir haben sie gehört. Man sagte uns, sie verbellen die Wildschweine, die bis an die Umzäunung kommen. Die landen auch als Schnitzel in unseren Mägen. Sie werden gejagt. Auch Schüsse haben wir nachts schon gehört. Schakti hat sich furchtbar aufgeregt und ganze Kriminalstories zusammenphantasiert. Wer denkt in der Türkei auch gleich an echt wilde Wildschweine und Sauhatz? Auf einem der Uferhügel steht halb verfallen ein Turm. Ingeborg Bachmanns Gedicht »In meinem erstgeborenen Land«:

In mein erstgeborenes Land, in den Süden
zog ich und fand, nackt und verarmt
und bis zum Gürtel im Meer,
Stadt und Kastell.

Bildungsragout aus Gymnasialzeiten: Asia minor, Kleinasien, altes griechisches Siedlungsgebiet. Ephesos, Priene, Thales von Milet, die Römer, Bithynien, Hadrian auf Reisen mit dem schönen Antinous, der Krieg gegen Mithridates … tot und irgendwie lebendig. Die Bäuerinnen tragen farbige Kopftücher und bunte Blusen und Pluderhosen. Zwei Meter nach rechts zwängt sich glutrot ein kleiner Hibiskus aus dem Steinboden. Schreibe, auf einem Holzstuhl sitzend, an einem Tischchen, dessen Pfostenbeine mit Nägeln in der Zarge befestigt sind, drei Bretter die Tischplatte. Politur nur noch in Resten als Kruste vorhanden. Der Herr dieses Paradieses, Deutscher mit türkischer Frau, bewohnt zur Zeit ebenfalls eines dieser Häuschen. Eine Art Herr Karl, beleibt, Schnorres mit seitlich glatt gescheiteltem Militärschnitt. Redet nur, wenn man ihn fragt. Weiß aber alles über Flora, Fauna, Geschichte. Anlage im Olivenhain so schön, wie der Prospekt verspricht. Personal aus dem nächsten Dorf. Keiner spricht Deutsch. Eine dicke Köchin namens Hatitsche (Schakti sagt immer Hatschi), Pluderhosen und weißes Kopftüchlein, das, weil dauernd verrutscht, schwarze Zöpfe zeigt. Ein alter Mann spricht uns mit Hingebung türkische Wörter vor (Merhaba, Merhaba).

Sonntag, 19. Mai,
11 Uhr türkische Sommerzeit, selbe Terrasse

Habe, wie befürchtet, zu wenig und nicht die geeigneten Sonnenschutzmittel eingesteckt.
Die Bachmann verfolgt mich:

In meinem erstgeborenen Land, im Süden
sprang die Viper mich an
und das Grausen im Licht.

Na ja, nicht gerade die Viper. Die Mini-Nattern im See sind harmlos. Wassernattern, sagte der Platzwirt. Aber wenn man auf eine tritt, beißen die vielleicht doch? Ja ja, das Grausen im Licht! Licht kann wirklich brutal sein. Auch die Kleidung ist nicht gut gewählt. Statt Jersey-Hemdchen (Was lacostet die Welt!) mit kurzen Ärmeln hätte ich reichlich Baumwollblusen einstecken sollen mit langem Arm. Einen breitkrempigen Sonnenhut werde ich mir kaufen und einen Tschador. Wir haben reihum Sonnenbrand im Gesicht. Ono und Schakti gehen nur noch verschleiert mit Kopftuch. Die haben jede Menge Flippi-Fummel dabei. Ich werde als Dunkelhaarige schnell braun. Mir macht das nicht so viel. Aber immerhin urlaube ich ja meist in Schweden oder in der Schweiz. In Aschrams brät man sich nicht. Im Hochsommer muß es hier absolut mörderisch sein. So um die vierzig Grad. Für morgen ist noch eine Wanderung angesagt, vermutlich in der prallen Sonne. Unser türkischer Hermes heißt Erdal wie die Schuhcreme. Mit seiner sanften Stimme hat er mir die Streckenbeschreibung vorgelesen und mir dabei tief in die Augen geschaut. Er ist ein Dichter, sagt er. Groß, schlank, hochbeinig. (Hermesbeine!) Nur seine Klamotten, bei Allah! Wie kann man sich textil nur so verscheuseln!? Alles ausziehn! Jetzt sofort! Weg damit! Auf daß Hermes erscheine … ! Sagt ihm wohl keine?!

Da gibt es noch so einen Freak hier, Pfälzer, sagt er. Habe mich nicht geoutet. Die Sorte kenn ich: der deutsche Gelehrte, gezeichnet von Gulbransson, lang, steif, hager. Behaarte Stelzen (nix Hermesbeine!), Socken und Sandaletten, wie ich das hasse. Bermudas, zu kurz, zu weit, aber wahrscheinlich sind die Waden zu dürr, breitkrempiger Strohhut, Nickelbrille mit herabhängenden Schnürsenkeln, Segeltuch-Rucksack, Bücher unterm Arm, Bärtchen, razzekurz Salz und Pfeffer einschließlich der Haare. Kuckt nur durch den oberen Teil der Brille, Kinn leicht angehoben. *Nil admirari!*

Die Ladies liegen im Bett. Sitze also allein am Tisch unter dem Bambusdach. Himmel heute eher bläßlich, leichte Wolkenschleier. Bougainvillea bis unters Ziegeldach. Die Olivenbäume sind abgeblüht. Vögel zwitschern. Ab und zu fliegt draußen über dem Wasser ein Storch vorbei mit Kurs auf die Vogelinsel. Ob der auch kleine Schlangen frißt?

InaOnoSchakti sind nun Schwimmen gegangen zu den Wassernattern im See. Einstiger Meeresarm, schwach salzhaltig. Hat ein wenig Hochwasser. Einige Mönchspfefferbüsche kriegen nasse Füße. Da schwimmen die kleinen Nattern, Köpfchen in die Höh, hin und her, tauchen, recken sich auch einmal weit aus dem Wasser und jagen Fischlein. Gestern habe ich mich auf dem großen Ponton von den Wellen schaukeln lassen. Wir haben sogar schon Tai Chi gemacht, den halben Erdkreis. Nicht im Gras, sondern auf unserer Terrasse.

> »Ich praktiziere chinesisches Yoga«, sagte er, »das ist ein wenig anders, – fließender, weniger statisch.« Mit einem Holzlöffel gestikulierend machte er einige schwungvolle Figuren vor, die stark an Gesellschaftstänze erinnerten, und schwebte dabei wie ein Eiskunstläufer auf die alte Glas-Veranda hinaus. Ich versuchte, ihn nachzuahmen, um zu sehen, welches Gefühl das vermittelte. In diesem Augenblick nahte der griesgrämig-existentialistische Gärtner, der gelegentlich für mich arbeitet, auf dem Zufahrtsweg und sah, als er durch die Fenster spähte, wie ich offenbar mit einem Chinesen Walzer tanzte. Wir selbst hatten ihn nicht bemerkt. Sein Nerv war hart getroffen durch diesen Anblick, und so zog er sich in das Dorf-Bistrot zurück.
>
> *Lawrence Durrell: Das Lächeln des Tao*

Skorpione noch nicht gesichtet. Aber Schildkröten in freier Wildbahn. Und was für Apparate! Schakti fand sie süß, hob eine auf und wollte sie gleich an ihren mütterlichen Busen drücken. Hat sie auch. Aber nicht lang. Fast hätte sie das Vieh vor Schreck fallen lassen. Vermutlich hatte dieses jedoch selber Angst und pinkelte in Panik eine milchig weiße Sauce. Der Schakti ist die Tierliebe schnell vergangen. »Mein schönes Kleid«, hat sie traurig gesagt. »Total versaut.« Uns sind die Tränen geflossen vor lauter Lachen. Ono fand den Stachel eines Stachelschweins, aber ohne Schwein. Ina hielt den Arm hin für eine Tigerheuschrecke, zehn bis fünfzehn Zentimeter lang, damit wir sie fotografieren konnten. Auch stattliche Echsen laufen herum, namens Hardun. Zwischen Felsbrocken Kermeseiche, Zwerglorbeer und entlang der Bäche blühender Oleander. Bäuerinnen in Mille fiori-Pluderhosen, um den Kopf zwei verschieden gemusterte Kopftücher ineinander geschlungen, verkaufen am Straßenrand Häkeldeckchen. Gesichter mongolisch. Nix Bäuerinnen, Nomadenfrauen, sagt Erdal.

In der Nacht gegen drei wackelte die Erde. Geklirr und Geklapper der Sonnenreflektoren auf den Dächern. Dachten, die Welt geht unter.

Und wieder die Bachmann:

O schließ
die Augen schließ!
Preß den Mund auf den Biß!

Und als ich mich selber trank
und mein erstgeborenes Land
die Erdbeben wiegten,
war ich zum Schauen erwacht.

Da fiel mir Leben zu.

Denke an Eurydike. Stirbt hier aber nicht am Vipernbiß, sondern heilt sich selbst. Gedicht verfolgt mich. Dieses ägäische Land ist nicht lieblich. Diese Sonne ist nicht mild. Der Tod allgegenwärtig, aber der Tod der Antike, etwas Grandioses. *Ich bin nicht schauerlich, bin kein Gerippe.*

IV

INA AN CHARLIE

Pfingstsonntag, 26. Mai

Merhaba, Tschar Li, o du erlauchtigster Mandarin im fernen Almanya,

Goldlotos Ina grüßt aus heißem Turkistan. Mögen Allah oder auch Buddha dir heimleuchten!

Habe soeben eine kleine Natter mit Schauferl und Beserl von unserer Terrasse ins Gras gekehrt, die sich schon bestimmt eine halbe Stunde mühselig und no chance über den glatten Terrassenboden mehr schob als schlängelte. Wir vier Squaws in der Türkei sind immer noch vergnügt und guter Dinge. Nein, wir haben uns nicht gestritten. Nein, wir werden den Urlaub nicht abkürzen, dieweil er uns nämlich äußerst gefällt. Ja, es gibt einen sehr reizvollen Türkenjüngling auf dem Gelände. Nein, wir haben ihn noch nicht verführt. Dafür haben wir beobachtet, als wir spät nächtens meditierend auf unserer Terrasse saßen, nur von wenigen Sternen beschienen, wie er – hast du nicht gesehn – im Olivenpflückerhäuschen der dicken Köchin verschwand. Obwohl er sich umgedreht hat, bevor er hineinschlich, hat er uns nicht bemerkt. Aber wir ihn. Der Hang zum Küchenpersonal liegt für einen stets hungrigen Jungmann auf der Hand. Daß sie einen weinenden Ehemann in Bodrum hat, scheint ihn und sie nicht zu stören. Ist ja auch ein bissel weiter weg.

Wir haben schon viel gesehen: Eremitenhöhlen, Höhlen mit Fresken aus dem alten Byzanz, wobei die religiösen Figuren zerkratzte Gesichter hatten und auch die religiösen Inschriften meist zerstört waren. (Der Hölle Rache hacke die Schänder zu Haschee!) Ferner Stadtreste der Karer mit Nekropolen, deren Gräber, abgedeckt und ausgeplündert, offen dalagen. Leer. (Zustände sind das!) Die steinernen Grabdeckel verstreut. Der antike Hafen von Herakleia mit einem griechischen Theater, einer Zufahrtsstraße und einer Brücke, vegetarisch überwuchert. (Sixt fast nix.) Ja aber, wir haben jetzt Pluderhosen aus Seide. Ob die allerdings aus Bursa kommt, weiß keiner. Vielleicht ist sie ja auch Made in China, Tschar Li, o großer Mandarin. Der Einkauf, also das muß ich dir unbedingt erzählen.

V

INTERMEZZO

Ina hatte ihren Brief noch nicht zuende geschrieben, als OnoKatharinaSchakti den drei Grazien gleich, untergehakt die Wiese zum Haus heraufkamen und lärmend die Terrasse in Beschlag nahmen. Ihre Haut glänzte vom Seewasser.

Schakti beugte sich über den Tisch, schüttelte ein paar Wassertropfen aus ihren ergrauten Rastalocken auf Inas Papier, daß diese laut protestierte. Doch Schakti hatte wie immer die Ruhe weg.

»Ah geh, das bissel Wasser. Dein Charlie wird schon net meinen, daß das Tränen von dir sind.«

»O, ein Liebesbrief an Charlie?« fiel Katharina ein.

»Ach, gibts den auch noch?« lachte Ono und versuchte, Ina die Blätter wegzunehmen.

»Ja, und ihr drei seids abscheulich. Könnt ihr euch nicht im See austoben und die Wassernattern ärgern?!«

»Aber, wer wird denn glei' bös sein.«

Die drei holten sich Stühle und setzten sich ungerührt an Inas Tisch. Da war nichts zu machen. Ina klappte ihren Briefblock zu und seufzte.

»Was macht er denn so, dein Charlie?« eröffnete Ono das Gefecht. »Arbeitet er immer noch in Frankfurt?«

»Ja, und er ist immer noch einen Meter achtzig groß und 80 Kilo schwer.«

»Da hat er sich aber gut g'halten?! Schaut er aus wie ein Chines?« Schakti kannte kein Erbarmen.

»Nein … Er kommt immer noch aus Hannover, blond, blauäugig, germanisch.«

»Schad! Das ist aber langweilig. Und ich dachte, du hast einen China Lover, weil dein Charlie doch chinesisch kann.«

»Laßt die arme Ina in Ruh,« mischte sich Katharina ein, die Schaktis Ausdauer im Flaxen und Frozzeln kannte. »Der Ina ihr Charlie ist promovierter Sinologe und handelt Wirtschaftsabkommen aus mit China.«

»Das stell ich mir aber auch ziemlich fad vor … «

»Er macht Geschäfte, Schakti,« ließ sich Ina vernehmen. »Aber hauptsächlich vertieft er sich in die Geheimnisse des altchinesischen Boudoirs. Bist du jetzt zufrieden?«

»Da kann i mir nix drunter vorstellen, wenn du so g'schwollen daherredst. Hast du schon einmal einen richtigen Chinesen als Liebhaber g'habt?« Schakti kniff die Augen zusammen und zog mit ihren Zeigefingern die Augenwinkel in die Breite, »so einen gelben mit Schlitzaugen?«

»Fast«, sagte Ina trocken.

»Wie geht denn so was, ein Fast-Liebhaber?«

Ina hatte vor Schaktis Albernheiten endgültig die Segel gestrichen. Sie tat geheimnisvoll.

»Laßt mir Zeit«, sagte sie. «Ich schreibe gerade an einer kleinen Erzählung, einer Chinesengeschichte, wenns recht ist, und wenn uns fad ist oder die Schakti wieder Schiß hat, weil nachts die Jäger auf die Wildschweine ballern, kann ich sie euch ja mal zur Probe vorlesen. Ich brauch aber noch zwei, drei Tage.«

»Au fein,« sagte Schakti. »Hoffentlich eine G'schicht von so einem Knackarsch-Bubi, wie der marmorene neulich im Museum?«

»Du meinst den Antinous?«

»Is mia wurscht, wie der heißt. Aber ein fleischerner is mir lieber.«

»Schön ist mein Chinese auch. Sehr sogar, aber ganz anders. Hat aber immerhin mit Kunst zu tun.«

»Wo spielt denn die G'schicht?«

»Nicht in den Gärten von Tibur … «

»Mei, seits ihr g'scheit … Und die Ina laßt sich jeden Satz einzeln aus der Nasn ziehn.«

»Laßt mich erstmal in Ruhe schreiben. Ich muß mir die Sache noch zurechtlegen. Dann kriegt ihr sie zu hören, wenn ihr wollt … «

»Der Antinous war schwul, Schakti … «

»Ja, du Siebenmalg'scheite. So blöd bin ich auch wieder net. War das Schatzel von dem Hadrian. Gell, da schauts!?«

»Mein Chines ist definitiv nicht schwul, Schakti.«

»Jessas naa … I hab do nix gegen Schwule … nur net grad in mei'm Bett.« Sie lachte.

»Jetzt wissen wir wenigstens«, sagte Katharina, »was die Ina treibt, eh' sie um drei bei der Nacht ins Bett kriecht. Und meint, wir merkens nicht. Sitzt bei der Funzel auf der Terrasse und … «

» … denkt an aan Schlitzaugerten«, sagte Schakti spitz, »und kaa bissel an den armen Charlie.«

VI

YOGA MIT HINDERNISSEN

Der Himmel war diesig, das Gebirge am gegenüberliegenden Ufer kaum zu erkennen.

Auch der See lag ruhig da in bleiernem Grau. Vier ältere Damen, zwei in bunten Pluderhosen und lockeren Hemdchen, eine in buddhistischem Orange, eine zweite durchgehend in Hanfweiß, zusammengerollte Matten unter dem Arm und Handtücher um die Schultern, balancierten barfuß auf dem steinigen Weg zum Strand hinunter, der so früh am Tag noch menschenleer war. Schakti ging voraus.

»Wollts ihr wirklich da unten bei den Wassernattern Yoga machen?«

»Die tun dir doch nix. Die sind froh, wenn du ihnen nix tust.«

»Schakti, denk doch … was du hier an Prana aufnimmst?!«

»Diese Zeckenköter laufen herum … die haben bestimmt auch Flöhe … «

»Jetzt meckere nicht dauernd«, sagte Ono und legte ihre Matte auf den Sand dicht am Wasser und streckte sich selbst darauf aus. Die anderen taten es ihr gleich. Und bald lagen alle vier dicht am Ufer auf dem Rücken mit geschlossenen Augen und konzentrierten sich auf das Auf und Ab ihres Atems. Vogelgezirpe. Hin und wieder platschte etwas im Wasser.

»Gehst du weg … Haust du ab, du Sauviech … « Das war Schakti, die auffuhr, als eine Hundeschnauze ihre edelsten Teile beschnüffelte. Sie griff nach einem Stein und warf ihn dem grauen Hundevater hinterher, der jaulend den Schwanz einzog und sich schleunigst trollte.

»Hab ichs nicht g'sagt, diese Zeckenbagasch … Wie soll ma sich da auf seinen Astralleib konzentrieren?«

Die anderen lachten. Ono erhob sich und übernahm die Leitung der Yogagruppe.

»Also bevor wir jetzt bei jeder Eidechse in Panik ausbrechen, schlage ich vor, daß wir ein bißchen den Kreislauf in Schwung bringen. Stellt euch auf eure Matten, ganz locker, und denkt daran, daß am oberen Hinterkopf ein Faden nach oben läuft, der euch geradehält … «

»Vom Brustbein aus … «, murmelte Schakti.

»Die Füße stehen fest. Stellt euch vor, ihr schlagt da, wo ihr steht, Wurzeln in den Boden. Steht ganz locker in den Knien, ein bißchen tief. Nichts kann euch jetzt umwerfen. Ihr habt einen sicheren Stand.«

Ono praktizierte gern Kundalini-Yoga, das anstrengende Übungen so oft und so lange in zackigem Tempo wiederholte, bis der Übende kräftig außer Puste kam.

»Stellt euch leicht gegrätscht hin. Hebt die Arme gestreckt über den Kopf … Und eins, und zwei, und drei, und … « Sie führte es vor, senkte die Handflächen bei gestreckten Armen und Beinen exakt zwischen ihre Füße auf den Boden, hob sie, senkte sie in unerbittlichem Rhythmus, daß ihre schwarzen Haare ihr ins Gesicht und nur so um den Kopf flogen.

»Noch fünfzehn Minuten … noch zehn Minuten … «.

»Du bist vielleicht brutal«, japste Ina, die erst nach

hundertmaliger Ausführung mit den Handflächen den Boden berührte.

»Keine Müdigkeit vorschützen ... die Kundalini-Schlange will geweckt werden ... und eins, und zwei, und ... «

»Mein Meniskus mag das aber gar nicht«, maulte Katharina.

»Der darf sich gleich erholen, dein Meniskus ... Gleich habt ihrs geschafft, noch eine Minute ... «

Als sie sich keuchend endlich auf ihre Matten setzen durften, rieben sie sich ausgiebig die strapazierten Knie.

»Setzt euch jetzt mit gespreizten Knien bitte auf die Fersen, die großen Zehen berühren einander. So bilden die Füße eine Schale, in der der Podex ruht. Legt die Hände zwischen die Knie, die Finger zeigen zum Körper. Atmet ein und hebt den Kopf, blickt konzentriert auf das Augenbrauenzentrum und streckt die Zunge heraus, so weit wie möglich in Richtung Kinn. Gleichzeitig mit der Ausatmung macht ihr einen lauten Ton, wie das Brüllen eines Löwen oder das Aaah-Sagen beim Arzt ... «

Die Hundemeute begann aufgeregt zu kläffen, als die vier Yoga-Adeptinnen im Chor und mit aller Stimmkraft zehnmal hintereinander das Aaaah des »Löwen« hören ließen und dabei angestrengt auf ihre Nasenwurzel schielten.

»Das ist aber unangenehm«, klagte Katharina, die plötzlich Angst bekam, die Augen würden ihr stecken bleiben.

»Mir tun die Arm' weh«, jammerte Schakti, als sie alle wieder mit geschlossenen Knien auf ihren Fersen im Diamantsitz saßen. »Daß die Japaner ihr Leben in dieser unbequemen Haltung verbringen, hat mich immer schon gewundert.«

»Die sitzen jetzt auch schon hundert Jahre auf Stühlen«, sagte Ina.

»Amerikanisiert ... «

»Kämpft nicht mit euerem Körper, geht geduldig und entspannt an diese Aufgabe. Auch Rom wurde nicht an einem Tag erbaut ... «

»Du hast leicht reden. Du hast bloß kommandiert und zug'schaut ... Außerdem kommen jetzt bald die Kinder. Ich leg mich noch einmal in mein schönes Bett und schlaf eine Runde ... « Schakti rollte ihre Matte, raffte ihr Handtuch zusammen und strebte ihrem Olivenbauernhäuschen zu, während die anderen drei noch etliche Male, erst langsam, dann schnell nach Onos Kommando alle zwölf Stellungen des »Sonnengrußes« ausführten.

Und als hätten sie diese angelockt, trat die Sonne hinter dem Berg hervor. Ein leichter Wind kam auf, der den See da und dort kräuselte und in graublaue Flecken teilte. Beleuchtet und wie ausgeschnitten vor der Bergkette, die immer noch im Dunst lag, erschien der karstige Hügelzug am anderen Ufer. Den See überquerte im Gleitflug ein erster Storch mit schwarzen Flügelenden. Er hielt auf die kleine Insel zu, die der Platzwirt als Vogelparadies bezeichnete. Mit ihren Handtüchern zugedeckt, räkelten sich auf ihren bunten Matten die verbliebenen Yogadamen. Die Sonne war noch nicht stark genug, um auch die letzten Morgenschleier zu vertreiben.

VII

LESUNG BEI KERZENLICHT

So vergingen die Tage mit allerlei Kurzweil und nach Gusto angefüllt mit Exkursionen, begleitet und geführt vom hermesbeinigen Erdal. Nur Ina nahm sich aus. Sie hatte sich festgeschrieben und wollte weiterkommen, wie sie sagte, in ihrer Chinesengeschichte. Es genügte ihr nicht mehr, nur die Abende aufs Schreiben zu verwenden. Lieber den anderen das Geschriebene vorlesen, dachte sie, neugierig auf die Reaktion der Freundinnen. Die setzten ihr immer wieder mit Fragen zu, wie weit die Story denn nun gediehen sei und ob man nicht endlich einmal etwas daraus zu hören bekomme. Sie hatten einen Abend und eine Nacht gewählt, an denen einmal keine singenden türkischen Musikanten oder die Bauchtanzdarbietung der sehr beweglichen Platzwirtin auf dem Programm standen. In Decken gehüllt saßen sie auf der Terrasse unter der Bambuspergola im Halbdunkel brennender Kerzen, die sich in Gläsern mit türkischem Rotwein von der Schwarzmeerküste spiegelten, und blickten gespannt auf Ina, der man des Lesens halber die Petroleumfunzel zugestanden hatte.

»Der Schurli hat an Wasserkopf und drauf an Kalabreser. Und hätt' er no' an langen Zopf, dann wär er ein Chineser«, trällerte Schakti, die es nicht lassen konnte, ein wenig zu sticheln. »Hat er auch einen Namen, dein China-Fast-Lover?«

»Es gibt ein chinesisches Sprichwort«, sagte Ina. »Schön wie Pan An. Ich habe ihn Pan An genannt.«

»Hast du das in Einzelkapitel unterteilt, damit man auch mitkommt?« fragte Ono.

»Keine Angst. Schlau wie ihr seid … ihr rafft das schon. Außerdem können wir uns Zeit lassen.«

Schakti hob zuprostend das Glas in die Runde und nahm einen tiefen Schluck Rotwein. »Da muaß i mi stärken. Schön wie Pan An … Das handelt also von deinem chinesischen Apoll!?«

»Na ja, dem Apoll mit dem Künstlerpinsel … «

Ina rückte die Petroleumlampe heran, legte ihr

Schreibheft zurecht, setzte die randlose Brille auf die Nase und fing an vorzulesen.

Der Meister des Pinsels

> Erschrocken und gleichzeitig belustigt schaute sich Goldlotos den Fremden näher an: Typ Lebemann, etwa fünfunddreißig, die stattliche Gestalt in einem Rock von dünner, grüner Seide steckend, auf dem Haupt einen noblen Quastenhut, geziert mit goldenen Pfeilen, deren lose Anhänger in der Bewegung ein feines Klingeln ertönen ließen, um die Taille einen goldenen, an den Rändern jadeeingefaßten Gurt, an den Füßen baumwollene Socken von peinlicher, wasserheller Sauberkeit und feine dünnsohlige Schuhe, in der Hand einen goldgesprenkelten Se tschuan Fächer, alles in allem ein rechter Tschang Schong, ein zweiter Pan An, ein schicker Kavalier, wie sich ihn ein Frauenherz nur wünschen kann.
>
> *Djin Ping Meh*

VIII

PFLAUMENBLÜTEN IN GOLDENER VASE

»Ach, du hast das Djin Ping Meh im Schuber mit Lederrücken?! Wo gibt's das denn? Sieht nach Gesamtausgabe aus. Hast du's etwa ganz gelesen?«

Sylvia lächelte schuldbewußt. Sie fühlte sich ertappt, wie immer, wenn jemand, und noch dazu jetzt ein gebildeter Chinese, auf den Gedanken verfiel, die bis unter die Zimmerdecke vollgestopften Regale ihrer Bibliothek in Augenschein zu nehmen. Pan An stand grinsend vor der Abteilung Ostasiatica und fuhr mit den Fingerspitzen seiner Rechten über die bunten Buchrücken.

> Die wahren Taoisten [...] hatten kein unterscheidbares Merkmal aufzuweisen, außer, wenn Sie so wollen, einen gewissen Blick im Auge, – einen taoistischen Blick! Einen Blick im inneren Auge des Geistes sozusagen! [...] Unter diesen Worten warf mir Chang als Beispiel einen taoistischen Blick zu, und sofort sah ich, was er meine. Es war ein großartiger kleiner Blick voller irritierender Schamlosigkeit, Ironie und voll Gelächter. Es war ein Blick sardonischer Komplizenschaft, – er zeugte von einem vergnügten und verschmitzten Bewußtsein darüber, wie kostbar das Unausgesprochene ist.
>
> *Lawrence Durrell: Das Lächeln des Tao*

Von Kunsthandwerk, Geographica bis zu Philosophie und Belletristik hatte Sylvia im Laufe des letzten Jahrzehnts eine kleine, feine Sammlung zusammengetragen, auf die sie stolz war. Darunter befanden sich auch einige Zimelien, die ein Münchner Antiquariat in ihrem Auftrag ersteigert hatte: Verlagsorte Peking/ Leipzig Anfang des 20. Jahrhunderts, in Seide gebunden und mit schönen alten Holzschnitt-Illustrationen versehen. An war Fachmann, hatte Kunstgeschichte studiert und sich bei einem international berühmten Professor in deutscher Sprache promoviert, obwohl er in China geboren und aufgewachsen war. Er war selbst ein vorzüglicher Maler. Sein Pinsel beherrschte die alte chinesische Malerei. Neuerdings versuchte er sich im Informel. Sylvia hatte ihm ein Bild abgekauft »zum Freundschaftspreis«, wie er behauptete. Er brachte es ihr aufgerollt in einem Pappebehältnis für Poster, Acrylfarben und chinesische Tusche auf Reispapier, war zum ersten Mal in ihrer Wohnung und inspizierte sie neugierig. Doktor Pan, wie er mit Nachnamen hieß, wobei, wie er sagte, die Chinesen den Vornamen gewöhnlich hinter den Familiennamen stellten, trug Jeans. Sein schweres schwarzes Haar war im Nacken zu einem Pferdeschwanz zusammengefaßt, eine Frisur, die ihm nach Sylvias Dafürhalten ein Mondgesicht machte. Vollmond, dachte sie, und daß er ihr besser gefiel, wenn er seine Haare lässig auf die Schultern fallen ließ. Vermutlich war er mit dem Fahrrad gekommen.

»Na klar, hab ich das Djing Ping Meh gelesen.«

Da stand es, das Prachtexemplar mit Goldschnitt. Ein Schweizer Verlag hatte das Wagnis einer siebenbändigen deutschen Ausgabe auf sich genommen, im Schuber.

»Du kennst das also auch?!«

> Hals an Hals – zwei verliebte Mandarinenenten,
> Die munter sich im Wasser tummeln.
> Kopf an Kopf – ein zärtliches Phönixpärchen,
> Das froh geschäftig sich das Nest aus Zweigen fügt.
> Sie – fest die roten Lippen auf seine Wange heftend,
> Er – stark ihr schräggeneigtes Haupt umfassend.
>
> *Djin Ping Meh*

»Unter Mao war das Buch verboten. Pornographie … «

»Quatsch! Ich dachte immer, Mao sei ein gebildeter Mann gewesen?«

»Die Roten Brigaden der Kulturrevolution hatten wenig Sinn für das alte China.«

»Hast du das noch erlebt?«

»Aber ja, ich mußte als Jungakademiker auf den Reisfeldern arbeiten, knietief im Wasser stehend. Umerziehung nannte man das.«

»Bist du deshalb nach Deutschland gekommen?«

»Mein Vater hat schon hier studiert. Mein älterer Bruder lebt hier als Maler.«

Sylvia stellte zwei Gläser auf den Tisch und schenkte Rotwein ein. An's Bild hatte sie mit zwei Wäscheklammern an einem Notenständer befestigt. Da stand es nun, viel Rot und Schwarz auf naturweißem Grund.

»Darf ich euch zusammen fotografieren?«

Sie richtete das Objektiv auf ihn, wie er da zierlich in ihrem großen Ledersessel saß und ihr mit fragendem Blick das Weinglas entgegenhielt. Das Bild diente ihm als farbiger Hintergrund. Sein Lächeln wirkte gefroren. Schade, dachte sie, so ein hübscher Bursche. Sie wagte nicht, ihn zu bitten, den Pferdeschwanz zu lösen und frei in die Kamera zu lachen. Sein Gesichtsausdruck hatte etwas Gezwungenes. Seine ganze Haltung kam ihr gehemmt vor. Sie hatte ihm das Geld in großen Scheinen in einem Briefumschlag überreicht und war der Meinung, daß er mit 1500 Mark »unter Freunden« kräftig hinlangte, auch wenn er behauptete, sein »Normalpreis« belaufe sich auf das Doppelte. Geschäftstüchtig, dieser junge Mann, dachte sie, leidet keineswegs unter Hemmungen, wenn es ums Geld geht. Seine Stimme klang fest, als er ihr den Preis nannte. Sylvia wußte wohl, daß einige Museen und Rathäuser Werke von ihm angekauft hatten, sogar in der Schweiz. Sie getraute sich nicht, vom Kauf zurückzutreten, aber ihre Augen funkelten. Mistkerl, dachte sie und ärgerte sich über sich selbst.

IX

BEGINN EINER LEIDENSCHAFT

Sylvias China-Leidenschaft ging zurück auf ihre Studentenzeit. Durch Zufall kam sie an einige Stücke aus dem Nachlaß eines hochgerühmten Sammlers, der einen Prachtband zuerst in englisch, dann auch in deutsch veröffentlicht hatte, über sein bevorzugtes Sammelgebiet, chinesische Teppiche. Der Hauptteil seiner Teppichsammlung war testamentarisch nach seinem Tod an das Britische Museum gegangen, darunter Stücke aus dem 17. und 18. Jahrhundert. Sylvia bewunderte die farbigen Abbildungen und erarbeitete sich den Text mit Bleistift und Lineal – und heißen Wangen. Eine ferne Welt, eine ihr bis dahin fremde Hochkultur tat sich vor ihr auf, deren Code sie verstehen wollte. Die Geschichte der Kunst, der Religion, der Philosophie und Literatur des alten China begann auf Jahre hin ihr Interesse zu beherrschen. Sie kaufte, was in deutscher Sprache zu bekommen war, und sie erwarb unter der Hand einen mit köstlichen Schnitzereien verzierten Standspiegel aus dem Nachlaß des sinophilen Verblichenen.

> Auf seinen Schultern suchen ihre seidenflorbestrumpften
> Beine Halt,
> So daß der Doppelbogen ihrer Neumondsichel sichtbar wird,
> Verrutscht ist bald die eine und die andere Goldagraffe,
> Und schwärzlich breitet eine Wolke ihres Haars sich
> übers Kissen,
> Seine Schwüre, meerestief und bergehoch,
> Und seines Kosens tausend Varianten
> Lassen ihre letzte Scheu verschwinden,
> Wie wenn Gewölk im Winde jäh verflattert.
>
> *Djin Ping Meh*

Dieser Spiegel stammte aus dem 19. Jahrhundert und schmückte einst eine Ecke im Pekinger Empfangszimmer des Asiatica-Sammlers und studierten Juristen, einen weitläufigen Raum, der in der englischen Ausgabe in all seiner Pracht abgebildet war. Lotosblumen, Blütenzweige, Fledermäuse und Mäander zierten im Flachschnitt den Rahmen des Spiegels. Er wog schwer, als sie ihn keuchend in ihre kleine Studentenwohnung in den vierten Stock hinaufschleppte. Entzückt betrachtete sie ihn und drehte sich nachdenklich vor ihrem Abbild, während ihr allerlei fröhliche Verwendungsmöglichkeiten durch den Kopf gingen. Auch in der Ecke ihres Schlafzimmers putzte er, wie sie fand, ungemein. Und sie suchte sofort in einem Lexikon chinesischer Symbole nach der Bedeutung seines köstlichen Zierrats.

Ich wünsche dir Jugend, Schönheit und Glück, sagte der chinesische Spiegel.

X

DER HÄNDLER

Auf der großen Antiquitätenmesse im Münchner Haus der Kunst, die sie jedes Jahr besuchte, geriet sie schlendernd zu einer Ausstellungskoje und blieb wie hypnotisiert davor stehen. Vor ihr an der Stellwand hingen zwei und zwei übereinander und auffallend rot und schwarz gerahmt, vier schmale hohe Bilder, auf Reispapier gemalt, chinesische Aquarelle mit anmutigen Genreszenen. Sylvia stand da, stand und versank in begeisterter Betrachtung. Sie schien als einzige Besucherin an diesem Ausstellungsstand interessiert zu sein. Es war um die Mittagszeit, wenn die meisten Antiquitätenhändler Käfer's Bistro aufsuchten. Der Mann im eleganten Anzug, mit dem sie beim Betreten seines Standes einen kurzen Gruß getauscht hatte, machte keinerlei Anstalten, es seinen Kollegen gleichzutun, Sylvia in ihrer Anschauung zu unterbrechen oder gar zu stören. Er war so diskret, ihr das Gefühl zu geben, sie sei ganz allein. Um die Einzelheiten auch der beiden tief gehängten Bilder zu betrachten, war sie vor den Exponaten in die Hocke gegangen. Dabei merkte sie, wie ihr Herz vernehmlich zu klopfen begann.

Die Bilder führten die Betrachterin in eine gepflegte Gartenlandschaft. Auf einem machen sich zwei junge Männer mit den schwarzen Seidenmützen der Studenten auf dem Kopf lächelnd aufmerksam auf zwei ebenso junge wie schöne Damen, die Herrin und Dienerin zu sein schienen.

Auf einem zweiten bescheint der Vollmond eine nächtliche Terrasse und eine mächtige Trauerweide. Einer der jungen Männer sitzt unter ihrem Blätterdach und spielt versonnen auf einer chinesischen Zither.

> Der Phönix klagt sein Leid den Winden
> Und flattert bebend über Wald und Flur.
> Sucht seines Weibchens Spur
> Und kann sie auf der Erde nimmer finden
>
> *Das Westzimmer*

Die beiden jungen Damen am Fuß der Terrassenmauer stecken lauschend die Köpfe zusammen. Aber er sieht sie nicht. Auf dem vierten Bild wird von einem der Männer, wohl dem Diener, ein weißes Pferd am Zügel gehalten. Man sieht die Ecke eines Kutschdachs, eher eines Baldachins mit wehenden Rüschen, roten Bändern mit Glücksknoten. Gilt es, Abschied zu nehmen? Der junge Zitherspieler hält die Arme in den Ärmeln verborgen vor der Brust verschränkt und blickt entschlossen, fast trotzig auf die jungen Frauen. Die Herrin scheint auf ihn einzureden, wohl vergebens.

> Besser ist, auf rauhem Leinen
> Ying-Yings Lieblichkeit umschlingen,
> Als auf weicher Seide weinen
> Und die Hände einsam ringen!
>
> *Das Westzimmer*

Sylvia konnte sich die Liebesgeschichte zusammenreimen, eine unglückliche vermutlich, zumindest soweit sie hier dargestellt war.

»Woran liegt es?« fragte der Standinhaber nach etwa eineinhalb Stunden mit leiser Stimme.

Sylvia richtete sich auf und sah ihn verlegen an.

»Na ja, es sind vier Bilder, die zusammengehören. Es wäre eine Sünde, sie auseinanderzureißen. Ich habe aber das Geld nicht für alle vier.«

»Wie könnten Sie denn?«

Sie sah ihn überrascht an. Jetzt gab es kein Zurück mehr.

»Jeden Monat eines?« fragte sie zaghaft. Ihr Herz klopfte. Hitze stieg ihr ins Gesicht.

»Können Sie sie mitnehmen? Ich packe Ihnen alle vier zusammen, und Sie überweisen mir monatlich vierhundert Mark. Ist das für Sie in Ordnung?«

Und ob das in Ordnung war! Am liebsten wäre sie ihm um den Hals gefallen.

Dies war der Anfang einer intensiven Händler-Sammler-Beziehung. Jahr für Jahr, wenn Sylvia die Antiquitätenmesse besuchte, kurz zuvor erhielt sie einen Brief mit der Einladung inklusive Eintrittskarte, suchte sie seinen

Stand auf und reiste selten zurück ohne Beutestück. Bald bekam sie auch Einladungen zur Messe in Köln, und sie war da, ein Jahr ums andere. Doch nun, bevor ihre vier Bilder im Packpapier verschwanden, wollte sie doch wissen, was auf ihnen dargestellt sei.

»Ich habe das von einer alten Dame gekauft. Die hat es auch rahmen lassen. Die schmalen Lackrahmen in Schwarz machen sich ja ganz gut zu dem roten Leinen-Passepartout. Sie bringen die zarten Aquarelle schön zur Geltung. Vermutlich Teile eines kleinen Stellschirms. Die Dame sagte, es seien Illustrationen zu dem klassischen Singspiel ›Das Westzimmer‹.

> Im Westzimmer sitz' ich, den Mond zu erwarten,
> Halb öffne die Tür ich dem Winde entgegen.
> Auf der Mauer die Blumenschatten bewegen
> Sich schaukelnd, als stiege ein Freund in den Garten.
>
> *Das Westzimmer*

In chinesischer Literatur kenne ich mich nicht so gut aus. Aber es gibt ein nettes kleines Antiquariat in der Maximilianstraße. Die gehen auf Auktionen. Wenn Sie denen einen Suchauftrag geben, die besorgen Ihnen alles. Da werden Sie sicher fündig.«

Und so war es. Sylvia erstand »Das Westzimmer« als Singspiel in einer feinen Übertragung von 1926 durch den berühmten Übersetzer Vincenz Hundhausen, der, wie sie wußte, mit dem Besitzer ihres Standspiegels bekannt oder vielleicht sogar befreundet war. In dessen Nachlaß befand sich nämlich und war zusammen mit dem Spiegel auf sie gekommen, ein weiteres Singspiel mit persönlicher Widmung, »Der Ölhändler und das Freudenmädchen«.

Tjeng Dschung lockerte der Ampel
Docht, damit sie heller brenne.
Leise löste er die Schuhe,
Und dann stieg er auf das Lager.
Langsam, mit verhaltnem Atem
Rückte er, bis von dem Mädchen
Ihn noch eine Handbreit trennte.
Weil er dachte: »Yü Me wird wohl
Durst empfinden, wenn sie aufwacht,«
Hielt er fürsorglich den Teekrug
Mit der rechten Hand umschlossen.
Seine linke aber legte
Er ganz zart auf Yü-Me's Hüfte.
Also lag er lange, lange,
Schaute auf ihr kleines Köpfchen,
Lauschte ihren Atemzügen,
Und sein Herz war froh und dankbar.

Der Ölhändler und das Freudenmädchen

Was sie aber am meisten entzückte, waren die 21 Originalholzschnitte einer weitaus älteren, chinesischen Ausgabe von »Das Westzimmer«, unter denen sie alle vier Bilder entdeckte und jetzt endlich nachlesen konnte, was es mit ihnen auf sich hatte. Das Sammlerfieber hatte sie erfaßt. Von nun an eröffnete Sylvia die Jagd auch auf andere Klassiker der so reichen chinesischen Literatur.

XI

DIE SAMMLUNG

Der freundliche Händler, wie sich herausstellte, einer der bedeutendsten Privatsammler europäischer Bronzen der Frühen Neuzeit, dessen China-Handel ihm, wie er verriet, sein äußerst kostspieliges eigenes Sammelgebiet finanzieren half, behielt die für Sylvia angenehme Gewohnheit bei, ihr Ratenzahlung zu gestatten. Auch Umtausch war möglich, wenn sie etwa durch eingehende häusliche Betrachtung zu dem Schluß kam, daß eine Weißporzellanfigur aus dem 19. Jahrhundert bei aller technischen Perfektion es nicht aufnehmen konnte mit einer aus dem 18. oder gar 17. Jahrhundert.

> Die Königinmutter des westlichen Reiches
> hat keinen Ehemann, aber viele stattliche Liebhaber.
> Ohne Wangenrot und Puder
> erhält sie sich gesund, jugendfrisch und schön.
> Kennt sie ein Zaubermittel? Sie folgt der Weisung des Taos:
> Sie ist genügsam bei Tisch und unersättlich in der Liebe.
> Sie spielt die Laute
> und läßt nichts Kleinliches stören
> ihre Seelenruhe und Harmonie.
> *Yü-fang pi-chüeh (siebtes Jahrhundert)*

Sie durfte die stattliche »Königinmutter des Westens«, begleitet von ihrem Hirschlein, zurückbringen, auswechseln gegen einen Kuan-ti aus dem achtzehnten. Er war ein Held aus dem Roman »Geschichte der drei Reiche«, der nicht nur als Beschützer im Krieg, sondern auch als Gott der Literatur verehrt wurde. Wo in der Weltliteratur gab es das, dachte Sylvia, daß eine Kriegsgurgel sich die Nachtwache mit Bücherlesen vertrieb?

> Hu Pan schlich sich leise zum Eingang der Haupthalle und spähte behutsam hinein. Da sah er nun den Rekken, an einem Tisch sitzend und bei Lampenschein in einem Buch lesend, den rechten Ellenbogen auf die Tischkante stützend und mit der Linken bedächtig seinen mächtigen schwarzen Bart streichend.
>
> *Die drei Reiche*

Vorsichtig strich sie mit der Hand über die Figur. Die Glasur fühlte sich weich und irgendwie fettig an. An ihr erfuhr Sylvia, daß bis ins 18. Jahrhundert hinein die meist taoistischen Figuren zu leben schienen, durch die Hand des Meisters der Porzellankunst ein Eigenleben erhalten hatten, Eigenheit, die ab dem 19. Jahrhundert verloren ging.

»Schauen Sie«, sagte die Frau des Händlers und wies auf eine weißporzellanene Zweiergruppe. »Was sagen Sie zu diesen süßen Buben?«

»Ho-Ho Hsien, 18. Jahrhundert, Tehua« stand auf dem weißen Pappschildchen.

»Sie lachen«, sagte Sylvia. Und in der Tat strahlten sie die beiden molligen Knirpse auf allen Stockzähnen freundlich an. Sie durfte mit der Hand darüberfahren und die dicke, sahnige Glasur befühlen, die auch der Kriegsgott hatte, der jedoch dem Anlaß entsprechend gepanzert und behelmt, grimmig seine Schnurrbartenden flattern ließ.

»Sie haben die Fischermarke«, bemerkte der Händler und zeigte auf einen kleinen, am Rücken der Figuren unter Glasur eingeritzten Flaschenkürbis. Er erlaubte Sylvia, ein großes, teures und reich bebildertes Fachbuch über chinesisches Weißporzellan mitzunehmen und zu Hause zu kopieren.

»Schicken Sie es mir zu«, sagte er. Ihr leidenschaftliches Sammlerverhalten schien ihm zu gefallen. Und er war nicht knausrig. Bald gesellten sich den Weißporzellan-Figuren frühe polychrome Porzellane von der Übergangszeit zwischen Ming- und Ching-Dynastie bis ins farbenfrohe 18. Jahrhundert des Kaisers Chien-lung: Vasen, Platten, Teller, zuletzt auch Kleinbronzen, wie sie sich im Londoner Victoria and Albert-Museum befanden. Das eine oder andere Kleinmöbel aus hartem Hong Mu- oder Zitanholz ergänzten ihren Standspiegel, Monat für Monat getreulich »abgestottert«.

Sylvia kaufte Bücher, Fachbücher, Bilderbücher, Romane, Singspiele und auch Gedichte.

Mitten in dem kleinen Teiche
Steht ein Pavillon aus grünem
Und aus weißem Porzellan.
Wie der Rücken eines Tigers
Wölbt die Brücke sich aus Jade
Zu dem Pavillon hinüber.

nach Li Tai Po

Und eines Tages fiel ihr »Das Buch der Wandlungen« in die Hände, der altehrwürdige »I Ging« in der Übersetzung des großen Sinologen Richard Wilhelm.

Kein Sylvesterabend verging, ohne daß sie nicht auf einem sorgsam hergerichteten Tisch drei gleiche und leichte spanische Münzen sechsmal geworfen hätte. Sie notierte sich nicht nur sorgfältig ihre eigenen Fragen, sondern auch die rätselvollen Antworten dieses viertausendjährigen Orakelbuchs auf DIN A4-Blätter, die sie zu datieren, abzuheften und aufzubewahren pflegte. Schienen sie ihr von besonderer Bedeutung, übertrug sie sie in ihr Tagebuch.

»Lieber I Ging«, begannen ihre Fragen, als schreibe sie an den Briefkastenonkel einer modernen Frauenzeitschrift. Aber es waren »Briefe in die chinesische Vergangenheit«.

XII

DAS LÄCHELN DES TAO

In ihrer Lieblingsbuchhandlung gab es ein besonderes Regal, in dem sie beim Schmökern eines Tages ein Büchlein des englischen Schriftstellers Lawrence Durrell entdeckte mit dem geheimnisvollen Titel »Das Lächeln des Tao«. Sie kaufte es, verschlang es, las es wieder und wieder. Auf dem Vorsatzpapier notierte sie jeweils die Daten ihrer Lektüre, eine Ehre, die sie nur wenigen Büchern erwies. Das waren gewissermaßen ihre Lebensabschnittsbücher. Auch das Original las sie, weil ihr der englische Titel, *smile in the minds eye*, noch verlockender vorkam. Ein Lächeln im Auge des Geistes?

In der ersten Erzählung schilderte Durrell die Begegnung mit einem Chinesen, der in Stockholm lebte und eigens zu ihm in die Provence reiste, um mit ihm ein Buch-Manuskript über »Das Tao der Liebe« zu besprechen. Durrell, so schloß der Chinese, habe sich in einem Interview als Taoist bezeichnet, also verstehe er wohl etwas von der Materie. Mit deutlicher Sympathie und viel Humor schrieb Durrell über dieses Treffen eine kleine Erzählung, so sehr gefiel ihm der Mann. Auch Sylvia las das Buch mit heißen Wangen. Das Erstaunlichste für sie war jedoch die Tatsache, daß es einen modernen Mann gab, der von sich behauptete, er lebe nach dem Tao der Liebe und er wie auch seine Liebhaberinnen und Geliebten befänden sich wohl dabei.

Im indischen Kamasutra hatte sie geblättert. Die Stellungen kamen ihr jedoch eher pittoresk vor, als daß sie daran gedacht hätte, sie nachzumachen. Dazu mußte man im Lotossitz geboren sein. Europäer brechen sich den Hals. Nur andeutungsweise stellte sie sich Sex so vor. Die Paare auf den Abbildungen wirkten gelangweilt und humorlos. Das gefiel ihr nicht.

> Ich erkannte, daß Changs Taoismus aus dem Lächeln des Kasyapa geboren war, – jenes nicht einmal besonders gewissenhaften Schülers, den Buddha in den höchsten Rang erhob, als er, der Meister – noch mitten im intensivsten Lehrdiskurs – zufällig den Blick des jungen Mannes erhaschte und überrascht in seinem Gesicht das Lächeln des Tao entdeckte! Da bedurfte es keiner weiteren Worte mehr, denn dieser eine lächelnde Blick machte ihm klar, daß Kasyapa die ganze Sache voll begriffen hatte. Buddha reichte ihm die Blume, die er in der Hand hielt, und befahl ihm, schleunigst den Unterricht zu verlassen. Da er die Inder so schrecklich langweilig und humorlos fand, machte sich Kasyapa also auf nach China, – das taoistische Lächeln war sein ganzes Gepäck.
>
> *Lawrence Durrell: Das Lächeln des Tao*

Sylvia entdeckte mit Hilfe von Jolan Changs Buch die chinesische »Kunst des Schlafzimmers«. Dieses Lehrbuch des Liebestao leuchtete ihr ein. Wenn sie sich diese Kunst aneignete, dachte sie, vielleicht fand sich ja einer, der sich dafür begeistern ließ, ein Liebster in der Art dieses verrückten Chinesen, der davon träumte, mit dem »Tao der Liebe« die Welt zu retten?

»Ich sehe, du arbeitest dich ganz von unten an dein Lieblingsfachgebiet heran«, bemerkte schmunzelnd ein Freund, als ihm Changs Buch in die Hand fiel.

Was als Anleitung zum Sex für Männer aus dem Westen gedacht war, gab ihrem Leben eine neue Wendung. Daran maß Sylvia nun ihre Liebhaber. Ich habe offenbar Glück gehabt im Leben, sagte sie sich. An den taoistischen Blick erinnerte sie sich zumindest bei zwei Männern ihres Liebeslebens. Sie hatten sie mit großer Geduld geliebt und glücklich gemacht.

> Ein Taoist ist der Joker im Spiel, der Poet am Herd. Sein Neigungswinkel rührt von einer simplen Behauptung her, nämlich, daß die Erde ein Paradies sei, und man daher gezwungen ist, dies so vollständig wie möglich wahrzunehmen und zu verwirklichen, bevor man gezwungen wird, sie zu verlassen
>
> *Lawrence Durrell: Das Lächeln des Tao*

Ja, genau das war es, dachte sie. Nicht die Hoffnung auf ein vages Paradies im Jenseits. Hier und jetzt oder nirgends. Hingabe als Freude, nicht als Sünde. Liebe als Freiheit von Zwang. Alles wissen, alles erkunden, alles spüren, alles schmecken, alles sehen. Sylvia betrachtete die erotischen Holzschnitte und Aquarelle ihrer bibliophilen Kostbarkeiten mit anderen Augen. Oswald Kolle warf sie in den Müll, und wenn sie an einschlägige deutsche Filme ihrer Jugend dachte, kam es ihr hoch vor Ekel.

Lawrence Durrell hielt Chang bei ihrer ersten Begegnung für einen achtzehnjährigen Burschen, während er in Wahrheit so alt wie er selbst, nämlich Anfang sechzig war. Glücklich und ohne Zipperlein sehr alt zu werden, sei seine Absicht. Mittel zum Zweck: ein erfülltes Sexualleben nach den Lehren des Tao, der Vereinigung von Yin und Yang, des weiblichen mit dem männlichen Prinzip, übertragen auf konkrete Zweier-Begegnungen.

Klingt verlockend, dachte Sylvia und machte sich ans Werk. Da gab es aber ein entscheidendes Problem: Dazu gehörten zwei … Sie arbeitete im Universitätsarchiv als Archivarin. Aussichtslos, dachte sie und betrachtete prüfend ihre Kollegen, völlig aussichtslos, hier einen Interessenten für ihren angestrebten taoistischen Feldversuch zu gewinnen.

Ihr eigener Freund und langjähriger Liebespartner, der mittlerweile jedoch weit von ihr entfernt lebte, lehnte rundweg ab, als sie ihm bei einem Besuch Jolan Changs Buch als Geburtstagsgeschenk mitbrachte.

Sextechnik sei nicht eben das, was ihn in seiner augenblicklichen Lage interessieren könne, sagte er schroff. Er habe vom Sex eher zuviel als zu wenig abbekommen und glaube nicht, daß er in dieser Hinsicht etwas verpaßt oder gar Nachholbedarf habe, wie sie selbst wohl am besten beurteilen könne.

Dann eben nicht, dachte Sylvia und ärgerte sich über die westlichen Männer überhaupt, als auch zwei weitere Vorstöße in ihrem Bekanntenkreis mißlangen, ja auf Ablehnung stießen.

Die glauben alle, grummelte sie, sie könnten schon alles und hätten nichts mehr dazuzulernen, obwohl es seit den alten Griechen vermutlich im ganzen christlichen Abendland keine Kultur des Eros mehr gegeben hat. Die arabischen Spanier vielleicht ausgenommen. Scheißabendland! dachte sie.

XIII

YIN SUCHT YANG

Als ich jung war, dachte Sylvia, lebte ich von Augenblick zu Augenblick. Ich überließ mich dem Zufall, vielleicht auch der Intuition, obwohl ich diesen Begriff damals noch gar nicht kannte und wenn, dann kaum auf mich selbst bezogen hätte. Je älter sie wurde, desto mehr glaubte sie an so etwas wie Schicksal. Sie schloß zumindest nicht aus, daß es diese Instanz irgendwie gab. Vielleicht neigte sie jetzt sogar zum Aberglauben.

> Während des langen Weges, der über finstere Höfe und stockdunkle Wandelgalerien entlangführte, pochte und drängte das erregte junge Blut in ihren Adern heftig weiter und verlangte stürmisch nach Erlösung. In einem entlegenen Gartenwinkel, vor einer düsteren Laube, blieb sie auf einmal stehen.
>
> *Li Yü: Jou Pu Tuan*

Jedenfalls spürte sie deutlich, daß ihr Herz heftig zu klopfen begann, als sie in der Tageszeitung auf eine knappe Ankündigung des Goethe-Instituts stieß, welche die Ausstellung eines jungen chinesischen Malers anzeigte, ganz so, als müsse man ihn naturgemäß kennen:

»Pan An im Goethe-Institut«, dazu kurz sein Werdegang: »Jahrgang 1952, ab 1986 als Dozent für Kunstgeschichte an der Universität von Kanton und seit 1989 Doktorand an der hiesigen Universität. Ferner Stipendiat der und der Stiftung.«

Sylvia war seltsam erregt, gespannt, ja aufgewühlt, als sie das las. Der Name sagte ihr nichts. Dennoch beschloß sie hinzugehen. Sie machte sich schön, als träfe sie einen Geliebten. Traf sie ihren Traum? Er war schön, sehr schön, sah sie voll an, freundlich und zurückhaltend, wie sie fand, offen für ihren Blick. Sie kaufte sich seinen Ausstellungskatalog, ließ ihn sich signieren, auch in chinesischer Schrift, buchstabierte ihm ihren Namen, gab ihm zuletzt ihre Visitenkarte. Er übertrug ihren Vornamen auf den Katalogumschlag: »Für Sylvia«. Sie blieb als letzte der Besucher, lernte so auch seine junge Freundin kennen. Was soll's, dachte sie. Mag sie ihn Deutsch lehren und europäische Kultur. Und Sylvia nahm sich vor, im nächsten Semester bei ihm einen Malkurs oder einen Kalligraphiekurs zu belegen, gleichgültig, was er denn anbiete.

Zu Hause nahm sie ihre drei spanischen Fünfpesetas-Stücke mit dem Kopf des Königs Juan Carlos I. aus der Schublade, legte neugierig »Das Buch der Wandlungen« auf den Wohnzimmertisch und warf sechsmal die Münzen, wobei sie intensiv an Pan An dachte und sich fragte, welche Auswirkung auf ihr Leben diese Bekanntschaft wohl habe.

»Durchbeißen«, empfahl das schlaue Buch und gab zu bedenken, daß sie beide gemeinsam mehr erreichen könnten als einer für sich allein.

Ob er die Entsprechung wäre, die ihr fehle, dachte Sylvia, vielleicht mehr als jeder andere? Und sie wünschte sich angesichts der jungen Freundin des Chinesen vorwiegend eine geistig-seelische Ergänzung. Dies jedenfalls schrieb sie, und kam sich edelmütig vor, in ihr Tagebuch.

»Seine Bilder sprechen mich an. Es sind Vexierbilder, Traumbilder mit sinnigen, manchmal auch humorvollen Titeln. Sie sagen etwas über Pan An's Entwicklung. ›Introversion‹, heißt da einer. Andere lauten: ›Immerhin‹,

›Veränderung‹, ›Hoffnung‹, ›Reife‹. Auch ›Ohne Titel‹ gibt es: Beherrschend ist darin ein grellweißer, schneeballartiger Fleck ohne feste Konturen, kreisförmig in einem kraftvoll in Rot und Schwarz mit dem Pinsel ausgeführten Eck eines großen, unscharfen Quadrats. Ein Bild ist ›Ostasien‹ benannt: Grau in Grau ziehen Nebel über die Fläche, akzentuiert durch wenige weiße oder schwarze Flecken, darunter ein tiefschwarzer in Kreisform: ›Reiz des Kerns‹, ›Bewegungsprozeß‹ ... «

»Wenn Papier und Tusche zusammenkommen, entsteht immer etwas Interessantes«, sagte Pan An.

Was entsteht, wenn du und ich zusammenkommen? dachte Sylvia.

»Komm, laß uns Götter spielen!« fiel er lebhaft ein, streckte die Hand nach ihr aus und begann auch schon an ihrer Gürtelschlaufe zu nesteln. Und sie tat ungeachtet ihrer mißbilligend verzogenen Mundwinkel mit. Nicht nur, daß sie sich widerstandslos an seine Schulter ziehen und gleiten ließ, sie duldete es auch, daß er ihr die unterste Hülle abstreifte. Dabei gewahrte er etwas, das den Brand seiner Erregung zur hellen Flamme entfachte. Er dachte sich sein Teil dabei. So also hatten die Bilder auf sie gewirkt, daß ihre kleine Wiese schon beim bloßen Anschauen vom Tau der Lust benetzt worden war! Er machte sich selber frei, zog sie vollends auf den Sessel und bettete sie dergestalt vor sich, daß ihre Schenkel über seine Schultern zu hängen kamen.

Li Yü: Jou Pu Tuan

Sie kaufte sich den Ausstellungskatalog, besuchte die Ausstellung aber kein zweites Mal, obwohl sie Pan An dort hätte treffen können. Sie tat keinen weiteren Schritt in seine Richtung, wohl wissend, daß dem Schicksal nachzuhelfen sei, wolle man es in Schwung bringen. Pan An inspirierte sie (Wie in meiner Schulzeit, dachte sie) sogar zu einem Liebesgedicht, keinem besonders guten, wie sie fand. Vielleicht war es sogar reichlich kitschig, aber »immerhin« ... Sie übertrug es in ihr Tagebuch und klebte die Ausstellungsbesprechung der Tageszeitung mit dem Foto des schönen Chinesen daneben. Und dann beschloß sie, sich in seinen Kurs in der örtlichen Volkshochschule einzuschreiben und sei es eine Einführung in die chinesische Malerei.

Ich werde, dachte sie, mir einen dünnen und einen dicken chinesischen Kalligraphiepinsel kaufen und chinesische Tusche und werde (sie mußte lachen), wenn es sein muß, Privatstunden bei diesem schönen Pan An nehmen in chinesischer Pinselführung.

XIV

KURSVORBEREITUNGEN

Sylvia dachte an Pan An und lächelte. Seit der denkwürdigen Vernissage im Dezember hatte sie nichts unternommen, um ihn wiederzusehen. Sie wartete ab, ruhig und sicher, daß es dazu ganz von allein käme. Als das neue Volkshochschul-Programm herauskam, war es eine Freundin, die sie darauf aufmerksam machte und die es sich bereits besorgt hatte. Sylvia fragte sofort nach einem Kurs von Pan An. Die Freundin hielt, wie sie sagte, nichts von Esoterik und hatte Mühe, ihn in der dicken Broschüre zu finden. Dann aber las sie vor: Einführung in die chinesische Malerei.

»Du spinnst«, war ihr ganzer Kommentar.

Sylvia jedoch ließ sich nicht beirren, von der doch nicht. Sie ahnte, ja eigentlich wußte sie, daß sie ihre sinophilen Ambitionen für sich behalten mußte. Also begab sie sich in ihrem alten 2CeVau zur Volkshochschule und schrieb sich persönlich in den Kurs ein, ungeachtet dessen, daß Pan An gewisse Grundkenntnisse der chinesischen Kalligraphie voraussetzte. Privatunterricht? Sie gönnte sich ein listiges Schmunzeln.

Sie mußte sich gedulden, ganze zwei Monate bis zum April. In der ersten Märzwoche ereilte sie eine üble Erkältung. Der Hausarzt hatte sie krank geschrieben bis zum ersten April. Am zweiten begann der Kurs.

Ich muß da hin, sagte sie sich. Ich muß wieder ins Archiv, sonst kann ich mich auch in der Volkshochschule nicht blicken lassen. Also tat sie ihr Möglichstes, um gesund zu werden, schüttete literweise Thymianessenz ins Badewasser, verdampfte in ihrem Schlafzimmer eine Mischung aus Wacholder, Lavendel und Eukalyptus, bis die ganze Wohnung wie eine Alchemistenküche roch. Nachts schlief sie mit einem naßkalten, wollenen Halswickel und schluckte allerlei Gesundheitstropfen oder gurgelte damit. So rettete sie sich bis zum Ende der Beurlaubung, versah am darauffolgenden Tag ihren Dienst im Archiv, wobei sie sich bemühte, nicht allzu tief durchzuatmen, damit sie nicht auch noch Aktenstaub in die lädierten Kiemen bekam. Gleich nach der Arbeit suchte sie die nächste Drogerie auf mit einer Abteilung für Künstlerbedarf, um sich die gebotenen Pinsel, den dicken wie den dünnen, und chinesische Tusche zu besorgen.

Ratlos blickte sie auf die Regale. Sie hatte sich die Haare frisch gewaschen und war sorgfältig geschminkt. Gottlob, seufzte sie, denn neben ihr stand plötzlich in voller Schönheit Pan An. Er hatte sich das Haar kürzer schneiden lassen und trug eine braune Wildlederjacke.

»Sie schickt der Himmel«, flötete Sylvia, als sie sich wieder gefaßt hatte. »Null Ahnung, was für ein Papier ich nehmen soll für Ihren Malkurs.«

An hatte schwarze Tusche gekauft. Er erinnerte sich sofort an sie, wie sie zufrieden feststellte.

»Ich habe Sie ja angerufen.« Er zögerte. »Aber vielleicht habe ich die Visitenkarten verwechselt?«

Sylvia betrachtete seine schön geformten Lippen, als sie Seite an Seite vor dem Papierregal kauerten. An zog zwei Bogen japanisches Reispapier aus dem Fach und reichte es ihr.

»Ich komme gerade aus Hamburg. Mein Bruder lebt dort mit seiner Familie. Der ist auch Maler, aber mehr im Abstrakten. Zuvor war ich zwei Monate in China, mit meiner Freundin … «

Hast du ein schlechtes Gewissen? dachte Sylvia. Sie wunderte sich, woher ihr die Sicherheit kam, sie würden sich auf jeden Fall wieder begegnen.

Zurück in ihrer Wohnung packte sie in aller Eile ihre Siebensachen für den Kurs, setzte sich ins Auto und fuhr in den Stadtteil, wo in einer alten Schule aus der Kaiserzeit, einem Klinkerbau mit Sandsteingeschnörkel hinter hohen Fenstern aus Butzenscheiben, der Kurs stattfinden sollte.

Sylvia fühlte sich erhitzt. Kleine Schweißtropfen perlten auf ihrer Oberlippe. Verspürte sie Lampenfieber vor diesem schönen Mann? Es überraschte sie keineswegs, als sie ihn auf der Straße neben ihrem Auto hergehen sah. Sie fuhr an ihm vorbei, parkte ihren Wagen an der Schule und schlenderte ihm betont lässig entgegen. Er ließ sie auf zehn Meter herankommen und lächelte:

»Haben Sie den Eingang nicht gefunden?«

»Ich sah Sie auf der Straße und bin Ihnen entgegengegangen.«

Gemeinsam passierten sie die bunte Glastüre. Einige Frauen standen da und zwei junge Männer. Sie begrüßten Pan An, schienen sich alle zu kennen. Aus vergangenen Kursen, dachte Sylvia.

Im Klassenzimmer mit der hohen Zimmerdecke roch es muffig nach Altbau. Sylvia setzte sich neben einen der jungen Männer. Als der den Tisch jedoch gänzlich mit seinen Sachen belegte, wechselte sie wortlos an einen Einzeltisch. Ich will auch Platz haben, sagte sie sich. Neugierig beobachtete sie, wie die Habitués chinesische oder japanische Schreibutensilien, ja ganze Malsets vor sich aufbauten. Eine kleine Bastmatte diente als Unterlage für bemalte Pinselbecher aus Porzellan, Tuschereibsteine und feste Tuschebarren, verschiedene Schälchen, teurere Pinsel als die sie sich geleistet hatte. Eine Dame zog sogar ein original-chinesisches Vorlagenheft aus ihrer Tasche.

Sylvia breitete auf ihrem Tisch lediglich die Zeitung aus, die sie nach Anweisung des Volkshochschul-Programms mitgebracht hatte, und holte sich aus dem Schulspind einen leeren Joghurtbecher.

Pan An hatte sich seiner Lederjacke und eines Pullovers entledigt. Ein langärmeliges Hemd bauschte sich blusig über dem Hosenbund und betonte, wie Sylvia bemerkte, anmutig seine schlanke Jungmännertaille. Überhaupt sah er für seine vierzig Jahre unglaublich jung aus. Sie dachte an Lawrence Durrells ersten Eindruck von Jolan Chang. Auch Pan An wirkte kaum älter als fünfundzwanzig. Er hatte wie die anderen aus einem großen Tuschebehälter, eben dem, den er am Nachmittag in der Drogerie gekauft hatte, etwas von der pechschwarzen Flüssigkeit in einen kleinen Becher umgegossen und seine Pinsel aufgestellt.

XV

ERSTER MALKURS

»Zuerst wollen wir Bambus malen«, sagte Pan An, »Blätter und Stengel mit Knoten, dann chinesische Blumen und zuletzt vielleicht noch Tiere.«

An hatte Fotokopien aus einem chinesischen Malbuch mitgebracht. Sylvia erbot sich, sie auszuteilen, vier an der Zahl. Ein seltsames Gefühl machte sich in ihrer Herz- und Bauchgegend bemerkbar, gleichsam abwartend, irgendwie auf dem Sprung und doch, sagte sie sich, ruhig und gelassen das, was vor ihren Augen geschah, in sich aufnehmend:

An's leise Stimme. Er schneuzte sich öfter, den Schülern den Rücken zuwendend. War's kalt in China? dachte Sylvia und erinnerte sich ihrer eigenen Erkältung. Sie sah ihm zu, wie er vor der Wandtafel eine Art Tai Chi-Position einnahm, weit im Schritt mit gebeugtem Standbein und locker angewinkelten Armen, während er mit nassem Pinsel Bambusstengel und -blätter an die Tafel malte. Seine Pinselhaltung hatte etwas von der Handhabung chinesischer Eßstäbchen, senkrecht mit drei Fingern der rechten Hand. Er schien sich dabei auf seinen eigenen Atemrhythmus zu konzentrieren, um dann rasch und sicher Stengel und Blätter locker hinzuwerfen. Wie ein Fechter in Schrittstellung, dachte sie, der aus seiner Position heraus plötzlich zustößt, setzte er Blatt an Blatt, erklärte Pinselführung und Pinseldruck. Seine Adepten versuchten, ihn nachzuahmen auf ihren Zeitungsblättern. Gar nicht so einfach, dachte Sylvia. Doch sie war sich sicher, es würde ihr bei etwas Übung nicht schwer fallen.

Von seiner Zärtlichkeit Ungestüm erdrückt,
Stößt sie, dem Schrei der Goldamsel vergleichbar,
Wonnelaute aus.
Es sammelt sich in ihrem Munde süßer Speichel,
Und vor Behagen reckt sich geil ihr Zünglein,
Durch alle Adern und Gefäße ihres
weidengertenschlanken Leibes
Flutet schwer und drückend dumpfer Wollust Strom.

Djin Ping Meh

Pan An blickte, im Raum umhergehend, ihr, wie jedem seiner Schüler über die Schulter, malte ihr zwei Stengel aufs Blatt, um später ein Blatt, das sie entworfen hatte, zu loben.

»Sehr gut«, sagte er. Sie maß seinem Lob keinerlei Bedeutung bei, spürte aber eine deutliche Spannung, ein leichtes Gefälle zu ihm hin. Ob er sie beobachtete und ob sie ihn erregte, ging ihr durch den Kopf. Wie sah er sie?

Seltsames Gefühl, seinem Schicksal zu begegnen, dachte sie, nahm aber auch diese Erkenntnis eher auf die leichte Schulter. So bin ich eben, sagte sie sich. Es entging ihr nicht, daß Pan An sich am Ende der Stunde mit einem jungen Studenten auf 22 Uhr verabredete. Sie trödelte absichtlich, um mit den letzten Schülern den Raum zu verlassen. Der Hausmeister der Schule hatte die Außengitter abgeschlossen. Eine Dame parkte im Hof. Bis der Mann mit dem Schlüssel gefunden war, dauerte es eine Weile. Sylvia richtete es ein, daß sie immer in Pan An's Nähe war.

Keuchend und matter geht aus ihrem Kirschenmund
der Atem.
Vor ihren Augen lastet Dämmerdunkel,
In hundert duftgen Perlen auf der Haut glänzt feiner
Schweiß.
Der glatte Busen wogt in kurzen Wellenstößen.

Djin Ping Meh

»Kann ich Sie ein Stück mitnehmen?« fragte sie, da er ja offenbar zu Fuß gekommen war. Sie wollte ihn gerne nach Hause fahren. Sein Ziel aber lag nur wenige hundert Meter entfernt in einem Café. Sie half ihm, die klemmende Beifahrertür zu öffnen. Auch der Sicherheitsgurt funktionierte nicht. Kein Auto, um Eroberungen zu machen, dachte sie. Dabei fiel ihr Blick auf den Tachometer. Die Kilometeranzeige stand genau auf 200 001 km.

»Sehen Sie, Sie fahren mit mir den ersten Kilometer des neuen Hunderttausend. Eigentlich müßten wir das jetzt feiern.« Sie ließ sich Zeit auf dem Weg zu seinem Café.

»China«, sagte er, »ist schöner als Deutschland. Diese Stadt hier hat mir anfangs gar nicht gefallen. Na gut, man gewöhnt sich. Zweimal im Jahr fahre ich nach China. Das ist jetzt kapitalistisch. Bald wird es wieder eine bedeutende Rolle in der Welt spielen, auch in wirtschaftlicher und wissenschaftlicher Hinsicht.«

»Ich würde gerne einmal eine Reise machen nach China«, sagte sie. »Bis dahin aber muß ich wohl noch ein bißchen sparen.«

»Das Leben in China ist für die Deutschen billig«, sagte er.

»Aber die Reise, der Flug… « Sylvia erzählte ihm von ihren Büchern über China und den Jahren, die sie sich schon damit beschäftige. Als sie Pan An fragte, ob er ihr Privatunterricht in Kalligraphie erteilen wolle, sagte er zu. Den Preis der Stunde solle sie selbst festsetzen. Schlauberger, dachte sie. Nach einigen diplomatischen Scharmützeln einigten sie sich auf den Stundenlohn, den ihm die Volkshochschule zahle. Sie wußte, daß dies zu wenig war, erklärte sich aber angesichts ihrer notorisch prekären Finanzlage, wenn auch schlechten Gewissens einverstanden. Im Kurs hatte er Adresse und Telefonnummer angegeben »für etwaige Fragen«.

»Malt täglich fünf Minuten Bambus!« sagte er. Sylvia erzählte er, er leite in den nächsten Monaten einen Workshop am Museum für Ostasiatische Kunst in Köln, sei aber ab Semesterbeginn wieder zurück.

Da muß ich auch einmal hin, sagte sie sich und malte zwischenzeitlich Hekatomben von Bambusstengeln. Der I Ging war der Ansicht, daß »Feuer zu Feuer« komme. Es gelte, sagte er, »das Werk der Natur in der Menschenwelt fortzusetzen«. Die Bedingungen für »das Zusammenwirken zweier Intelligenzen« seien »gegeben«. Daraus könnten sich »Ideen und Anregungen entwickeln« und würde »Energie freigesetzt für beständiges Wachstum und ausgefeilte Kommunikation und Wahrnehmungen«. Sylvia hatte zwar noch keine Ahnung, wie das vor sich gehen solle, war aber entschlossen, den Versuch zu wagen, indem sie beim schönen Pan An wenigstens Privatunterricht nahm für zehn Mark die Stunde.

XVI

DER MALKURS DES HERRN LIU

Dreimal war Sylvia auf ihrem Weg zur Arbeit an einer kleinen Galerie vorbeigefahren, deren Schaufenster sie elektrisierten. Doch jedesmal, wenn sie sich die Nase an der Scheibe platt drückte, war geschlossen. 500 Chinesen lebten in der Stadt, behauptete Pan An. Doch der war bis auf weiteres in Köln. Ein Maler aus Peking gebe in der Galerie einen chinesischen Malkurs, stand auf dem Plakat, das eine traditionell duftige Seelandschaft zeigte mit fernen Hügeln, Blütenbäumen am Ufer und einem Haus auf einer Insel. Im See lag ein Fischerboot.

Liu Wen Gang nannte sich der Meister. Sylvia notierte sich die Öffnungszeiten. Erst im vierten Anlauf gelang es ihr, an dieser exotischen Unternehmung teilzunehmen. Es war der siebte Kurs-Nachmittag. An einem Klapptisch saßen zwei Freunde des Galeristen, ein junger und ein alter, sowie der Meister selbst. Neben ihm, wie sich herausstellte, da Herr Liu weder des Deutschen noch des Englischen mächtig war, ein chinesischer Doktorand der Geologie und Mineralogie, der die Worte des Meisters übersetzte. Er bot Sylvia einen Hocker an und legte Pinsel und Papier für sie auf den Tisch.

O nein, kein Problem, sie könne gerne teilnehmen. Leider seien sechs Kurs-Nachmittage schon vergangen. Dies sei die siebte Stunde. Sylvia war Feuer und Flamme. Sie beobachtete den Maler, einen dicklichen Mann mit freundlicher Miene. Er strahlte, fand sie, Autorität aus, die Pan An fehlte. Der junge Geologe redete von ihm als dem Meister. Sylvia merkte genau auf, wie dieser Meister aus Peking beim Malen die Handwurzel der Pinselhand manchmal auf den Rücken der aufliegenden

Linken stützte, wobei er den Pinsel fast an seinem Ende mit nur drei Fingern senkrecht hielt. Der Pinsel lag locker zwischen Mittel- und Ringfinger, ganz richtig, dachte Sylvia, denn auch Pan An machte es so, fast in der Art, wie man Eßstäbchen hält. Sie sah genau hin und versuchte, es nachzuahmen.

Herr Liu malte so trocken wie möglich, obwohl er, als er die Farbe wechselte, den Pinsel im Wasserglas auswusch. Er streifte ihn am Rand gut ab und trocknete ihn auf Haushaltspapier so, daß der Pinsel durch leichtes Drehen spitz zulief. Auch mit dem Finger half er das eine oder andere Mal nach.

»Wir lernen heute Felsen malen, große und kleine«, dolmetschte der Doktorand der Geologie.

Herr Liu führte vor, wie man mit fast trockenem Pinsel schraffieren kann, und zwar auf der Pinselmitte. Dazu wurde der Pinsel mehr horizontal gehalten.

»Der Meister arbeitet mit sauberem Wasser«, sagte Herr Jüe, so hieß der Dolmetscher. »Er nimmt wenig Tusche oder Farbe. Sie arbeiten zu naß«, sagte er zu seinen deutschen Adepten.

Herbstnebel wallen bläulich überm See;
Vom Reif bezogen stehen alle Gräser;
Man meint, ein Künstler habe Staub von Jade
Über die feinen Blüten ausgestreut.
Der süße Duft der Blumen ist verflogen;
Ein kalter Wind beugt ihre Stengel nieder.
Bald werden die verwelkten, gold'nen Blätter
Der Lotosblüten auf dem Wasser zieh'n.

nach Chang-Tsi

So entstand eine kleine Landschaft mit Inseln, Felsplateaus im Wasser, mit Schilf, einer Hütte, umgeben von einem Gartenzaun und freilaufenden Hühnern. Im Hintergrund wölbte sich ein Hügel.

»Hell und Dunkel«, übersetzte Herr Jüe, »Yin, das Wasser, und Yang, die Felsen.«

Bei der Erwähnung von Yin und Yang schweiften Sylvias Gedanken ein wenig ab. Sie blickte auf ihr Blatt. Was sie da zu Papier brachte, sah durchaus chinesisch aus.

In der nächsten Stunde lernten sie Blätter »stupfen«. Sie fertigten ein Bild mit Kuppeln und Dächern, die mit Mönch und Nonne gedeckt waren und auf Sylvia eher europäisch wirkten.

»In der chinesischen Malerei gibt es keine gerade Linie, keine Diagonale«, dolmetschte Herr Jüe. Das gelte, sage der Meister als unästhetisch. Man strebe im Bild vielmehr Harmonie an, Ausgewogenheit. Herr Liu beugte sich zuletzt über die Arbeiten seiner Adepten und erklärte einem jeden, wo man am besten die Aufschrift, sei es einen Text, vielleicht sogar ein Gedicht, und den Stempel anbringe. Er schrieb Sylvia chinesische Schriftzeichen an den rechten Bildrand, die soviel bedeuteten wie: »Dieses Bild wurde gemacht von …«

> Lotosantlitz –
> Schneeige Frische, Eisesschimmer über feinen Gliedern –
> Eine halberschlossene Pflaumenblüte
> Lehnt sie an der Türe Pfosten.
>
> *Djin Ping Meh*

Unter den Chinesen entbrannte eine kleine Diskussion, wie man ihren Namen auf chinesisch schreiben solle. Inzwischen war ein weiterer Chinese eingetroffen, der, so sagte er in flüssigem Deutsch, seine deutsche Freundin stand neben ihm, Stempel schneiden könne. Offenbar widersetzte sich Sylvias Vor- und Nachname einer ästethisch befriedigenden Transskription. Sylvia schlug einen poetischen Fantasienamen vor. Der Name Pflaumenblüte kam ihr über die Lippen. Sie dachte an die schönen Damen des Djin Ping Meh.

Der alte Malschüler kaufte dem Meister ein großes Bild ab für DM 2500, das auch Sylvia wunderschön fand: Gelehrte in einem luftigen Pavillon an einem felsigen Seeufer mit überhängenden Felswänden.

»Es strahlt eine meditative Ruhe aus«, sagte sie anerkennend, »obwohl die Pinselstriche sehr bewegt sind, sehr lebendig.«

»Dies ist Meister Liu's ältestes Bild in der Ausstellung«, übersetzte Herr Jüe. »Der Meister trennt sich nur schwer von ihm. Es ist, wie er meint, ein sehr gutes Bild.«

> Hier ragen hohe Berge, steile Klippen,
> Der Wald grünt dicht, und üppig wächst der Bambus,
> Und klare Bäche, Sprudelquellen
> Durchschlängeln rings das Land mit ihren Krümmen,
> Geeignet, um sich Becher schwimmend zuzusenden.
>
> *Wang Hi Dschi: Im Orchideenpavillon*

Sylvia bedauerte, daß sie erst zum Schluß des Malkurses hinzugekommen war. Sie entrichtete ohne Reue fünfzig Mark für die beiden Stunden. Pan An riß sich in seinem Kurs kein Bein aus, dachte sie. Er malte kaum etwas vor, sondern ließ seine Schüler gedruckte Vorlagen abpinseln. Herr Liu hingegen entwarf Bilder vor ihren Augen und nicht diese ewigen Bambusstengel.

> Im Nebel hebt sich fern und dämmernd eine Brücke,
> Und an der Ufermauer liegt ein Fischerkahn.
> Den ganzen Tag schon seh ich Pfirsichblüten schwimmen –
> Wo öffnet mir ein Tor zur Seligkeit die Bahn?
>
> *Dschung Tsü*

Er verwendete auch Wasserfarben, aber nur zum sparsamen Kolorieren, nahm Grün für Wiesen und Bäume, Blau für das Wasser, aber auch für ferne Gebirge, setzte Braun ein für Dächer und Felsen. Die nahen Konturen gestaltete er kräftig dunkel, die entfernten hingegen hell.

Der Mann aus Peking hatte eine harte Aussprache, fand Sylvia. Pan An sprach nasaler, »sang« mehr beim Sprechen. Er stammte aus der Umgebung von Schanghai.

XVII

EINE KALLIGRAPHIESTUNDE

Er kam nicht auf weißem Pferd, sondern mit dem Fahrrad, und stellte es vor Sylvias Wohnungstüre in den Hausgang. Sylvia hatte den Küchentisch freigeräumt. Sie setzten sich über Eck. Pan An kam in ihre Wohnung, um ihr zwei Privatstunden in chinesischer Kalligraphie zu erteilen. Da saß er, hübsch und zierlich. Nach einer Stunde schlug er eine Pause vor. Sie zeigte ihm ihre Wohnung. Er fand sie »sehr ästhetisch«, die Bibliothek »gemütlich«. Hier würde er gerne Musik hören und lesen. Sie kamen an diesem Nachmittag nicht mehr zum Schreiben. Sylvia hatte aus Fleischwurst, grünen und roten Paprikaschoten (wohlweislich ohne Knoblauch und Zwiebel), wie sie sagte, einen Yin-Yang-Salat vorbereitet, den sie auf dem Balkon mit chinesischen Eßstäbchen zu sich nahmen.

In dem Häuschen sitzen Freunde,
Schön gekleidet, trinken, plaudern,
Manche schreiben Verse nieder.
Ihre seidnen Ärmel gleiten
Rückwärts, ihre seidnen Mützen
Hocken lustig tief im Nacken.

nach Li-Tai-Po

»Du sprichst erstaunlich gut deutsch«, stellte sie fest.

»Meine Mutter ist in Hamburg geboren. Auch mein Großvater war in Deutschland. Das hat in meiner Familie Tradition, in jeder Generation.«

Und ich könnte mit dir ein Techtelmechtel anfangen, dachte sie. Er gefiel ihr, obwohl sie sich eingestand, daß sie in erotischen Dingen neuerdings etwas zur Trägheit neigte. Das lag weniger an ihrem gegenwärtigen »Kampfgewicht« von 49 Kilo. Sie hatte abgenommen, das wohl, aber nicht um diesem zierlichen Chinesen zu gefallen.

Er habe eine sehr schlechte Phase hinter sich, sagte er, eine depressive. Erst allmählich habe sich seine Bilderwelt wieder aufgehellt. Er sprach von einer japanischen Geigerin, mit der er, ziemlich lange sogar, liiert gewesen sei.

»Hast du mich auch gründlich beschnuppert? Keine Stelle übergangen?«
»Nicht daß ich wüßte! – Oder sollte ich? - « Duftwolke barg kichernd ihr Gesicht in den Kissen.
»Such doch! – «
Er drehte sie auf den Rücken und ließ Mund und Nase von den Zwillingshügeln weg an ihr abwärtsgleiten.
»Gefunden!« scholl es frohlockend aus der Unterwelt.
– Wieder in die Oberwelt emporgetaucht, schnalzte er genießerisch mit der Zunge.
»Köstlich! Einfach Köstlich!«

Li Yü: Jou Pu Tuan

Natürlich entdeckte er sofort ihre beiden auf Seide gemalten »Frühlingspalastbilder«, die sie hinter Glas mit einem roten Lackrahmen versehen, in ihrer Bibliothek aufgehängt hatte, eindeutig erotische Szenen, vielleicht auch wieder Illustrationen aus einem erotischen Roman.

»Die Chinesen sind unmöglich«, sagte Pan An und lachte. »Das hier hängt mit dem Liebestao zusammen. Der Taoismus ist sehr frei.«

Ich bin aus der Übung, dachte Sylvia. Das ließ sie zögern, obwohl sie vermutete, Pan An würde zu einer kleinen Liaison nicht nein sagen.

Auch sie besuchte ihn in seiner Wohnung, einer Altbauwohnung in Bahnhofsnähe, deren hohe Wände, wie es sich für einen Maler gehörte, mit seinen Bildern tapeziert waren, die ihr nicht sehr chinesisch vorkamen.

»Ich arbeite an einer Ausstellung in Prag«, sagte er. »Ich experimentiere, fertige Serien an auf verschiedenen Papieren mit und ohne Einbeziehung von Collagen, auch auf Leinwand.«

Über einer Couch hingen drei Frauenakte, die Sylvia an Egon Schiele erinnerten, den Pan An natürlich kannte und, wie er sagte, auch schätzte. Aus einer runden Plastikkanne bot er ihr ungesüßten Grüntee an. Sie entzifferte einige Bildtitel:

»Woher ich komme … « … »Wo bin ich … « … »Wohin ich gehe … «

»Bist du dabei, in der Welt deinen Platz zu suchen?« fragte sie neugierig.

»Vor allem künstlerisch«, entgegnete er. »Diese Geschichte mit der Geigerin hat mich zuviel Kraft gekostet. Die Trennung hat mich sehr traurig gemacht.« Erst ein Jahr später erzählte er ihr, daß er mit der Geigerin eine kleine Tochter habe, daß sie das Kind allein aufziehen, ihn nicht heiraten wolle. Zuerst komme bei ihr immer die

Geige, ihre künstlerische Existenz, die Karriere ... Auch seine jetzige Freundin Charlotte, die junge Kunsthistorikerin, weiche aus, sobald er eine feste Bindung anspreche.

»Ich bin Künstler, Maler«, sagte er. »Ich brauche in meinem Privatleben Ruhe und Frieden, sonst kann ich nicht arbeiten. Deshalb will ich heiraten.«

Sylvia betrachtete diesen schönen Mann von vierzig, der wie fünfundzwanzig aussah, prüfend und ein wenig ironisch. Wenigstens ehrlich, dachte sie und seufzte, denn nach Heiraten stand ihr der Sinn durchaus nicht.

XVIII

DAS SCHWARZE ZAFU

Während Pan An in Köln seinen Workshop hielt, bot das Goethe-Institut einen Vortrag an über Zazen. Sylvia erinnerte sich, schon früher einmal eine Zeitungsannonce wochenlang in ihrem Geldbeutel aufbewahrt zu haben: »Zazen vom Zen-Mönch«. An der angegebenen Adresse öffnete ihr damals keiner, und so warf sie den Zeitungsausschnitt in den Papierkorb. Wie oft, dachte sie, wollte ich mir schon ein Meditationskisssen kaufen. Es scheiterte an der Farbe. Für welche sollte sie sich entscheiden? Nun aber war der Vortragssaal brechend voll, und sie saß in der dritten Reihe. Der Bursche am Rednerpult nannte sich Henri Wang-Genh und war Franzose. Sein Kloster befinde sich, so sagte er, in den Vogesen. Auch hier in der Stadt habe er einen Raum angemietet und ein Zen-Dojo eingerichtet.

> Wie wenn ihr euch im Spiegel betrachtet:
> Form und Spiegelbild betrachten einander.
> Ihr seid nicht das Bild,
> Doch das Bild ist mit euch identisch.
>
> *Meister Tosan: Das Samadhi des Schatzspiegels*

Sylvia erstand von ihm nicht nur ein schönes Buch mit kommentierten Zen-Gedichten, sondern endlich auch ein schwarzes, mit Kappok gefülltes Kissen, Zafu genannt, für die Sitzmeditation im neuen Dojo. Der Mann gefiel ihr. Sie mochte große, gut gebaute und dunkelhaarige Männer. Am meisten aber beeindruckte sie seine sonore Baßbaritonstimme, als er in gurrendem Singsang, eigentlich mehr in einem psalmodierenden Sprechgesang in atemberaubendem Tempo ein Sutra, wie er sagte, auf japanisch intonierte. Sexy, dachte sie und überließ sich, angenehm gekitzelt dem erotischen Stimmklang, der zudem ein wenig schlafwarm tönte, da dieser Henri sich durch die Sitzmeditation des Zazen, die er auch auf der Bühne vorführte, vermutlich perfekt entspannen konnte. Eine Bettstimme, dachte sie. Selbst die französischen Kommentare, die er gegen Ende seines Sitzens plötzlich in die allgemeine Stille hinein sprach, kamen tief aus dem Bauch. Jedenfalls empfand Sylvia es so, die ein feines musikalisches Ohr besaß. Dieser Henri Wang-Genh hatte nach ihrer Ansicht Witz und »Das Lächeln des Tao«. Auch dies, so vermutete sie, war gute Zen-Tradition.

Der Zen-Mönch sprach akzentfrei. Elsaß-Lothringen schied wohl aus, auch Paris, dachte Sylvia. Sein schwarzer Mönchshabit, ein Kimono mit weißem Untergewand, erinnerte eher an einen katholischen Talar. Lag vielleicht am stumpfen Baumwollstoff. Sie war entschlossen, sich den neuen Dojo anzusehen, sich einzulassen, neugierig, was sie erwartete.

Als sie den Raum betrat »mit dem linken Fuß zuerst«, wie ihr ein Glatzkopf namens Wolfgang, der den Neuankömmlingen das Procedere im Dojo zu erklären hatte, gleich zuflüsterte, brannte auf einer Art Altar mit einem kleinen Messingbuddha eine Kerze. In einem Väslein steckte zusammen mit etwas Blattwerk ein Ästchen Schleierkraut. Vor dem Altar habe man sich mit gefalteten Händen zu verneigen. Man mache »Gasho«, sagte der Mönchsadept Wolfgang, der noch eher dem Christentum verhaftet schien, während Henri Wang-Genh auf Sylvia zeremoniell durchaus authentisch japanisch wirkte.

> In Makada, der Stadt, in der Buddha *satori* erlangt hat, als er unter dem Bodhi-Baum den Morgenstern betrachtete, kann man den Platz sehen, auf dem er meditierte. Diese Stelle heißt »der Sitz des Diamanten«.
>
> *Das Samadhi des Schatzspiegels*

Warum, zum Teufel, dachte sie, singen die das Sutra ausgerechnet japanisch?

Nanji kore kare-ni arazu, kare masa-ni kore nanji.

Hatte man das nicht der katholischen Kirche vorgeworfen, die Kirchensprache Latein, die keiner verstehe und die man den Gläubigen erst übersetzen müsse? Und nun gar noch japanisch? Für meine abendländischen Ohren, sagte sie sich, klingt so ein Singsang, ob nun Sutra oder Mantra, reichlich exotisch. Gegen den Geruch von Räucherstäbchen hatte sie nichts einzuwenden, auch nicht gegen den Klang der Klangschalen, die auf gepolsterten, mit buntem Seidenbrokat bezogenen Ringen lagen.

Befremdlich empfand sie jedoch das Klatschen des flachen Holzstocks auf die Schultern einiger im Yoga- oder auch Schneidersitz Hockender. Obwohl alle beim Zen-Sitzen ihren Blick auf die kahle Wand vor ihrer Nasenspitze zu richten hatten, konnte Sylvia es sich nicht verkneifen, zur Seite zu schielen, wo Gabrielle, eine, wie sie fand, durchaus bierernste Zen-Schülerin, die Worte des Mönchs ins Deutsche zu übersetzen pflegte, eben vor ihm den Rücken beugte und auf den vorgeneigten Rükken von ihm mit besagtem Stock zwei Schläge empfing. Genoß sie das? Auch wenn sie das Gesicht am Boden hielt, machte sie diesen Eindruck. Eine Devote? Der stattliche Henri als Dominus, als Zuchtmeister vor der kleinen Masochistin? Nie im Leben, dachte Sylvia, bäte ich um so einen Schlag. Unterwerfung ist nicht nach meinem Geschmack, weder als Verursacherin noch als Objekt. War diese Gabrielle eine buddhistische Abart der altbayrischen »Meßg'wandschleckerin«, des Kirchenbesens«, wie Heinrich Lautensack in seiner »Pfarrhauskomödie« die katholische Species genannt hatte? Wie keusch lebten Buddhas Mönche? Sylvia war sich sicher, daß diesem schönen Burschen die Weiber nachliefen. Nützte er das aus? Seine männliche Gurrestimme erschien ihr für einen zurückgezogen lebenden Mönch doch recht sinnlich. Für dich, dachte sie, würde ich meine Hand nicht ins Feuer legen.

Vous avez bon goût, »Sie haben einen guten Geschmack«, sagte der schöne Mönch, als er die 48 Mark für das Buch mit den Zen-Gedichten entgegennahm.

> Sucht nicht den Weg bei den anderen
> An einem entfernten Ort –
> Der Weg ist unter unseren Füßen.
> Jetzt gehe ich allein …
> Aber ich kann ihm überall begegnen;
> Sicherlich ist er jetzt ich,
> Doch jetzt bin ich nicht er.
>
> Was mir daher auch begegnen mag,
> Ich kann die wahre Freiheit erlangen.
>
> *Meister Tosan: Hokyo Zenmai*

Und du bist geschäftstüchtig, dachte Sylvia, zumal sie davon ausging, daß sie diese Gedichte gar nicht lesen wollte. Es waren vielmehr Henri Wang-Genhs schöne Augen, die sie bewogen, den teuren Band zu erstehen. Enttäuschenderweise reagierte keiner dieser echten oder vielleicht auch falschen Buddhisten auf ihre Einladung, im Gasthaus gegenüber ein Bier trinken zu gehen. Was tranken die wohl? Heißes Wasser? Dafür meldete sie sich für ein Novemberwochenende an zu einem »Sesshin«, was so etwas wie »Sit-in« bedeuten mochte und das kannte sie ja noch aus ihrer Studentenzeit, in einem Dorf in den Wäldern ganz in der Nähe.

Das Sitzen bereitete ihr nach drei Wochen keine allzu großen Schwierigkeiten. Sylvia hatte das Gefühl, ihr Rücken sei sehr gerade dabei, und sie stellte sich vor, daß ihr Scheitel die Zimmerdecke berühre.

Ich bin ohne Furcht, sagte sie zu sich. Wen aber hätte sie in diesem Kreis schon fürchten sollen? Den Stotterer Baptiste, der sie melancholisch ansah, als sie ihn auf ein Bier einladen wollte? Beim dritten Mal gab sie es auf. Oder diesen Wolfgang Glatze? Nein, die waren definitiv nicht ihr Typ. Und der schöne Henri? Er riet ihr, aufrecht und doch entspannt zu sitzen. Man müsse das Kissen gleichsam in den Boden hineindrücken. Sylvia saß auf dem Schambein, ihre Knie lagen gut am Boden aufgestützt, so daß das Körpergewicht stabil im Dreieck aus Hintern und gespreizten Knien verteilt war.

Ici et maintenant, »hier und jetzt«, lautete Henris Lehre. Da lebe ich, dachte Sylvia, ohnehin. Das braucht mir keiner zu predigen.

Das Leben, fuhr der Mönch fort, werde durch die Praxis des Zazen geradlinig, d.h. es bekomme eine Linie, während man doch sonst bald dies, bald jenes anfange und nichts zuende bringe, und die Lebenskurve infolgedessen im Zickzack verlaufe.

Das ist mir, sagte sich Sylvia, ein wenig zu kategorisch, obwohl ich das Prinzip durchaus verstehe. War es nicht Blaise Pascal, der sagte, der Mensch sei ein Schilfrohr, aber ein Schilfrohr, das denkt? Pascal, auch ein Franzose. Eine gelinde Stabilisierung mochte nicht schaden, auch wenn Henri Wang-Genh sofort einwandte, man mache Zazen nicht mit irgendeinem Ziel, indem man sich dies oder das davon erhoffe, verspreche. Nicht einmal eine gute Haltung oder Furchtlosigkeit, *la non-peur*.

> Überall dort, wo wir Zazen üben, wird dieser Ort zum Sitz des Diamanten. Selbst ein Bett kann zum Bett des Diamanten werden! Wenn man aber zum Beispiel das Zen-Sitzkissen, das *zafu*, zum Geschlechtsverkehr verwendet, wird es ein Sexartikel.
>
> *Das Samadhi des Schatzspiegels*

Soll man, dachte Sylvia, deshalb gleich den Abendländer ausziehen wie die Jeans, wenn man in diese schwarzen baumwollenen Kimonos schlüpft? Wir denken, und dabei streifte den Mann ein grimmiger Blick, aristotelisch und nicht taoistisch. Jetzt weiß ich aber, setzte sie bei sich hinzu, was mich an diesem Zen-Mönch interessiert. War das nicht ein Westler, der eine Synthese zwischen fernöstlichem und abendländischem Leben versuchte? War es nicht das, was sie selbst umtrieb? Inwieweit er das abendländische dabei zu kurz kommen ließ, hätte sie nicht beurteilen können. Ja, ich will von der fernöstlichen Weisheit profitieren, sagte sie sich. Vielleicht räume ich heute abend weder meine Bude auf noch gehe ich ins Museumskonzert, sondern ich pflanze meinen Allerwertesten auf das schwarze Zafu und spiele Zazen.

Insgeheim wußte Sylvia jedoch, daß ihr im Zweifelsfall Pan An's Pinselkünste mehr zusagten als mönchische Askese, gleich welcher Provenienz. Und so hatte dieser Ausflug in den Zen-Buddhismus auch keine weiteren existenziellen Folgen. Das »Sesshin« in den Wäldern fand jedenfalls ohne sie statt.

XIX

IM GEWÄCHSHAUS

Pan An entwickelte mit der Zeit eine geradezu atemberaubende Aktivität in eigener Sache. Er raste, so war Sylvias Eindruck, von einer Ausstellung zur nächsten, Einzelausstellungen wohlgemerkt, bestückt einzig mit seinen Bildern.

Sylvias Wagen rollte am Spätnachmittag langsam durch längst abgeerntete Felder, über denen der Winternebel hing. Die Obstbäume am Straßenrand, weiß überzuckert vom Reif. Dort, wo die Stadt endete, befand sich in mehreren Gewächshäusern ein schmuckes

Bonsai-Museum. Abgesehen von Sylvia und der Dame an der Kasse waren die Räume leer. Auch der Maler sei schon gegangen, sagte die Dame und blickte seufzend auf ihre Armbanduhr. Noch eine Stunde, dann dürfe auch sie heimgehen. Sylvia war froh, daß niemand sie bei der Betrachtung von Pan An's Bildern störte. Sie ließ sich Zeit. Auf einem Tisch hinter der gläsernen Eingangstür, an deren Glasscheibe das Ausstellungsplakat mit ihrem Lieblingsbild »März« hing, stand ein blau-weiß porzellanener Wassertropfer mit Deckel, lagen gestapelt einige Kataloge mit einem Zettel, der besagte, daß einer für DM 15 erhältlich sei. An's Plakat mit meinem Lieblingsbild werde ich mir kaufen, dachte Sylvia. Schon wegen der Schriftzeichen des Gedichts aus der Tang-Zeit: »Eine Begegnung ist wie ein Traum … « Schon damals, als sie Pan An im Goethe-Institut kennenlernte, hatte sie es sich vorübersetzen lassen. Das Bild war riesig und vermutlich so teuer, daß er es bisher nicht verkaufen konnte. Aber vielleicht wollte er es gar nicht verkaufen?

> Sie erhob sich und schloß leise die Tür. Dann löste sie den Gürtel, streifte ihre Kleider herunter und streckte sich zwischen schön bestickten, moschusduftenden Seidenkissen auf den Diwan hin. Mit bebenden Händen glitt er an ihren Hüften entlang, strich er über die glatte Wölbung ihres Busens.
>
> *Li Yü: Jou Pu Tuan*

Ein weiblicher Busen war darauf angedeutet. Aber man mußte schon sehr genau hinschauen, dachte sie, um das zu erkennen. Für diese Ausstellung hatte er Dreiergruppen gebildet, betitelt »Landschaft«, in Schwarz und Kobalt. Ein anderes Bild nannte er »Tigersprung«. Man sah eine flammend rote Zunge, umgeben von Gelb, die auf schwarzem Hintergrund drohend entgegenleuchtete, und ein chinesisches Schriftzeichen, das, wie Sylvia vermutete, Tiger bedeutete. Wieder andere nannten sich »Impression« oder »Pflanzen«. Auch die Kraniche hingen da, die er für den Malkurs der Volkshochschule gemalt hatte und die seine Schüler kopieren mußten. Nun aber trugen sie Titel. Sylvia las und schmunzelte. Unter dem einzelnen Kranich stand auf dem Kärtchen: »Was soll das?«, unter den zwei Kranichen: »Verliebtes Paar«.

Als sie die Ausstellung ein zweites Mal besuchte, diesmal in Anwesenheit des Malers, entdeckte sie zwei Bilder, offenbar neuesten Datums, die auf Japanpapier gemalt waren, mit dem bezeichnenden Titel »Glück«. Eines davon gefiel ihr besonders, weil es die Farbe Rot enthielt und an einer seitlichen Stelle eine runde schwarze Fläche aufwies. »Ohne Titel« präsentierte sich Pan An's ihrer Meinung nach psychologisch interessantestes Erzeugnis, bei dem er ausschließlich schwarze Tusche auf weißem Grund verwendete. Im Querformat zeigten sich drei Abschnitte, deren rechter schwarz ausgemalt war, während im linken Abschnitt winzige chinesische Schriftzeichen wie ein Ameisenheer um ein den ganzen linken Raum beherrschendes Einzelzeichen herumwimmelten.

»Was bedeutet das?« fragte sie Pan An.

»In der Mitte«, sagte er und deutete auf den linken Bildabschnitt.

»Aber es steht nicht in der Mitte.«

»Man kann einiges erklären, aber nicht alles.« Er grinste.

»Dieses Bild gefällt mir am besten«, sagte sie und blickte ihn durchdringend und ebenfalls lachend an. »Aber eigentlich deshalb, weil ich glaube, daß es am meisten mit dir selbst zu tun hat. Vielleicht bezeichnet es ja den gegenwärtigen Stand deiner Persönlichkeitsentwicklung?«

Sie hatte aus der Hüfte geschossen, um ihn ein wenig aus der Reserve zu locken.

»Um das Zeichen ›In der Mitte‹ hast du ein Gedicht geschrieben aus der Tang-Zeit.« Das hatte sie geraten.

Pan An begann sofort dieses Gedicht auswendig auf chinesisch zu rezitieren. Seine Stimme klang nasal und wechselte lebhaft die Tonhöhe.

»Wenn ich male«, sagte er, »gehen mir immer Gedichte durch den Kopf.«

Es wehet kühl im Schatten meiner Fichten.
Ich stehe hier und harre meines Freundes;
Ich sehne mich, O Freund, an deiner Seite
Die Schönheit dieses Abends zu genießen.
Wo bleibst du! Du läßt mich lang allein!
Ich wandle auf und nieder mit meiner Laute
Auf Wegen, die von weichem Grase schwellen.

nach Mong-Kao-Jen

»Ist das typisch für die chinesische Malerei, diese Verquickung von Kalligraphie und Dichtung, die einen weiten Bildungshorizont absteckt?«

»Auf einer Auktion in Köln habe ich beinahe einen echten Qi Baishi ersteigert«, sagte er unvermittelt. »Der wurde für DM 250 angeboten und von einem Kenner, einem Händler natürlich, für DM 1700 erworben, obwohl DM 2500 nicht zuviel gewesen wäre. In Hongkong wird dafür noch weit mehr bezahlt.«

Zwei alte Damen, offenbar aus dem Kreis seiner Verehrerinnen, die Sylvia auch in einem seiner Kurse schon gesehen hatte, steuerten auf ihn zu.

»Wir beide«, sagte Pan An und deutete auf sich und Sylvia, »wir reden immer über Kunst.«

Ich würde durchaus gerne auch über etwas anderes

mit dir reden, dachte sie und ihr Lächeln vertiefte sich. Er war mit dem Bus gekommen. Sie bot ihm an, ihn heimzufahren, aber er wartete auf den Pressefotografen und später, wie er sagte, auf seine Freundin Charlotte. Sylvia betrachtete einen Pickel auf seinem Kinn und trat einen Schritt zurück. Vermutlich aß er zu wenig. Er hatte leichten Mundgeruch. Sie war zufrieden, außer Neugier und Sympathie nichts für ihn zu empfinden. Wäre ja auch zu blöde, sagte sie sich.

XX

BASIC INSTINCT

Krönung von Pan An's Ausstellungstätigkeit in der Region war die Vernissage im Rathausfoyer. Sylvia staunte über die zahlreichen elegant gekleideten Besucher. Auch sie hatte sich schön gemacht. Die Oberbürgermeisterin nuschelte ins Mikrophon eine kleine Festrede. Der Pressefotograf machte Bilder von An, Bilder von An mit Stadtoberhaupt, Bilder von An mit Publikum, Bilder der Ausstellung. Die Stellwände waren von An und seiner Freundin mit hellem Nessel bezogen worden. Eine Verehrerin namens Uli, die eigens aus Köln angereist war, um beim Aufstellen und Hängen behilflich zu sein, erstand drei Bilder auf einmal und ließ sich diese Erwerbung 9000 Mark kosten. Das größte Bild aber hatte die Stadt für das Rathaus angekauft mit dem Titel »Dao«. An's Preise hatten sich innerhalb eines Jahres, wie der Liste zu entnehmen war, verdoppelt.

Sylvia erbot sich am Ende der Vernissage, eine Fuhre mit ihrem alten 2CeVau zu übernehmen. Die Damen

Uli und Charlotte nahmen den Rücksitz ein. Pan An saß auf dem Beifahrersitz. Im Kofferraum lagen, sorgsam verpackt, die drei teuren Bilder. Sylvia parkte in einer Vorstadtstraße vor einem Gründerzeithaus, dessen Fassade wie auch die der angrenzenden Häuser großflächig abblätterte. Fensterrahmen und Holzleisten sahen aus, als seien sie lange nicht mehr gestrichen worden. Der Hausgang roch nach Schimmel und Bratkartoffeln mit Zwiebel. An bewohnte die Wohnung im ersten Stock. Eine abgetretene Holztreppe führte zu einer Eingangstür mit Sternchenglas. Charlotte begab sich sofort in die altmodische Küche und machte sich daran, eine Fischsuppe und ein chinesisches Eintopfgericht mit Reis vorzubereiten. Denn man erwartete zwei weitere Chinesen mit ihren deutschen Sinologie-Freundinnen. Man saß auf umlaufenden Matratzen, die mit Wolldecken und bunten chinesischen Seidenkissen bestückt waren. Die weißen Wände bedeckten bis unter die Stuckleisten An's Bilder. Er arbeite schnell und viel, sagte er. Eigentlich brauche er ein Atelier. Bald könne er in der Wohnung nichts mehr hängen. Sylvia blickte auf das Riesenbild, das sie schon kannte, auf dem ein großer Busen deutlich hervortrat. Der von Charlotte?

Man saß entlang der Wände, ein Kissen im Rücken, im Schneidersitz, hielt Porzellanschalen in der Hand und beförderte, so gut es jedem gelang, mit Löffeln oder Holzstäbchen Charlottes chinesischen Eintopf zum Munde.

Die Unterhaltung gestaltete sich lebhaft. Vor allem einer der Chinesen, ein junger Mann mit Ziegenbärtchen aus Peking, zeigte sich gesprächig und nicht ohne Witz. Er promoviere, sagte er, über ein Thema der Kunstgeschichte, um zu beweisen, daß es eine chinesische Kunst überhaupt nicht gebe.

Um auch etwas zur Unterhaltung beizutragen, erwähnte Sylvia, sie habe am Wochenende den chinesischen Film »Joudou« gesehen mit der Schauspielerin Gong Li in der Hauptrolle. Sie habe den Film sehr schön gefunden, aber auch sehr grausam.

Ob sie sich auch den Film »Der Liebhaber« angesehen habe, schaltete sich Pan An in das Gespräch ein.

»Die Verfilmung des Romans der Marguerite Duras?« fragte Sylvia.

Alle hatten ihn gesehen. Sylvia bekannte, sie habe ihn sich dreimal angeschaut.

Er zweimal, sagte Pan An, einmal zusammen mit Charlotte.

> Ich sage ihm, er solle kommen, solle mich von neuem nehmen. Er kommt. Er duftet nach englischen Zigaretten, nach teurem Parfum, er duftet nach Honig, seine Haut hat zwangsläufig den Geruch von Seide angenommen, den würzigen Geruch von Tussahseide, von Gold, er ist begehrenswert. Ich sage zu ihm, daß ich ihn begehre. Er sagt, ich solle noch warten. Er redet, er sagt, er habe sofort, schon bei der Überquerung des Flusses, gewußt, daß ich so sein würde nach meinem ersten Liebhaber, daß ich die Liebe lieben würde …
>
> *Marguerite Duras: Der Liebhaber*

Sylvia geriet ins Schwärmen. Dieser bildschöne Hauptdarsteller … Der Film sei erotisch, aber schön erotisch, ästhetisch im Gegensatz zu aktuellen europäischen oder amerikanischen Streifen.

»Basic Instincts«, sagte Pan An und warf ihr einen prüfenden Blick zu.

»Verhängnis«, sagte Sylvia und nickte.

»Ich finde es nicht erotisch, wenn man alles sieht«, sagte Pan An.

»Und ich habe etwas gegen Brutalität und Grausamkeit, optisch und überhaupt.«

Sylvia betrachtete das Riesenbild mit dem nackten Busen an der Wand gegenüber, dessen Sujet sich erst auf den zweiten Blick verriet.

Erotik, warf sie ein, sei mehr die Kunst des Verhüllens, Andeutens als des Bloßlegens. Sie zeigte auf An's Bild an der Wand.

Er lachte. Dies sei unverkäuflich, sagte er.

Der Ziegenbärtige, der wie ein chinesischer Faun aussah, brachte das Thema aufs Reisen. Frauen, Europäerinnen zumal, könnten in China getrost allein reisen. Kein Chinese würde sich an ihnen vergreifen. Vergewaltigung sei nicht zu befürchten, weil sie für den chinesischen Geschmack so häßlich seien.

Die deutschen Sinologie-Studentinnen schrien auf.

Die Schafsnasen der Chinesen, sagte die eine, seien auch nicht gerade verführerisch.

Die Chinesinnen und Japanerinnen, sagte die andere, würden sich jetzt schon die Mongolenfalte an den Augen operieren lassen.

»Dann sehen sie aus wie Puppen«, konterte der Ziegenbart.

Sylvia wunderte sich, warum Pan An ihn, wie er sagte, »sehr interessant« fand. Vielleicht, dachte sie, weil er so frech war und eine große Klappe hatte, die ihm selbst abging?

XXI

EIN TELEFONGESPRÄCH

Drei Wochen vergingen, bis Sylvia wieder von ihm hörte. Pan An rief sie an.

»Asiatische Männer sind sehr zurückhaltend«, sagte er, als wolle er sich entschuldigen, nicht eher angerufen zu haben

Sie erinnerte ihn an den Ziegenbart.

»Ich weiß nicht, was du an dem findest«, sagte sie. »Der hat doch eigentlich nur ausgeteilt. Das kann ich jetzt nicht besonders witzig finden.«

»Da muß ich mich für meinen Gast wohl entschuldigen«, sagte er.

»Ist der auch gut im Einstecken?«

»Ach, der ist eigentlich harmlos«, sagte Pan An.

»Aber ganz schön unverschämt. Blödes Machogehabe, vor allem den Mädels gegenüber. Aggressiv mag ich nicht«, sagte sie. »Frech auch nicht. Außerdem ist er selber kreuzhäßlich.«

»Hast du schon einmal einen chinesischen Mann gekannt?« fragte er unvermittelt.

»Wie meinst du das?« fragte sie zögernd, obwohl sie natürlich genau wußte, worauf seine Frage hinauslief. Wenn sie jedoch ganz ehrlich gewesen wäre, hätte sie zugeben müssen, daß sie chinesische Männer nur aus Büchern kannte. Pan An ausgenommen. Aber kannte sie ihn denn? Noch nicht. Sie wagte einen Versuch.

»Kennst du Jolan Chang?« fragte sie.

»Hast du ihn gelesen?«

»Du beantwortest eine Frage mit einer Gegenfrage.«

»Du doch auch. Hör mal, ich habe in deiner Bibliothek ein bißchen herumgekuckt. Ein Maler hat den Blick eines Adlers. So hoch hinauf kannst du deine schlimmen Büchlein gar nicht stellen, daß er sie nicht sieht.«

»Man sieht nur, was man kennt.«

»Richtig! Du besitzt nicht nur *Das Tao der Liebe*, sondern auch Band zwei, *Das Tao für liebende Paare*, und zwar doppelt.«

»Du hast geschnüffelt.«

»Warum sonst hast du mich in die Bibliothek gesetzt? Du hast, wie ich gesehen habe, auch noch drei andere nette Zimmer.«

»Du hast den Jolan Chang also auch?«

»Na klar, habe ich mir den gekauft. Aber es gibt auch Leute, die haben hübsche Bücher stehen, ohne sie zu lesen. Hast du ihn gelesen?«

Jetzt geht's ans Eingemachte, dachte sie. Aber warum sollte ich ihm das nicht erzählen?

»Nicht nur gelesen. Ich kenne Jolan Chang fast auswendig, und ich würde zumindest Buch eins allen deutschen Männern als Pflichtlektüre verschreiben.«

Pan An lachte herzlich.

»Hast du deshalb von jedem Band zwei Exemplare gekauft?«

»Dir brauche ich den Jolan Chang also nicht mehr zu schenken?«

Er schien sich köstlich zu amüsieren.

»Es reizt einen wohl, das Tao der Liebe auch anzuwenden«, sagte er. »Hast du den Jolan Chang schon verschenkt?«

Sylvia seufzte, denn sie hatte Buch eins in der Tat mehrfach verschenkt, leider ohne die erhoffte Wirkung.

»Vermutlich fehlt es den deutschen Männern an Geduld«, sagte Pan An.

»Ja, die Geduld, die ist bei uns nicht gefragt«, sagte

Sylvia und dachte dankbar an zwei große Lebenslieben. Sie stammten beide von anderen Breitengraden.

»Du liebst wohl die Exotik?«

»Eher die Romantik.«

»Ich bin zur Zeit nicht so gut drauf«, sagte er.

Sylvia verkniff sich die Frage, ob es sich dabei um ein künstlerisches, ein psychisches oder ein erotisches Tief handle.

»Ich mag dein Lachen«, sagte sie. »Es klingt befreit und heiter, ansteckend.«

Sie kam noch einmal auf ihr Gespräch von neulich zu sprechen, auf den Unterschied zwischen dem amerikanischen Film »Basic Instincts« und der Duras-Verfilmung.

> Das Lustgefühl ist so groß, daß ich die Augen schließe. Ich denke: er ist es gewohnt, das ist die Beschäftigung seines Lebens, die Liebe, nur das. Seine Hände sind geübt, wunderbar, vollkommen. Ich habe großes Glück, das ist mir klar, er beherrscht es wie einen Beruf, weiß ohne es zu wissen, weiß, was zu tun ist, was gesagt sein muß.
>
> *Marguerite Duras: Der Liebhaber*

»*Der Liebhaber*«, sagte sie, »das ist ein echter Liebesfilm. Da geht es um Liebe, nicht nur um Sex als Basic Instinct. Der Film ist mit Herz gedreht. Das Herz fehlt bei den anderen, auch bei dem Film *Verhängnis* von Louis Malle. Da geht die Frau am Schluß fort, zu ihrem alten und einzigen Freund. Ihre Liebhaber sind keine Freunde. Es gibt einen Roman von Singer mit dem Titel: *Feinde. Geschichte einer Liebe*. Aber das kann' s doch wohl nicht sein?«

Als sie merkte, daß sie sich ereiferte und ins Predigen kam, schwieg sie und ließ den Rest ungesagt. Ich weiß, wovon ich spreche, dachte sie. Hab' s erlebt. Wenn zwei sich hinterher hassen, dann war' s eben keine Liebe, dann war in der Geschichte schon vorher der Wurm, dann war ihre sogenannte Liebe von innen her, und sei es unbewußt, vergiftet.

Als sie den chinesischen Hauptdarsteller der Duras-Verfilmung als »sehr schönen Mann« bezeichnete, stimmte er ihr zu. Ihm habe auch das Mädchen gefallen, sagte er. Nur halte er es für reichlich unwahrscheinlich, daß in der damaligen Zeit eine Sechzehnjährige so mutig gewesen sei. Hatte Pan An plötzlich Lust, doch noch ihr »Liebhaber« zu werden wie »der Mann aus Cholen« im Buch der Duras?

XXII

DER CHAOSDRACHE

Sylvias Tagebuch am 17. Februar um 22 Uhr 50

Ich habe laut gelacht und mich dabei beobachtet, ob mein Lachen bitter klingt. Habe nicht den Eindruck. Na, diese Situation kennen wir doch. Einmal, zweimal, wie oft habe ich so etwas schon erlebt... Hab' s vergessen. Es ist mir gleichgültig.

Ist doch zu albern: Ein Mann, der mir etwas bedeuten könnte – *conjunctivus potentialis* – falls es mir gelingt, meine emotionale Trägheit zu überwinden oder was auch immer bisher meine Verliebtheit verhindert hat, ein Mann also, den ich mir als Liebhaber vorstellen könnte, verbummelt ein Rendez-vous, läßt mich warten, sitzen, nachdem er von sich aus gewisse Hoffnungen in meinem Gehirn genährt hat. Genieße seit seinem Anruf eine Woche lang den Reiz der Erwartung, die ungetrübte Lust der Vorfreude. Erzähle sogar anderen davon, halte es selbst durchaus für möglich, daß sich mit diesem Rendezvous etwas anbahnt, obwohl ich, je näher der bewußte Termin rückt, Schwierigkeiten habe, mich darauf einzustellen. Hatte vor, weniger zu essen, zwei Kilo abzunehmen. Stattdessen gehe ich jeden Tag opulent ins Café frühstücken, zum Chinesen mittagessen ... Nehme mir vor, die Wohnung zu säubern, was dringend erforderlich wäre, wenn man einen Gast erwartet. Ja, ich lege mich am Tag des Rendez-vous sogar zwei Stunden ins Bett, um zu entspannen. Schlafe prompt ein. Immerhin habe ich, wenn auch oberflächlich, die Bibliothek aufgeräumt und mit dem Staubsauger bearbeitet. Überlege mir, was ich dem Gast vorsetzen wollte, kann mich aber zu nichts aufraffen als zu zweierlei Keksen und Mandarinen.

Pan An ist unpünktlich und hat, wie er selbst zugibt, äußerste Probleme mit Terminen. Ich weiß es. Eine Stunde nach sieben bin ich noch froh, daß er nicht gekommen ist. Habe in Windeseile das Bett frisch bezogen und die drei Schichten Pullover weggeräumt, die über der Sessellehne hingen. Dann rief ich ihn an. Er war zu Hause, mit einer Lithographie befaßt, wie er sagte, die er noch nach Hamburg schicken müsse wegen einer Ausstellung. Versprach, vor halb neun bei mir zu sein. Jetzt ist es 23 Uhr 15, und er hat nicht einmal angerufen. Als ich gegen zehn seine Nummer wählte, war er nicht da, unterwegs zur Post, wo auch immer, mit dem Rad oder zu Fuß ... und das bei einem Schneematschwetter, in das man keinen Hund hinausjagen möchte.

Was tun? Habe Chopins Nocturnes gehört – alle, unseren Sekt getrunken, die Hälfte der Kekse und Mandarinen verspeist, bei Henry Miller herumgelesen, gewartet.

> Welch ein wunderbares Gefühl ist es für mich, um Mitternacht den Heimweg anzutreten, wenn die Gischt des Mondlichts die Trottoire bespült und die Dinge in ihrer eigenen Stille ausruhen! Meine Sinne werden kühn, und diese Kühnheit nötigt mich, zum Pinsel zu greifen. Das große Selbstgespräch, das zugleich ein Gespräch mit den zahllosen, raunenden Stimmen der Welt ist, kann beginnen.
>
> *Henry Miller: Von der Unmoral der Moral*

Die Kerzen sind heruntergebrannt. Das Duftlicht mit Ylang-Ylang im Schlafzimmer ist verlöscht. Habe die heruntergedimmten Lampen ausgemacht.

> Der goldnen Schale Weihrauch ist verglommen,
> Die Wasseruhr hat aufgehört zu tropfen,
> Kühl weht des Morgenwindes leiser Schauer.
> Es dringt die scharfe Kälte in das Zimmer.
>
> *Wang An Schi*

Der Chinese übertrifft alle saumseligen Orientalen und verbummelten Lateinamerikaner meines Lebens zusammengenommen haushoch!

Damals, als ich mich so sehr auf den Urlaub mit meinem kubanischen Liebsten gefreut hatte. Was für ein kümmerliches Ereignis, welche Ernüchterung, welche Enttäuschung! Die Vorfreude war das einzig Gute daran. Dann wurde unser Auto aufgebrochen. Als habe sich die ganze Welt gegen uns verschworen. Und jetzt? Der ideale Auftakt einer Liebesaffäre: Ziehen im Unterbauch wegen meiner Periode. Würde ja schon reichen! Der große Liebesakt wird das heute ohnehin nicht. Das Tao der Liebe wäre das Höchste. Im Prinzip! Ist aber kein Jolan

Chang in Sicht. Blöde Warterei! Ich mag das nicht. Meine Lust auf tantrisch-taoistische Liebesspiele nähert sich dem Gefrierpunkt. Von wegen Freuden des Geistes und der Phantasie! Ich pfeif drauf. Pan An, schwing dich aufs Rad!

23 Uhr 30

Entweder geht er nicht ans Telefon oder er ist wirklich nicht zu Hause. Rufe noch einmal an, bevor ich mich abschminke und ins Bett steige, allein mit zwei Wärmflaschen in ein frisch bezogenes Lager, umgeben von Verführungsduft. Ich bin nicht böse, nur weil es Typen gibt, die noch durchgeknallter leben als ich. Schimpfe zwar immer auf die Bürgerlichkeit, frage mich aber, ob ich einen chaotischen Maler und dazu einen Chinesen wie Pan An ertragen möchte. Ob er je in meinem Bett landet, ob es je dazu kommt, das Liebestao von Jolan Chang in die Praxis umzusetzen, sei dahingestellt.

> Auf der Ostseite der Straße
> lebt ein streitsüchtiges Paar,
> der Mann ist jung und schön.
> Auf der Westseite der Straße
> lebt ein liebendes, friedfertiges Paar,
> der Mann ist alt und unansehnlich.
> Warum?
> Der nach nichts aussehende Mann
> versteht es einfach
> seine Frau zu befriedigen,
> und der gut aussehende junge nicht.
>
> *Jolan Chang: Das Tao der Liebe*

Oder erwacht nun mein Sportsgeist, meinen Vorteil, ihn ins Unrecht gesetzt zu haben, auszunützen? Ich könnte mich rächen, indem ich morgen früh zwischen acht und zehn bei ihm läute, weil ich ihn dann aus dem Tiefschlaf reiße. Dazu müßte ich aber selber aufstehen. Zu viel Umstände! Ich bin nicht eitel, und auch mein Stolz spielt keine so große Rolle mehr wie früher. Mir ist manches recht gleichgültig geworden. Das ist wahr. Ist das ein Vorteil oder ein Nachteil? Keine Ahnung. Ein geplatztes Rendez-vous? Na und?!

XXIII

SCHWIERIGKEITEN

Sylvias Tagebuch

Eben schloß sich die Wohnungstüre hinter Pan An. Er kam, um seine Uhr zu holen, die er gestern auf dem Sofa neben meinem verdrückten Pulli und den zerknautschten Kissen vergessen hatte. Und ich dachte, er habe sie absichtlich liegen lassen, um einen Grund zu haben, heute wiederzukommen. Ich legte sie, kitschig wie ich bin, den Zwillingsgöttern, die über die Eintracht von Eheleuten wachen, den Ho-Ho Hsien zu Füßen, als hätten sie, zuständig für Glück und Harmonie in taoistischen Beziehungen, bewirkt, daß mein chinesischer Liebhaber *in spe*, vielleicht doch noch ein echter Liebhaber wird. Da lachen die pummeligen Zwillingsbuben ungerührt ihr weißes Porzellanlachen.

Pan An stellte weder das Rad in den Hausgang noch legte er ab noch wollte er sich setzen. Er war auf dem Sprung, bereit, sofort wieder hinauszustürzen, wo, wie er sagte, Telefonate warteten und Organisationsarbeit für eine neue Ausstellung.

»Wenn ich einmal ganz reich bin«, sagte er, »werde ich jemanden für so etwas einstellen.«

Ach ja, und im Mai heiratet er Charlotte. Er sei sehr bürgerlich, sagte er. Heute suche er sich eine ganz normale, ruhige Hütte mit Frau und Kindern, um in Ruhe arbeiten zu können. In seinem Kopf gebe es für so etwas (wobei nicht klar wurde, meinte er Frau und Kind im allgemeinen oder Beziehungen zu Frauen wie mir im besonderen) nur sehr wenig Raum. Alles sei ihm seine Kreativität, seine Arbeit. Und ich verstehe ihn … doch! Und akzeptiere das auch.

Gestern hätte ich ihn in meinem Bett haben können. Hätte nur die Hand etwas energischer ausstrecken, ihm einen Schubs geben oder ihm den Rest meines Havanna Club Rum einflößen müssen, wie er gerne wollte. Betrinken wolle er sich mit mir, sagte er, um ohne Gewissensbisse und Gedanken an Charlotte mit mir zu schlafen. Er lieferte sich mir aus. So jedenfalls sah es aus, als er mit geschlossenen Augen, den Kopf nach hinten auf den Sofarahmen zurückgebogen, den Mund wie im Schlaf geöffnet, so daß ich seine kleinen gelblichen Zahnreihen sehen konnte, neben mir auf dem Sofa in meiner Bibliothek saß.

Ich nahm ihn nicht. Ich streichelte und küßte ihn, an der Oberfläche seiner nackten Haut hinhuschend mit Händen und Lippen, ohne ihn mir anzueignen, diesen knabenhaft schwächlichen Körper ohne Muskeln, dieses ausgelöschte Gesicht, das mich unangenehm an Ohnmacht und Tod erinnerte.

»Bist du Taoist?« frage ich ihn, um auf eine blöde Frage eine ebenso blöde Antwort zu bekommen.

»Ich bin gar nichts.«

»Wir haben eine Gelegenheit, das Tao zu verwirklichen, vertan«, sage ich. »Das ist schade.«

»Du bist nicht die einzige, die das schade findet«, entgegnet er.

Habe ich ihn verletzt? Seinen männlichen Stolz? Er hat sich mir angeboten, und ich habe ihn nicht genommen. Hätte ihn konsumieren können. Aber genau das wollte ich nicht, weder, daß er sich Mut antrinkt, wie er vorschlug, noch daß ich ihn in mein Bett trage und ihn mir dort auf den Bauch lege. Mit zurückgelehntem Kopf und geschlossenen Augen hat er gewartet, daß etwas mit ihm passiert. Nichts habe ich gemacht. Warum merkt er nicht, daß ich erobert werden will? Ja, das ist es, was ich will. Die Ho-Ho Hsien können nichts dafür. Was für ein komplizierter Mann. Sagt er sogar von sich selber.

Als ich nach Hause kam, lag sein Brief im Briefkasten. Im Kuvert steckte eine chinesische Farbpostkarte aus dem Hanschan-Tempel mit Han Schan und Schi Te, einer anderen Erscheinungsform der taoistischen Zwillingsgenien Ho-Ho Hsien.

»Liebe Sylvia«, war da in säuberlich gleichmäßig nach rechts gerichteter Schreibschrift zu lesen. »Bist doch böse auf mich. Stimmts? … « Und dann schilderte er umständlich und ausführlich, wie er erst meine Haustüre in der Dunkelheit nicht habe finden können, weil die Namensschilder und Klingelknöpfe nicht beleuchtet gewesen seien. Wie er zur Telefonzelle gegangen sei, wo die Seiten im Telefonbuch gefehlt hätten. Leider sei ihm meine Telefonnummer nicht eingefallen. »Na ja! Wie konnte ich dich erreichen?« Er endete in schuldbewußter Zerknirschung, bat um Verzeihung mit dem Gelöbnis, sich »irgenwann zu bessern«, und verblieb mit einem »Bis bald« und »herzlichen Grüßen«.

Da lachte ich wieder, stellte mir den armen Burschen im nächtlichen Schneematschdreckswetter an meiner Tür vor, unter meinen Fenstern mit seinem Fahrrad und den vom Regen angeklatschten Kleidern und Haaren. Hatte Mitleid mit ihm und befand, daß bei diesem verpatzten Rendez-vous an diesem Abend jedenfalls mein Platz entschieden der angenehmere war. Ich rief ihn an.

Er lobte meine »Menschlichkeit«, als ich ihm lachend versicherte, ich sei nicht böse. Er gab noch einige Details zum besten, wie er alle Haustüren abgesucht habe, die Klingel außen an der Fassade nicht sah, weil er im Türstock geschaut habe. Als er nicht anrufen habe können, sei er im Regen die Hauptstraße entlanggegangen, habe zwei Chinesen getroffen, sei mit ihnen ins Kino, nur um festzustellen, daß er den Film schon kannte. Er habe zwei Freundinnen zu Besuch, die eine aus Köln, die drei Bilder gekauft habe. Die reisten wohl mittags ab. Um fünf rief er an, die seien immer noch da.

XXIV

TIGERKÜSSE

Er kam gegen neun. Ich ließ ihn sein Fahrrad in den Hausgang stellen. Im Korridor half ich ihm aus der Lederjacke. Hörte mir selber zu und wunderte mich, weshalb ich schon im Flur von Antiquitäten redete. So gestaltete sich sein Eintritt in die Bibliothek eher geschäftsmäßig prosaisch. Er hatte noch nicht Platz genommen, nötigte ich ihm schon das Fachbuch über chinesisches Weißporzellan auf und stellte meine Neuerwerbungen vor ihn auf den Tisch. Er dozierte ein wenig über die Erkennungszeichen chinesischer Figurinen bis zum 18. Jahrhundert, zeigte im Buch auf die rundlichen Gesichter, die in früher Zeit Reichtum und Vornehmheit bedeuteten. Die des 19. Jahrhunderts hätten keine dicken Backen mehr wie meine Zwillingsbuben oder der Gott der Literatur.

> Mit genießerischem Behagen ergab sich Hsi Men dem prickelnden Reiz dieses Mahles zu zweit. Die in hohen silbernen Leuchtern flackernden Kerzen erfüllten im Verein mit der rotglimmenden Glut des frisch aufgefüllten goldenen Kohlenbecken den Raum mit wohliger Wärme. Die Köstlichkeiten der sechzehn Platten und der reichlich genossene Inhalt des goldenen Kruges sorgten für rasche Erwärmung der Stimmung.
>
> *Djin Ping Meh*

Erst als er die Szenen auf meinen vier gerahmten Stellschirmbildern als Illustrationen des Romans »Der Traum der roten Kammer« deutete, wußte ich, daß es mit seinen kunsthistorischen und literarischen Kenntnissen nicht gar so weit her war. Verzichtete gnädig, die deutsche Ausgabe von »Das Westzimmer« aufzuschlagen, um ihm an Hand der Holzschnitte das Gegenteil zu beweisen.

Ich saß im Schneidersitz auf dem Sofa, er im Ledersessel daneben. Schenkte uns Sekt ein. In China, sagte er, sei es Sitte, daß man zum Trinken immer auch etwas esse.

> Wein stärkt den Mut der Sinne. Die beiden Herzen waren längst verstrickt, ihr Verlangen entfacht. [...] So duldete es die Dame Lin, daß Hsi Men immer kühner werdend, dichter an ihre Seite rückte, ihr Handgelenk faßte, ihre Schulter streifte, ihre Hüfte berührte. Sie wehrte ihm auch nicht, als er zum Scherz den Arm um ihren Nacken legte und seinen Mund auf ihre zinnoberroten Lippen preßte.
>
> *Djin Ping Meh*

Ob ich nichts Eßbares im Haus hätte.

Sollte ich ihm Knäckebrot und alten Gouda anbieten? Ich hatte wie immer so gut wie nichts im Haus, war vor allem aber auch bar jeglicher Lust, mich zu so später Stunde noch in irgendwelche Kochereien zu stürzen. Er fragte, ob ich nicht eine Suppe hätte oder irgendwelche eingelegten Gemüse. Schamvoll gestand ich schließlich die Existenz von zwei oder drei eingeschrumpften Karotten und eventuell einer ältlichen Fenchelknolle oder eines halb vertrockneten Zucchino im Gemüsefach meines Kühlschranks. Pan An wollte sich sofort ans Werk machen. Er könne, sagte er, »gut kochen«. Reichte ihm etwas desorientiert und gereizt, aber willig zur Ehrenrettung meiner Gastfreundschaft das Gewünschte. Setzte sogar Reis zu.

»Doppelt Wasser wie Reis?« Dabei haßte ich mich ein wenig. Warum fragte ich, wenn ich es ohnehin wußte? Ihn hätte ich hassen sollen, wie er da sehr geschickt mit meinem großen Hackmesser, das ich für stumpf hielt, auf meinem Ikea-Plastikbrett die Gemüsemumien in feinste Streifen schnitt, Öl im Wok erhitzte, das Gemüse hineinwarf, die süßliche braune Paste, die auch nicht mehr so ganz taufrisch war, unterrührte, kurzum energisch von meiner Küche Besitz ergriff, während ich ein wenig blöde herumstand und nicht recht wußte, sollte ich lachen oder mich ärgern. Er übernahm den Reis, bediente sich des chinesischen Weins und der Sojasauce in meinem Kühlschrank. Den gefrorenen Ingwer in meinem Gefrierfach vergaß ich, den Knoblauch verschwieg ich. Stand nicht irgendwo bei Jolan Chang, man könne alles essen, wenn man es nur klein genug schneide? Sagte man nicht den Kantonesen nach, sie verzehrten sogar die Teller und Tische, auf denen sie anrichteten? Ich hütete mich freilich, solcherlei Scherze zu äußern.

Wir aßen mit Stäbchen in der Bibliothek, weil der Küchentisch ebenso wie der große Wohnzimmertisch infolge meiner Schlamperei unbenützbar waren (und ich innerlich nicht bereit war, etwas daran zu ändern).

Ich weiß nicht mehr, ob wir uns vor dem Essen schon geküßt und berührt hatten. Wenn ich mich recht erinnere, lag davor noch weitgehend Verbales.

Pan An versicherte mir wieder, wie kompliziert er sei und daß er mir nicht wehtun wolle. Äußerte auch wieder Skrupel in Bezug auf Charlotte, die verreist sei, am Montag aber zurückkomme. Sagte, er frage sich, ob er ihr noch in die Augen schauen könne, wenn er mit mir geschlafen habe.

»Ich dränge dich zu nichts«, sage ich. »Ich reiße mir deinetwegen, wie du siehst, auch kein Bein aus. Ich strekke nicht die Hand nach dir aus.«

Warum redet man so blödes Zeug, frage ich mich, das den anderen verletzen muß? Man redet, redet, schleicht umeinander herum mit schlechtem Gewissen, weil man will und nicht will, weil auch der andere redet, redet, redet. Alles wird zerredet. Ich bin zwar ziemlich ehrlich (»zu 80 Prozent«, sagt er), das stimmt, aber indem ich geheimste Gedanken ausspreche, die ich höchstens meinem Tagebuch anvertrauen dürfte, wobei der Ausdruck »Gedanken« schon wieder zuviel besagt, schaffe ich Wirklichkeiten, die sich wie Felsblöcke zwischen uns auftürmen, und dabei waren sie nur eben leicht durch mein Hirn geweht, ein Hauch, ein Lüftchen. Warum erzähle ich Pan An von meinem Traumtagebuch, von meinen prospektiven Träumen von einem Chinesen?

Pan An teilte mir nämlich mit, als er mir gegenübersaß, er wolle »dableiben«. Er habe sich dafür entschieden. Hatte ihn weder gefragt noch darum gebeten. Vielleicht entwickelte sich mit den Schwaden des Ylang-Ylang-Duftes im Raum eine Atmosphäre der Verführung. Jedenfalls schlug unsere anfangs recht krude Unterhaltung irgendwann einmal um in ein zumindest andeutungsweise erotisches Zwiegespräch.

»Du bist wie ich«, sagte Pan An. »Ich brauche nichts zu sagen und du merkst und begreifst auch ohne Worte.«

Welch ein Irrtum, dachte ich.

»Hast du Schnaps?« fragte er.

> Von Becher zu Becher, von Platte zu Platte wuchs seine Kühnheit, schwand ihre Zurückhaltung. Scherzworte flogen, Lachen flatterte auf, bald hörte sich das Gespräch an wie der morgendliche Wechselgesang eines verliebten Vogelpärchens.
>
> *Djin Ping Meh*

»Ist das auch eine chinesische Sitte?«

»Wenn die Chinesen sich betrinken wollen«, sagte er, »trinken sie Schnaps. Wir wollen uns jetzt betrinken.«

»Erstens finde ich das nicht so toll«, sagte ich, »und zweitens gibt es bei mir keinen.«

»Schade«, sagte er.

Auf den Gedanken, daß mich dieses Ansinnen kränken könnte, kam er nicht.

Es war in der Küche, als seine Lippen die meinen suchten und wir uns umarmten, während der Reis köchelte und die Gemüse vor sich hin sirrten. Vielleicht wäre da noch etwas zu retten gewesen. Kann sein, daß er das Kochen, das Essen einschob, um Zeit zu gewinnen vor dem, was er wollte und nicht wollte, das er begehrte und das ihn verunsicherte: dem Genuß meines Körpers. Ein Mann mit Wackelkontakt gewissermaßen. Dem bin ich nicht gewachsen. Er betrachtet mich wohl als durch und durch emanzipiert, als erfahren, selbstbewußt, aktiv, und ich verhalte mich anschmiegsam, zärtlich, weiblich wohl, aber da ist bei mir dieser ungebremste Hang zum Zynismus.

Wir aßen mit Stäbchen. Ja, und dann mußten wir diesen ganzen Wortwust in Rede und Gegenrede beiseite schieben und wohl oder übel zur Tat schreiten, heißt, miteinander schlafen.

Da er immer noch wie festgenagelt in seinem Sessel saß und ich auf meinem Sofa, gestaltete sich die Situation einigermaßen grotesk. Wieder versuchten wir, die Peinlichkeit wegzureden:

> Er sagt, er sei allein, auf grausame Weise allein mit seiner Liebe zu ihr. Sie sagt ihm, auch sie sei allein. Sie sagt nicht womit. Er sagt: Sie sind mir hierher gefolgt, wie Sie irgend jemandem gefolgt wären. Sie antwortet, das könne sie nicht wissen, sie sei noch nie jemandem in ein Zimmer gefolgt. Sie sagt, sie wolle nicht, daß er mit ihr rede, sie wolle, daß er tue, was er üblicherweise mit Frauen tue …
>
> *Marguerite Duras: Der Liebhaber*

»An, bitte, kein Leistungsdruck, kein Zwang.«

»Ich habe Angst, dir weh zu tun. Ich bin gar nicht mutig.«

Irgendwann wand er sich, da er logischerweise ja nicht ewig mir gegenüber auf dem Sessel festkleben konnte, empor und setzte sich neben mich aufs Sofa.

Wir umarmten uns, drückten uns, atmeten aneinander, ineinander, neugierig auf den Geschmack, auf den Geruch des anderen. Ein herber Duft, nicht unangenehm, ging von Haut und Haar aus. Die Konsistenz seiner kinnlangen, glatten Asiatenhaare, die am Hinterkopf die helle Kopfhaut reichlich durchschimmern ließen, erinnerte mich an Roßhaar. Dann zog er mich hoch. Wir standen in enger Umarmung. Er küßte mich, die Augen geschlossen. Das Gesicht ausgelöscht, erloschen. Plötzlich öffnen sich seine Augen einen Spalt. Gleich beißt er zu, denke ich. Etwas Tierhaftes springt mich an, daß ich zurückzucke.

Und wieder reden. Er fragte mich, ob ich schon mit einem Asiaten geschlafen hätte. Ich antwortete wahrheitsgemäß: »Ja, in meiner Studentenzeit, mit einem Japaner. Aber das war nicht so toll.« Warum mußte ich ihm auch noch zu allem Überfluß auseinandersetzen, was eine »Eintagsfliege« war? Auch wenn er als Chinese die Japaner vielleicht nicht sonderlich mag (Er findet, sie hätten viel mit den Deutschen gemein. Wobei es dahingestellt bleibt, ob das für ihn ein Kompliment ist oder nicht. Immerhin hatte er eine japanische und heiratet bald seine deutsche Freundin), muß er nicht vielleicht die Ehre der asiatischen Männer verteidigen oder befürchten, ich könne am Ende sagen, auch er, der Chinese, sei nicht gar so toll gewesen?

Warum mußte ich immer reden? Und als ich nicht mehr redete, sondern küßte, streichelte, wollte ich nicht handeln. Pan An wollte, daß ich die Initiative übernähme. Den Gefallen tat ich ihm nicht, bis er anfing, den Vau-Ausschnitt meines Pullovers zu küssen.

Irgendwann streifte er mir die Träger meines schwarzen Spitzenhemdchens und meines Büstenhalters über die Schulter und legte meine Brüste frei, beschäftigte sich eingehend mit deren Spitzen. Er zog mir den Pulli über den Kopf, daß ich bis zum Gürtel nackt war im stolzen Bewußtsein meiner Schönheit. Auch er knöpfte sein Flanellhemd auf, zog es aus, legte sich mit seiner nackten Brust auf die meine und küßte mich.

> Er hat ihr das Kleid vom Leib gerissen, er wirft es zu Boden, er reißt den kleinen weißen Baumwollslip weg und trägt sie nackt zum Bett. Und dann dreht er sich zur anderen Bettseite und weint. Und sie, langsam, geduldig, holt ihn zu sich zurück und beginnt ihn auszukleiden. Mit geschlossenen Augen tut sie es.
>
> *Marguerite Duras: Der Liebhaber*

Und ich sah die Zeit langsam, sehr langsam, aber unerbittlich fortschreiten, lauerte auf die Sekunden wie auf die Kohlensäurebläschen, die in unseren Sektschalen perlten. Irgenwann gab es sie nicht mehr. Ich ließ es zu, daß die Augenblicke der körperlichen Liebe, hinter denen vielleicht sogar so etwas wie seelischer Gleichklang oder zumindest eine herzliche Verbundenheit aufscheinen mochte, ihren Glanz verloren, sich totliefen, verloschen. Was ich zuvor halbtot geredet hatte, dem machte ich nun den Garaus durch Nicht-Tun.

Ich war erregt, hockte, bis zum Gürtel nackt, auf seinen Lenden, der unter mir, halb sitzend, halb liegend, halb ausgezogen auf mein Sofa hingegossen, darauf wartete, daß ich ihn nahm.

Seine Haut ist von prachtvoller Zartheit. Der Körper. Der Körper ist mager und kraftlos, ohne Muskeln, er könnte krank gewesen sein, nun auf dem Weg der Genesung, er ist unbehaart, ohne ein Zeichen von Männlichkeit mit Ausnahme des Geschlechts, er ist sehr schwach […]. Sie sieht ihm nicht ins Gesicht. Sie sieht ihn nicht an. Sie berührt ihn. Sie berührt die Zartheit seines Geschlechts, seiner Haut, sie liebkost seine goldgelbe Farbe, das unbekannte Neuland. Er stöhnt. Er weint. Er ist in einer erbärmlichen Liebe.

Marguerite Duras: Der Liebhaber

»Komm, gehen wir ins Schlafzimmer«, flüsterte er mit geschlossenen Augen.

Ich entwich ins Bad.

Die Korridortür steht offen, angelehnt, als ich nackt aus dem Bad komme. Sehe Licht im Hausgang, öffne die Tür. Da hält er, vollständig angezogen, den Schal um den Hals, sein Fahrrad, hat es schon umgedreht in Richtung Haustüre.

»So wirst du doch nicht gehen«, sage ich. »Du wirst mir doch wenigstens Tschüß sagen.«

Er kommt in den Korridor.

»Ich bin nicht mutig. Mir fehlt der Mut«, sagt er, stammelt wieder irgendetwas von meiner Menschlichkeit, meiner Reife. »Du bist schön«. Seine Stimme klingt weich.

Mein Gesicht ist erhitzt, mein Make-up abgeschmust, abgeküßt.

Schon in der Küche deutete er sehr schüchtern an, er habe gar nichts, um zu verhüten.

»Aber ich«, sage ich und zeige die Pille. Er öffnet die Packung. Ein Tag fehlt. Der heutige.

»Ich habe in Berlin einen dreijährigen Sohn, einen Mischling, ganz süß, Ergebnis einer romantischen Stunde mit einer sehr viel jüngeren Deutschen, die mich aber nicht heiraten will. Das Kind macht ihr Spaß, nicht der Mann«, sagt er immer noch zwischen Tür und Angel.

»Ich fahre jeden Monat einmal nach Berlin, um mein Kind zu sehen.«

Ziehe ein grantiges Gesicht und knurre.

»Die Gefahr für eine Frau liegt heute weniger in einer unbeabsichtigten Empfängnis als in Aids.«

»Ja klar, ich habe Aids«, sagt er, ohne das Gesicht zu verziehen. »Bei Charlotte kann ich da natürlich sicher sein.«

> Das ist ein Mann mit Gewohnheiten, denke ich mit einem Mal, er kommt vermutlich recht häufig in dieses Zimmer, ein Mann, der Angst hat, er muß ausgiebig lieben, um seine Angst zu bekämpfen. Ich sage ihm, die Vorstellung gefalle mir, daß er viele Frauen habe und ich eine von ihnen sei, ununterscheidbar. Wie sehen uns an. Er versteht, was ich da gesagt habe. Plötzlich dieser andere Blick, fremd, verfangen in Schmerz, in Tod.
>
> *Marguerite Duras: Der Liebhaber*

Als wir uns im Korridor gegenüberstehen, sehe ich geradezu seinen Verstand arbeiten hinter einer sehr ernsten Stirn. Keine Wärme, kein Licht strahlen aus diesem Gesicht, als er mir auseinandersetzt, daß Charlotte, sollte sie erfahren, daß er mit anderen Frauen schlafe, ihn sofort verlassen würde. Das dürfe und wolle er nicht riskieren. Ich denke, Pan An schuldet seiner Freundin einiges. Sicher ist sie ein braves Mädchen, das ihm hilft bei den Ausstellungen, bei der Auswahl, beim Aufhängen der Bilder, beim Deutschlernen. Sie spricht gut chinesisch, ist sehr hübsch und elf Jahre jünger als er. Was will er mehr? Was aber hat all dies mit mir zu tun? Ich will, daß er bei Charlotte bleibt, wollte nichts als seine Unterhaltung, ein bißchen Yang-Substanz, ein bißchen Lust, warum nicht? Jolan Chang hätte es getan. Pan An hat gekniffen, ist plötzlich ungeheuer sachlich. Ein brüderliches Küßchen zum Abschied. Drückt mich nicht an sein Herz. Vielleicht hat er keins? Was für ein Wechselbad! Sexualtrieb, Fluchttrieb, Nahrungstrieb. Ein Tohuwabuhu!

Die Marmorstufen weiß vom Taue leuchten
Die Nacht ist spät, das Kleid beginnt zu feuchten. –
Mit dem kristallnen Vorhang schließt sie nun ihr Zimmer
Da schaut den Herbstmond sie im Perlenschimmer.

Li Tai Po

»Es muß auch nicht sein«, sage ich. »Wenn du solche Skrupel hast, laß es.«

»Du bist enttäuscht«, murmelt er.

Sage, als ich seinen mitleidigen Gesichtsausdruck sehe: »Vielleicht bist ja du es, der enttäuscht ist, wenn ich nicht enttäuscht bin?«

»Du brauchst auf niemanden Rücksicht zu nehmen.«

»Ich wünsche dir alles Gute«, sage ich, »daß du glücklich bist mit Charlotte.«

»Ich kenne viele Ehen in China«, sagt er, »mit und ohne Kinder. Welche sind schon glücklich? Glück ist nicht eigentlich das, was ich suche.«

Wieder reden wir, ich, um ihn festzuhalten, um den Augenblick des Abschieds, der Trennung hinauszuschieben. Als er dann geht, und ich wieder allein in der Wohnung bin, weine ich ein bißchen.

XXV

ZWISCHENAKT

»Kein Happy-End? Schad!«, sagte Yoga Schakti.

»Multikulti erotisch war nix bei mir«, lachte Ina

Schakti erhob sich, dehnte die vom langen Sitzen steif gewordenen Glieder, streckte sich hoch hinauf und gähnte laut, ohne sich die Hand vorzuhalten.

»'S wird fast scho' hell. Die Vogerl fangen glei' an zum Zwitschern … « Sie kicherte in sich hinein. » … a Mann mit Wackelkontakt … das hat mir g'falln. So ein' muaß ma' aber wirklich net ham.«

Ono schenkte sich den restlichen Rotwein ins Glas und stellte die leere Flasche demonstrativ auf den Tisch.

»So … leer«, sagte sie. »Nix gibts mehr.«

Ina sortierte ihre Blätter und lächelte in sich hinein.

»Ja, 's reicht jetzt. Heut wird einmal ausgeschlafen. Ihr habt es euch verdient. Habt mich kein einziges Mal unterbrochen, nicht einmal, um Pipi zu gehn. Sehr brav.«

Nur Katharina saß schweigsam am Tisch und schien in Gedanken versunken.

»Na du, bist net müd jetzt? Magst net in die Heia?« fragte Yoga Schakti und stieß sie an mit dem Ellbogen.

Katharina blickte auf.

»Was sagst du? Entschuldige. Ich war gerade in bißchen weggetreten.«

»Du hast ja kaum was getrunken«, sagte Schakti. »Dein Glas is ja no' halb voll. Wo warst denn die ganze Zeit mit dei'm Hirnkastl?«

»Ich hab alles gehört«, sagte Katharina. »Ehrlich. Ich hab wirklich aufgepaßt. Die Geschichte von Ina hat mich nur an etwas erinnert. Das liegt aber schon mindestens zehn Jahre zurück. Eigentlich hatte ich es schon vergessen … oder verdrängt … weiß man's?«

»Jetzt sag bloß, du hast auch so was auf Lager«, sagte Schakti. »Schreibst du nicht hin und wieder Kurzgeschichten? Ich mein', ich hätt von dir schon mal was g'lesen, aber eher was Humoristisches, was Freches … «

Katharina nickte.

»Ich hab dir meinen Erzählband geschenkt … «

»Uj … echt?«

»Du hast ihn nicht gelesen. So geht das«, sagte Katharina. »Das ist das Los der Schriftsteller … «

Schakti zog eine komische Grimasse und klapperte mit den Augendeckeln.

»Is net wahr. I kann mir nur nix merken. Die Synapsen wackeln halt schon ein bissel.«

Katharina lachte. Schakti konnte man nicht böse sein, besonders wenn sie ihren geballten k. und k. Charme einsetzte.

»Was hast du denn anzubieten«, fragte Ono. »Auch so einen China-Fast-Lover?«

»Nicht ganz so durchgeknallt wie der Wackelpeter von Ina. Jedenfalls keine Angsthasengeschichte. Eher das Gegenteil Da müßte ich mir aber auch erst mal ein paar Notizen machen und wenigstens in groben Zügen den Hergang aufschreiben, wenn ich euch das erzählen wollte. So präsent hab ich das nicht mehr.«

»Hast ja noch genug Zeit«, sagte Schakti. »À propos Multikulti im Bett, bei der Katharina wird das Interkulturelle hoffentlich besser klappen als bei dir Ina. Ich mag auch lieber Machos als so einen Hasenfuß.«

»Hört, hört«, sagte Ono und trank in einem Zug ihr Glas leer. »Schakti und die Machos. Das wär doch mal interessant.«

»Aber heut nimmer. Liebe Leut, i muß jetzt wirklich

ins Bett. Wenn die Katharina sich demnächst hinsetzt und uns ihren Chinesen-Macho vorführt, dann vielleicht, verrat ich's euch. Aber da könnts ihr jetzt sagen, was ihr wollts. I brauch mein' Schlaf, sonst schau i bald aus wie dem Teufel sei' Großmutter. Servus miteinand. Träumts was Schöns.«

Und damit verschwand sie in der Tür.

»Der ihren Schlaf möcht ich haben«, sagte Katharina, die überhaupt nicht müde war. »Sagt mal, ist die Schakti nicht so eine Sannyasin?«

»Klar«, sagte Ina. »Wart ihr noch nie in ihrer Wohnung? Da gibt' s eine ganze Fotogalerie von ihrem verblichenen Oberguru.«

»... mit persönlichen Widmungen«, fügte Ono hinzu. »Die war doch überall, in Poona, in Oregon ... Der Bhagwan hatte, soviel ich mich erinnere, sogar einmal einen Aschram in Sizilien. Da gab' s aber Streß mit den italienischen Behörden. Man vermutete kollektive Sexorgien, zu Recht oder zu Unrecht, das kam nie heraus. Die Beteiligten hielten dicht wie die Mysten der antiken Mysterienkulte. Auch die Schakti erzählt ja nie etwas, obwohl ich glaube, daß sie's faustdick hinter den Ohren hat.«

Sie lachten.

»Das ist ja gerade das Liebenswerte an ihr«, sagte Ina. »Sie lebt ihr Leben nach ihrem Geschmack und läßt auch das der anderen gelten. Leben und leben lassen. Es darf ein jeder nach seiner Façon selig werden. Da werden wir dann also noch einen Abend und eine Nacht für Katharina frei halten? Wie heißt er denn, dein Chinesen-Macho?«

»Eigentlich müßte ich ihn auch Pan An nennen. Denn schön war er. Aber ein Draufgänger und Weiberheld«, sagte Katharina. »Das hätte ihn fast hinter Gitter gebracht. Ist nur um Haaresbreite am Knast vorbeigeschrammt.«

»Jetzt machst du uns aber neugierig«, sagte Ono.

»Wir finden schon einen Namen für deinen Typ«, sagte Ina. »Setz' dich hin und schreib was. Die Erinnerung kommt beim Schreiben ganz von allein.«

»Wir Quasselstrippen«, gähnte Ono. »Husch jetzt in die Körbchen. Gute Nacht.«

> Tsao Tsao, der gern Kwan Yüs Standhaftigkeit auf die Probe stellen wollte, wußte es eines Nachts einzurichten, daß in dem Postrasthaus, das er zur Nacht mit seinem Stab belegt hatte, Kwan Yü wegen angeblichen Platzmangels denselben Raum angewiesen erhielt wie seine beiden Schwägerinnen. Was tat Kwan Yü? Er stellte sich mit einer brennenden Kerze in der Hand vor die Kammertür und wartete in dieser Haltung den anderen Morgen ab, ohne sich von seinem Wächterplatz zu rühren. Seitdem wuchs er in Tsao Tsaos Achtung noch beträchtlich mehr.
>
> *Die drei Reiche*

XXVI

DAS PFERD

Nach drei Tagen war es so weit. Die Viererrunde saß auf der Terrasse. Ina, Ono und Schakti hatten sich bunte Schals um die Schultern gelegt. Katharina trug eine Strickjacke. Die Ölfunzel brannte, obwohl es noch hell war. Auf dem Tisch standen Rotweinflasche und Gläser. Auch ein Schälchen mit schwarzen Oliven. Katharina legte sich ihr schwarzes Notizheft zurecht, zündete sich einen Zigarillo an, nahm einen tüchtigen Schluck vom türkischen Rotwein, um die Kehle anzufeuchten und begann zu erzählen.

Ein ganzes Jahr lang bin ich von Basel nach F. gefahren, um zweimal pro Woche bei einem chinesischen

Großmeister zuerst Unterricht in Qi Gong und dann auch noch in Tai Chi Chuan zu nehmen. Das war ein Unterschied wie Tag und Nacht zu allem, was ich bisher kennengelernt hatte. Wie das nun bei mir so geht, hatte ich mir zuvor ein Qi Gong-Buch gekauft, der Einband vielversprechend aufgemacht in Rot und Schwarz und in DIN A4 Größe. Gleich nach dem Inhaltsverzeichnis ein ganzseitiges Brustbild des Autors in Schwarz-Weiß: schwarzer Pagenkopf, schwarzer Seidenanzug, ein rundes ebenmäßiges Gesicht mit dichten Brauen über den geschlossenen Augen, die rechte Hand wie eine chinesische Drachenkralle vor dem Nabel, die linke ebenso gekrümmt vor der Wange. Da wurde ich neugierig. Ein Bekannter in F. vermittelte mir den Kontakt, denn der Bursche hatte gerade eine Schule eröffnet. Ich war unter seinen ersten Schülern. Als ich ihn anrief, duzte er mich. Er sprach deutsch, aber ich verstand ihn sehr schlecht, weil er nicht nur die R und die L verwechselte, sondern die Wörter merkwürdig aneinanderklebte.

> Liu Peh schaute sich den Mann genauer an. Er war noch größer als er und Tschang Feh; an neun Fuß mindestens mochte er messen, trug einen schönen, zwei Fuß langen schwarzen Backenbart, und seine Gesichtsfarbe zeigte ein gesundes, tiefrötliches Dattelbraun, von dem klare Phönixaugen seltsam hell abstachen. Seine dicken, buschigen Brauen glichen schlafenden Seidenraupen, alles in allem eine Respekt und Furcht einflößende Erscheinung.
>
> Liu Peh trat zu ihm hin, lud ihn an seinen Tisch, und man machte sich gegenseitig bekannt
>
> »Mein Name ist Kwan Yü«, stellte sich der Neuankömmling vor.
>
> *Die drei Reiche*

Als ich seine Schule betrat, fand ich ihn nicht ganz so schön wie auf den Fotos. Aber wie er da so locker auf mich zuging, strahlte er etwas aus: Ruhe, Gelassenheit, Freundlichkeit und tatsächlich Energie. Der Raum war groß, kahl mit grauem Teppichboden und voluminösen Topfpflanzen an der Fensterfront, einer Spiegelwand, einem Podest, einem Teewagen mit Kannen und hohen Tassen im weiß-blauen Reiskornmuster. Das Eindrucksvollste aber war eine frei im Raum stehende, mit blauem Stoff behangene Umkleide vom Typus Duschkabine. Darin ein weißer Plastikstuhl. Ich zog mich um, schlüpfte in meinen blauen Trainingsanzug, meine schwarzen Socken, die leichten Gymnastikschuhe. Der Meister trat auf in seinem schwarzseidenen Anzug, mit dem er auch im Buch abgebildet war. Auch einer der Schüler trug ihn.

»Schick«, sagte ich.

»Die habe ich in Schanghai nähen lassen«, sagte er. »Wenn du willst, kannst du auch einen haben.« Er klatschte in die Hände.

»Fangen wir an. Tun wir was«, sagte er und bildete mit uns einen großen Kreis. Ich zählte fünfzehn Leute.

Die Vorübungen, die ich schon zu Hause vor dem Spiegel ausprobiert hatte, liefen hier viel langsamer ab, einfühlsamer. Er ging von einem zum anderen und hielt seine Hand über oder auch unter die des Schülers.

»Sehr gut«, lobte er leise, als er bei mir angekommen war. Seine Hand strahlte. Das fühlte sich an, als nähere sich einem ein heißes Bügeleisen.

»Hast du das zu Hause nach dem Buch geübt?« fragte er. Das hatte ich in der Tat, wenn auch mit Unterbrechungen, drei bis vier Monate hindurch.

Er wollte wissen, ob ich das Energiegefühl, d.h. ein Kribbeln und ein Gefühl von Wärme, das vor allem in den Händen zu spüren sei, auch beim Allein-Üben gehabt hätte. Genauso war es.

Dann kam die quälerische Pferd-Stellung. Was heißt hier Pferd?! Ich sah uns im Spiegel. Lauter Osterhasen, die Männchen machen, dachte ich. Stellt euch einen Reiter vor, aber ohne Pferd. Du stehst in einer ziemlich tiefen Sitzhaltung. Tief einsitzen, lautet die Anweisung. Die Arme hältst du angewinkelt, die Unterarme in waagrechter Position, Handflächen locker nach unten gerichtet, Kopf gerade, Blick nach vorn. Im Hintergrund verbreitete eine CD, die der Meister hatte aufnehmen lassen und die man ebenfalls erwerben konnte, fernöstliches Flair. Die Zeiger der Wanduhr rückten erbarmungslos langsam voran. Zwanzig Minuten kommen dir wie eine Ewigkeit vor, wenn du dem Minutenzeiger zusiehst. Auch bei dieser statischen Übung stellte sich der Meister vor jeden einzelnen und lenkte ihn mit dem »Scherenfinger«, wie er sagte, langsam vor und zurück, auf und ab.

»Gehts nicht noch tiefer?«

Es ging… Meine Beine, yogagestählt, hatten kein Problem. Zwanzig Minuten Skiabfahrt im Schneepflug, dachte ich, aber nicht so lustig… Nur meine Sprunggelenke knacksten und rebellierten ein wenig.

Fragen kamen aus dem Schülerkreis.

»Was tut man, wenn man im linken Fuß einen Krampf hat?«

»Weitermachen.«

»Was tut man, wenn die Schultern schmerzen?«

»Weitermachen. Hast du sonst Schmerzen in den Schultern?«

»Ja.«

»Das nennt man den Abschiedsschmerz. Kümmere dich nicht darum und mach einfach weiter. Irgenwann bist du die Schmerzen los für immer.«

»Wann wird das sein?«

»Weiß ich nicht. Übe einfach weiter.«

Der Großmeister beendete »das Pferd« mit dreimaligem Ein- und Ausatmen, wobei er beim letzten Ausatmen mit den Handflächen vom Gesicht bis zu den Fußspitzen rasch seine Vorderseite abstreifte.

Ich schwitzte leicht unter den Achseln. Ein Handtuch hatte ich nicht dabei. Wir setzten uns im Schneidersitz auf das Podest. Auf Kosten des Hauses gab es einen sehr guten Jasmintee, frisch aus China, mit der Bitte, hinterher die Tassen abzuwaschen. Ich war putzmunter. Keine Rede davon, daß ich nachts nicht geschlafen hatte.

»Eigentlich dürfen Qi Gong-Meister nicht ausreisen«, sagte der große Meister. »Der Westen könnte zuviel Energie bekommen.« Er habe auch noch ein zweites Buch geschrieben, noch besser als das erste, über Tai Chi Chuan, sagte er, als ich ihn bat, mir sein Qi Gong-Buch zu signieren. Wir standen in seinem Büro. In einem offenen Regal stapelten sich seine Bücher, eine Auflage von 5000, wie er sagte. 150 habe er schon verkauft. Ich erwarb Nummer 151 mit Widmung. Er verdiene jetzt so viel, sagte er, daß er die Miete bezahlen könne, und noch ein bißchen darüber hinaus.

XXVII

DER CHEN-STIL

Zu Hause hatte ich in einem Tai Chi-Zentrum schon einige Kurse absolviert. Das fühlte sich ungefähr so an, als schwimme man mit Armen und Beinen in flüssiger Luft. Nicht unangenehm und durchaus entspannend. Hatte mir schon vor Jahren das große Buch eines japanischen Lehrers gekauft, auch ein Handbuch zum Selbststudium, und auch er ließ sich in so einem schwarzseidenen Anzug ablichten. Dieser Japaner war wohl überhaupt der erste, der in Deutschland Tai Chi Chuan gelehrt hatte. Alle meine Lehrer beriefen sich auf ihn. Und zwar gut zwanzig Jahre vor diesem Grünschnabel aus Schanghai, der tat, als habe er gerade das Pulver erfunden. Mein Japaner, sagte er, müsse das ja erst noch lernen. Daraus schloß ich, daß er etwas gegen die Japaner im allgemeinen hatte. Denn er machte sich lustig über ihre Rituale, ihre Regeln und vor allem über ihre Gürtel. In China zähle, so sagte er, was einer könne, nicht ob er einen Gürtel habe. Wenn er nichts könne, komme die Polizei. So einfach sei das. Auch vom sogenannten Yang-Stil, den ich gelernt hatte, hielt er nicht viel. Damit war es jetzt vorbei. Denn der Meister aus Schanghai unterrichtete den Chen-Stil. Und deshalb nenne ich ihn von jetzt an Meister Chen und gebe ihm zwei Vornamen, die im Chinesischen, wie wir gehört haben, immer nach dem Familiennamen stehen. Chen, Bao Lin, das klingt doch gut?!

»Was ist denn der Unterschied zwischen dem Yang-Stil, den habe ich nämlich auch gelernt, und diesem Chen-Stil?« fragte Ono.

»Eine Welt«, sagte Katharina. »Da gibt es Drehungen, Sprünge, verschiedene Geschwindigkeiten. Vor allem aber übt man mit stark gebeugten Knien. Je tiefer du stehst, desto anstrengender wird es. Macht aber großen Spaß. Bao Lin bewegte sich wie eine Großkatze. Der schaffte die 84 Stellungen in einer knappen Viertelstunde. Und sah auch noch gut aus. Ich kam in diesem Jahr leider nur bis Nummer 24 … und, ich muß gestehen, ich habe sie alle vergessen. Sehr schade. Das lag aber vor allem an diesem Burschen.«

»Du hast dich also auch für seinen Tai Chi-Kurs angemeldet«, fragte Ina.

»Ja, den gab er gleich im Anschluß an Qi Gong. Er machte eine Position zwei, drei Mal vor. Dann mußte man das zehnmal allein wiederholen. Er ging herum, korrigierte, hob da einen Ellbogen an, vergrößerte dort den Abstand der Arme zum Körper. Am Anfang habe ich mir noch nichts dabei gedacht, als er mit der ganzen Hand meine Oberschenkel, meine Waden berührte, sozusagen auf ihre Muskelkonsistenz befühlte.«

»Ein Qi Gong-Meister ist auch ein Arzt«, sagte er und bestätigte, daß ich Kraft in den Beinen hätte. Er machte das auch bei einer großen, gut gewachsenen Jura-Studentin mit dem poetischen Namen Beatrice und ging dabei vor ihr in die Hocke.

Die Wärme entwickelte sich bei mir auch zu Hause bis hin zum Schwitzen. Schwitzen sei sehr gut, sagte Bao Lin. Da gab es im Kurs einen Karatelehrer. Der mußte sich immer auf ein großes Handtuch stellen, damit er den Teppichboden nicht versaut. Der sah aus wie ein stehender Katarakt. Er troff von oben bis unten. Ich rückte immer ein paar Meter von ihm ab. War aber der einzige, der so unmäßig schwitzte.

XXVIII

SEELEN-SCHULTERMASSAGE

So etwa nach zwei Monaten, ich kam ja zweimal die Woche und nahm erst eine Stunde am Qi Gong, dann eine Stunde am Tai Chi Chuan teil, saßen Bao Lin und ich, ein jeder in seinem schwarzen Seidenanzug, im Schneidersitz auf dem Podest und tranken Tee. Die anderen waren schon gegangen. Bao Lin schien angestrengt sein Tai Chi-Buch zu studieren. Ich fragte ihn dies und das. Er reagierte abwesend. Also ging ich mich umziehen. Ich hatte schon meine schwarzen Cordjeans an und den engen Kaschmirpulli mit dem spitzen Ausschnitt.

»Würdest du mir die Schultern massieren«, fragte er unvermittelt. »Ich habe Rückenschmerzen.«

»Wie paßt denn das zu einem Qi Gong-Arzt und Großmeister?« spöttelte ich.

Er zog sein schwarzes Oberteil aus und trug darunter ein weißes Achselschlußhemd (»Schießer«, sagte Shakti. – »Nein, Calvin Klein.«) Zuerst stand ich hinter ihm und knetete ein bißchen seine Schultern. Er hielt ganz still. Du fehlst mir noch in meiner Sammlung, dachte ich. Sollte sich da ein Abenteuer anbahnen? Er wollte es bequemer haben. Wir gingen nebenan in sein Büro. Er legte sich auf die schwarze Ledercouch, nicht ohne vorher die Tür seiner Schule zum Treppenhaus hin abgesperrt und die Vorhänge im Büro zugezogen zu haben.

»Wegen der Spanner. Ich mag das nicht. Mit Fernglas von der anderen Seite.«

Um besser mit den Händen an ihn heranzukommen, kniete ich mich über ihn, innerlich schmunzelnd, vermied es jedoch, so gut es eben ging, ihn mit meinem Körper zu berühren. Mit den Händen bearbeitete ich sozusagen ausschließlich sein Unterhemd, sagte, für seine Haut benötigte ich ein bißchen Fett. Eine Lotion hatte er aber nicht. Am Ende legte ich mich auf ihn in der Kobra-Stellung, machte ein Hohlkreuz und überlegte, ob das harte Ding, das ich unter meinem Venushügel spürte, ein Knochen oder eine Erektion war. Er schloß die Augen. Die schönen Haare fielen ihm aus dem Gesicht, das sehr gelb und sehr rund unter mir lag. Seine Schultern und Arme kamen mir etwas mollig vor. Unter den Achseln hatte er ganz wenig schwarzen Flaum. Kurzum, dieser Bao Lin schien sich darauf zu freuen, von mir vernascht zu werden.

»Du verführst mich«, murmelte er hingerissen, griff unter meinen Pulli und zog mir den BH über den Busen nach oben, bevor er ihn hinten ganz aufhakte. Seine warmen Hände spielten an meinen Brustspitzen. Der konnte ja zärtlich sein, dachte ich überrascht. War doch sonst nicht der romantische Typ, jedenfalls kein Romeo.

»War dein Busen früher hart?« fragt er, unverschämt grinsend.

»He, der ist echt. Der war immer weich. Was denkst du … Da ist kein Paraffin drin.«

»Du liegst oben und ich unten«, sagt er lachend. »Das sollte umgekehrt sein.« Tut aber nichts, um seine Lage zu ändern.

Ich betrachte ihn neugierig. Wäre doch interessant, denke ich, ob dein kleiner Meister auch Energie abstrahlt, wie deine Hände. Könnte ich mir nicht unangenehm vorstellen.

> Was sie von Minute zu Minute mit Spannung erwartete, traf tatsächlich ein: je tiefer sein Botschafter in ihr Lustschlößchen eindrang und sich schließlich Eintritt in das hinterste Privatkabinett erzwang, desto mehr schwoll er, das fühlte sie deutlich, zu immer stärkerem Umfang an, desto mehr steigerte sich, das spürte sie deutlich, seine kühle Anfangstemperatur zu immer größerer Hitze. Schließlich war er zu einem derart stattlichen »Meister Horn« angewachsen, daß er das ganze Privatkabinett verstopfte und sich mit seiner Leibesfülle den Rückzug abschnitt und nicht mehr rühren konnte. Damit war für beide der Gipfel der Wonne erreicht.
>
> *Li Yü: Jou Pu Tuan*

Er zieht mein Hemd aus der Hose. Er hilft mir aus dem Pullover und stöhnt, weil sich vermutlich die Metallknöpfe meines Hosenschlitzes in seinen Bauch bohren. Oder gab es einen anderen Grund? Ich war durchaus nicht abgeneigt, es mit ihm zu versuchen. Als ich meinen Kopf auf ihn herabsenke, um ihn auf den Mund zu küssen, fahre ich zurück ... Ja, und da hatte ich plötzlich ein Problem. Am liebsten hätte ich ihm eine ganze Flasche Odol in den Mund gespritzt. Chen, Bao Lin, schön wie Pan An, litt an Mundgeruch. Er schien es nicht zu wissen. Und ich sagte nichts, erst recht nicht, daß es mich abstößt, wenn mein Lover aus dem Hals stinkt. Wir alberten ein wenig herum, bis sich die Situation sozusagen von selbst zerfaserte. Ich rettete mich in eine Binsenweisheit, sagte durchaus wahrheitsgemäß, ich legte Wert darauf, ihn als Qi Gong- und Tai Chi Chuan-Lehrer zu behalten ... hätte darüber nachgedacht. Wenn's da zwischen uns ein Problem gäbe, sei ich gleich zwei sehr gute Lehrer los. Und damit kletterte ich unverrichteter Dinge von ihm herunter und zog mich oben herum wieder an.

Das paßte ihm nicht. Er war leicht angekratzt.

»Ich habe eine Freundin«, sagte er. »Ich habe viele Frauen gehabt. Die Frauen werden süchtig nach mir. Das ist ein Problem, weil ich verheiratet bin, obwohl wir die Ehe sehr locker halten. Eine ist nach dem dritten Orgasmus ohnmächtig geworden.«

»Die war das halt nicht gewöhnt.« Ich lachte. »Drei hintereinander ... Davon werde ich immer munterer. Süchtig möchte ich nicht so gern sein.«

»Männer werden das auch nicht, nur Frauen«, sagte er.

Ich sah ihn zweifelnd an, dachte, ja, du vermutlich nicht. Bist eher von der kühlen Sorte.

»Liebe ist ja was Schönes«, sagte ich, »im Prinzip.«

»Erzähl es niemandem«, sagte er und setzte sich hinter seinen großen Schreibtisch.

»Du auch nicht … «

»Meine Frau mag es nicht, wenn ich abbreche. Sie will immer, auch wenn ich müde bin. Dann vergewaltigt sie mich.«

Warum erzählst du mir das, dachte ich.

»Ich werde dich nicht jedesmal auffordern, mich zu massieren.«

»Take it easy«, sage ich. »Morgen komme ich noch einmal.«

»Da kannst du meine Frau kennenlernen. Die kommt morgen auch in den Kurs.«

XXIX

FRAUEN

Als ich mich seiner Frau Laura vorstellte, sah ich sie mir genau an. Sie schien verwundert. Offenbar war sie es nicht gewohnt, daß Schüler ihres Mannes und schon gar Schülerinnen Notiz von ihr nahmen und sich ihr sogar namentlich bekannt machten. Sie interessierte mich. Eine schöne Frau, so groß wie Bao Lin und ebenso anmutig. Ihr Haar war lang und glatt. Sie trug es locker aufgesteckt. Vermutlich färbte sie es mit Henna. Von Natur mochte es dunkel sein. Ich sah in ein edel geformtes Gesicht mit zarter Haut, feiner, vorspringender Nase, gut geformten Lippen und schönen Zähnen. Die Ohren waren klein, die braunen Augen groß und strahlend. Der runde Hals, der in einem Pölsterchen unter dem eher zurückgenommenen als fliehenden Kinn endet, ragte fest und doch zart aus ihrem schwarzen Seidenstehkragen hervor. Sie hatte ein offenes Lachen. Irgendwie war ich zufrieden, daß Bao Lin eine so bildschöne Frau hatte. Hätte ich ihm gar nicht zugetraut. Sie müsse hinterher die Kinder abholen, sagte sie zu ihm, die hätten heute Projektunterricht. Offenbar hatte sie drei davon aus erster Ehe.

Chen, Bao Lin ließ sich nichts anmerken. Er war mir gegenüber wie immer, sagte leise »ja, sehr gut« und benutzte zum Korrigieren beide Hände, während er die anderen Schüler nur einhändig dirigierte. Ich fing im Gegensatz zum Vortag sofort an zu schwitzen. Ob er mir nun gezielt mehr Energie übertrug oder ob mein konstantes häusliches Üben plötzlich Wirkung zeigte, weiß ich nicht. Es sah jedenfalls nicht so aus, als bekämen wir wegen unseres verpfuschten Techtelmechtels miteinander Probleme.

Die Frauen waren, wie mir schien, der Dreh- und Angelpunkt, vielleicht sogar ein wunder Punkt in Bao Lins Leben. In irgendeinem Zusammenhang erzählte er mir, er habe eine Frau und einen halbwüchsigen Sohn in China zurückgelassen, als er nach Deutschland ging. Seinen spärlichen Andeutungen entnahm ich, daß er der chinesischen Frau nicht unbedingt nachweine … Er hatte ja hier reichlich Ersatz … wohl aber seinem Sohn. Er wolle, daß er nach Deutschland komme. Seine Mutter aber sei dagegen. In den Schulferien ja, sage sie, aber nicht für immer.

»Die Chinesinnen sind nicht emanzipiert wie die deutschen Frauen«, sagte er.

Ein Musterexemplar dieser von ihm offenbar so bewunderten Frauen erschien eines Tages im Kurs, Imme, ein wahrer Wirbelwind. Sie fegte geradezu herein, konnte drei Räder hintereinander schlagen und beherrschte auch den Handstand, was sie uns sofort und unaufgefordert vorführte. Bao Lin, dem diese Demonstration wohl ausschließlich galt, blickte auf. Freilich an äußerer Attraktivität konnte Imme es keineswegs aufnehmen mit der schönen Laura. Sie war eher unscheinbar, sehr klein und wohl auch nicht mehr ganz so jung, wie sie sich gab.

Bao Lin begutachtete mit der Hand, wie er es zu tun pflegte (»Ich darf alles!«) ihre Beinmuskulatur.

»Du bist beweglich«, sagte er. »Aber du hast keine Kraft.«

»Ich, keine Kraft? Hast du eine Ahnung.« Imme hob ihre angewinkelten Arme, als wolle sie ihre Muskelpakete zeigen.

Bao Lin lachte.

»Die meisten Leute stört der Gedanke, daß Tai Chi auch etwas mit kämpfen zu tun hat«, sagte er. »Sie glauben, Tai Chi sei gewaltlos, eine Art Meditation. Das stimmt aber nicht.«

Er zog sein Seidenoberteil aus, stand nun im diesmal schwarzen Calvin Klein-Unterhemd, stellte sich breitbeinig hin und forderte jeden im Raum auf, eine kleine Kampfübung mit ihm zu machen.

> Aller Augen wandten sich dahin. Sie sahen einen Kämpen stehen, neun Fuß mochte er an Größe messen, sein Bart war zwei Fuß lang; rotbraun, von der Farbe der Dattel, war seine Gesichtshaut; seine Stimme dröhnte tief wie eine Tempelglocke.
>
> *Die drei Reiche*

»Man steht sich gegenüber«, sagte er. »Die erhobenen Handgelenke werden gekreuzt. Komm her«, sagte er zu Imme. »Versuch doch, mich umzuwerfen.«

Wie zu erwarten, dauerte es keine zehn Sekunden und Imme ging kreischend zu Boden.

»Au, du bist gemein. Das tut ja weh«, rief sie und rieb sich schimpfend das Handgelenk.

Der immer so stark schwitzende Karatemeister trat als letzter vor und hob die Rechte, weil auch Bao Lin seine Rechte in Kopfhöhe gehoben hatte. Handgelenk gegen Handgelenk versuchten beide nun durch Druck und Gegendruck unter Einsatz des Körpergewichts einander umzuwerfen. Bao Lin stand ziemlich tief. Der Karatemeister fiel zwar nicht gleich um, hielt sogar länger stand als die übrigen. Aber auch ihm gelang es nicht, Bao Lin, und sei es nur einen Schritt breit abzudrängen, geschweige denn, ihn zu Boden zu schicken. Der machte plötzlich eine kleine Drehung in der Taille, setzte blitzschnell die zweite Hand ein und der Karatekämpfer landete auf dem Teppichboden.

> Kwan Yü schwang sich in den Sattel, packte seinen blauen Drachen und sprengte in die Ebene hinab, mitten auf die feindlichen Reihen zu. Seine ungewöhnliche Erscheinung, sein wehender Bart, seine geweiteten Phönixaugen, seine aufwärts gesträubten Brauen ließen die Krieger des Nordens vor ihm scheu zuückfluten wie eine zusammengefallene Brandung.
>
> *Die drei Reiche*

Bao Lin schlüpfte grinsend in sein schwarzes Seidenoberteil.

»Die alten Chinesen haben gesagt: Mit vierhundert Gramm steuert man tausend Kilogramm. Das bedeutet: Wenn man gewinnt, dann nicht nur durch die eigene Kraft, sondern auch durch die Kraft des Gegners. Warum willst du nicht mitmachen, Katharina?«

»Um Himmelswillen«, sagte ich. »In Beruf und Privatleben hab ich genug Kampf. Das reicht.« Allerdings leuchtete mir der Gedanke, im Kampf die Kraft des Gegners zu nutzen, um die eigene zu schonen, durchaus ein. Das Prinzip wollte ich mir merken.

»Mein Meister«, sagte Bao Lin, »ist einen Meter zweiundsechzig groß. Er kann die größten Muskelpakete besiegen … mit zwei Fingern. Um zu trainieren, muß ich jedes Jahr zu ihm nach China fahren. In Europa habe ich keinen Gegner.«

> Und schon war er, seine Langschaftsichel in der Faust, zum Lagertor hinausgesprengt. Dann wurde dumpfes Trommel- und Gongdröhnen zum Zeichen des Kampfbeginns hörbar. In atemlosem Schweigen lauschten die Herren im Feldherrnzelt einem kurzen, gewaltigen Kampfgetöse vor dem Lager. Danach verstummte dieses, und dem Zelt näherte sich das Bimmeln der Schellen eines Pferdehalses. Kwan Yü erschien im Zelteingang, das bluttriefende Haupt seines Gegners in der Hand.
>
> *Die drei Reiche*

Ganz schön aufgeblasen, dachte ich. Da nimmt einer den Mund aber randvoll.

»Ich bin Schauspielerin«, sagte Imme, als wir hinterher auf dem Podest saßen und Tee tranken. »Ich arbeite als Moderatorin beim Fernsehen.«

Bao Lin hatte sofort eine Geschäftsidee, sagte, er sei schon einmal ausführlich vom Rundfunk interviewt worden. Es gebe sogar eine Kassette. Einen Film mit ihm oder über seine Schule im Fernsehen, das fehle ihm noch. Und er fragte Imme, ob sie das vermitteln könne.

Sie versprach, ihre einflußreichen Freunde zu befragen. Das ließe sich wohl einrichten, daß die eine Sendung machten mit Bao Lin. Er beschnupperte ihr Parfum, sagte, das sei auch das seine: Calvin Klein, ein Herrenduft. Imme beroch auch mein Handgelenk.

»Paloma Picasso«, sagte ich.

»Das paßt zu dir, sehr weiblich und eine Spur maskulin. Riech mal bei ihr«, forderte sie Bao Lin auf.

Ich konnte es mir nicht verkneifen, ihm das geballte Fäustchen unter die Nase zu halten.

»Mein Tai Chi-Buch läuft hervorragend. 2000 Exemplare sind bereits verkauft. Ich habe schon 6000 Mark verdient.« Bao Lin trat ans Fenster und forderte alle noch anwesenden Schüler auf, einen Blick in den Hinterhof zu werfen. Da stand groß, glänzend und blitzblau ein Luxusschlitten.

»Mein neuer Toyota«, stellte er ihn uns vor, sichtlich stolz.

»Ich denke, du magst die Japaner nicht«, sagte ich.

»Stimmt, aber sie machen die besten Autos.«.

Ich meinte zu erraten, was er sagen wollte. So ein toller Hecht wie er, der müsse doch einfach ins Fernsehen kommen. Der Angelhaken der Radschlagkünstlerin saß offenbar fest.

XXX

DER WOCHENENDKURS

»Freust du dich auf den Kurs?« fragte mich Bao Lin.

Zum ersten Mal gab er einen Wochenendkurs: eine Stunde Qi Gong, danach drei Stunden Tai Chi Chuan, jeweils Samstag und Sonntag. Ich hatte mich sofort angemeldet und freute mich. Leider wollte auch diese Nervensäge Imme teilnehmen. »Du kannst bei mir übernachten«, sagte sie, hatte mir sogar ihre Telefaxnummer auf meine Fahrkarte geschrieben, die ich bei meiner Ankunft im Bahnhof, als ich wie gewohnt, die verbrauchte Karte in den Bahnhofsmülleimer steckte, aus Versehen mitentsorgte. Nicht nur, daß sie voll auf Herzchen, auf Weibchen machte, nervte mich. Vermutlich war sie ja dumm wie Bohnenstroh. Am meisten ärgerte ich mich aber über mich selber, weil ich mich von ihr provozieren ließ und durchaus nicht immer auf der Höhe meiner Schlagfertigkeit reagierte. Bei ihr verließ mich mein Witz. Sagte ich in irgendeinem Zusammenhang, ich schriebe Kurzgeschichten, konterte sie sofort, davon könne man aber nicht leben. Als Bao Lin erzählte, ich käme jede Woche zwei Stunden mit dem Zug angereist, um seine Kurse zu besuchen, sagte sie prompt, ich müsse aber gut verdienen, daß ich mir jede Woche Bahnfahrt und Kurs leisten könne. Ich hatte schnell herausgefunden, daß sie eine kleine Schauspielerin ohne Engagement war. Und ich hätte zehn zu eins gewettet, daß sie auch als Moderatorin eher unter ferner liefen rangierte. Jedenfalls konnte ich mich weder an ihr Gesicht noch an ihren Namen erinnern, und den anderen Schülern ging es ebenso. Das war jedoch nicht der Punkt. Sie mochte sein wer und was auch immer sie wollte. Aber auch Bao Lin ging mir nun auf den Geist, weil er alle und jeden instrumentalisierte. Zwei Schüler arbeiteten beim Finanzamt, sagte er. Durch sie habe er einen guten Draht. Nun erhoffte er sich einen Fernsehauftritt ausgerechnet durch diese Gans. Auch das ist nun nicht weiter schlimm. Aber seit diese Zicke im Kurs war, wurde für meinen Geschmack zuviel gealbert und gequasselt. Diese ausufernden Privatgespräche, sagte ich zu Bao Lin, beeinträchtigten meine Konzentration und wirkten sich auch negativ auf die Kursdisziplin aus. Wenn das Gequatsche überhand nehme, wolle ich nicht mehr kommen.

»In China unterrichtet jeder Meister nur einen Schüler«, sagte er und nickte.

Wir waren zu dritt, Bodo, ein blasser Informatiker, der wie ich von Anfang an dabei war, Imme und ich.

Zwischendurch zeigte uns Bao Lin verschiedene Tai Chi-Figuren, die wir schon gelernt hatten, und demonstrierte, wie man sie bei Angriffen einsetzen könne. Diesmal nahm ich teil. Es gelang ihm nicht oder er verzichtete freundlich darauf, mich umzuwerfen. Aber ich hatte hinterher am Arm einen großen blauen Fleck.

Imme taten nach drei Stunden die Beine weh. Sie wurde quengelig und fing an zu jammern.

»Bao Lin, wir sind doch zwei alte Frauen«, klagte sie. Es sollte wohl lustig wirken, aber ich war wütend.

»Das ist die letzte Frechheit«, sagte ich. »Typisch Weib. Immer gleich im Plural. Sei so gut und rede von dir, wenn dir die Knie weh tun.«

»Ich wollte doch nur den Schutz vor Bao Lins Powerspielchen auch auf dich ausdehnen«, sagte sie vorwurfsvoll.

»Heut hast du bei mir verschissen«, sagte ich und zeigte, wenn auch lachend, meine Zähne.

Als sie einen selbstgebackenen Kuchen auspackte, versuchte ich, meinen Unmut in Zaum zu halten.

»Jetzt hast du bei mir wieder einen Stein im Brett«, knurrte ich, bekam prompt einen Kuchenbrösel in die Luftröhre und verdarb meinen forschen Auftritt mit einem Hustenanfall, der mir die Tränen in die Augen trieb.

»Du, die ist schwierig«, sagte Imme laut zu Bao Lin. Der grinste.

Imme zog aus ihrem schwarzen Lederrucksäckchen ein Buch, in dem sie gerade las, über Frauen. Es handele von Touristinnen in arabischen Ländern, sagte sie.

»Ich soll einen Film drehen in Mali über die Beschneidung von Frauen. Es gibt schon ein Hilfsprogramm zur Umschulung für die Beschneiderinnen. Ich bin noch nie in einem islamischen Land gewesen. Deshalb lese ich das.«

Bao Lin begriff nicht ganz, worum es dabei ging, ließ sich von Imme das mit der Beschneidung erklären.

»Wie dumm das ist von den Männern«, sagte er, »wenn die Frau keinen Spaß am Sex haben darf.«

Die Luft war erotisch geladen. Bao Lin stand auf, um uns seine neue Verstärkeranlage vorzuführen, und plötzlich dröhnte Technomusik im Raum, daß einem die Ohren zufielen. Imme ruderte mit den Armen in der Luft und zappelte ein bißchen herum, als wolle sie tanzen. Die Lautstärke schien sie nicht zu stören. Sie machte auch keinerlei Anstalten zu gehen, als Bodo und ich schon zusammenpackten. Ich verabschiedete mich mit einem Lächeln, um Bao Lin die Freude an seiner technischen Neuerwerbung nicht zu verderben. Als wir draußen waren, schüttelte Bodo den Kopf.

»Das hätte jetzt nicht sein müssen«, sagte er.

Schon im Treppenhaus hörten wir, wie die Tür ins Schloß fiel und mit einem Schlüssel abgesperrt wurde … von innen.

Mein Zug ging erst kurz vor acht. Ich begab mich in das angrenzende Straßencafé, um einen Salat zu essen. Imme hatte gesagt, hier verkehrten berühmte Leute, auch Künstler. Als ich in Richtung Taxistandplatz aufbrach, kamen mir zu meiner Verwunderung Bao Lin und seine schöne Frau entgegen. Ich bräuchte kein Taxi, sagten sie. Sie nähmen mich mit zum Bahnhof. So hatte ich zum ersten Mal die Ehre, in den neuen blitzeblauen Toyota einzusteigen. Bao Lin öffnete mir die hintere Tür. Seine Frau saß vorn. Mit Staunen bemerkte ich im Rückspiegel, daß Bao Lin zum Autofahren eine Brille aufsetzte, zum

Auto passend, eine modische Porschebrille mit Goldrand. Ich erinnerte mich gut, daß er beim Tee einmal erzählte, er habe eine Unfallversicherung abgeschlossen. Ein Unfall könne schließlich auch einem Qi Gong- und Tai Chi-Lehrer zustoßen. Die Krankenversicherung jedoch könne er sich sparen. Ein Tai Chi Chuan- und Qi Gong-Großmeister werde nicht krank.

»Du trägst als Qi Gong- und Tai Chi-Großmeister zum Autofahren also eine Brille«, sagte ich spöttisch.

»Ich trinke gern schottischen Whisky, deutsches Bier und rauche englische Zigaretten«, sagte er. »Das darfst du aber meinem chinesischen Meister nicht erzählen.« Er lachte und zwinkerte mir durch den Rückspiegel zu.

»Er verdirbt sein Yogagleichgewicht«, sagte Laura und zuckte die Achseln.

Wenn du wüßtest, dachte ich.

XXXI

DIE HEXE

An diesen Wochenendkurs schloß sich für mich ein längerer Urlaub an, den ich gemütlich zu Hause in Basel verbringen wollte. Ich hatte Bao Lin davon erzählt. Wie jedes Jahr beabsichtigte er, im Spätsommer einige seiner Schüler auf eine Chinareise mitzunehmen. Das hätte mich natürlich gereizt, nach China mit einem Chinesen, der sich auskannte, jenseits der üblichen Touristenpfade. Es sollte anders kommen. Sein Sohn wollte seine Ferien in Deutschland verbringen. Also mußte die Chinareise ausfallen.

Wie erstaunt aber war ich, als bei mir das Telefon klingelte und sich die Kriminalpolizei von F. bei mir meldete. Eine Männerstimme fragte mich, ob ich die und die sei und ob ich einen Herrn Bao Lin Chen kenne und eine Frau Imme Mack. Das konnte ich ja nun nicht leugnen. Ob ich gesehen hätte, fragte er, daß die beiden sich geküßt hätten. Da begann es in meinem Kopf zu klingeln.

»Wieso?« frage ich. »Hat sie ihn angezeigt wegen sexueller Belästigung?«

»Nein«, sagte der Mann. »Wegen Vergewaltigung. Wie kommen Sie denn auf sexuelle Belästigung?«

»Na, wenn Sie mich fragen, ob die beiden sich geküßt haben. Das wäre doch naheliegend oder nicht?«

Dieser Kripobeamte war mit dem Fall betraut. Er mußte ihn bearbeiten und hatte die beiden wohl auch schon verhört. Wie kam der aber zu meiner Adresse und Telefonnummer? Da fiel mir ein, daß nicht nur Imme mir ihre Adresse und Telefonnummer gab, die ich aus Versehen in den Müll warf, sondern auch ich ihr die meine. Und die benutzte sie nun, um mich als Zeugin der Anklage anzugeben. Das war stark. Ich sagte natürlich wahrheitsgemäß, ich hätte gar nichts derartiges gesehen und es interessiere mich auch nicht, was zwischen den beiden vorgefallen oder nicht vorgefallen sei.

Der Kripobeamte belehrte mich sofort, es werde zur Verhandlung kommen, und ich sei verpflichtet, vor Gericht auszusagen. Die Vorladung werde mir noch zugestellt. Das könne wohl etwas dauern. Aber ich dürfe mich meiner Zeugenaussage nicht entziehen.

Vor meinem geistigen Auge lief ein Film ab. Vermutlich passierte es, wie es bei mir passieren hätte können, wenn es denn passiert wäre: auf der bewußten schwarzen Ledercouch in seinem Büro. Er sperrte die Tür zum Treppenhaus zu, als die letzten Schüler gegangen waren. Er zog die Vorhänge zu, damit die Spanner von gegenüber nicht mit ihren Ferngläsern zukucken konnten. Imme bemerkt seinen Mundgeruch. Bis dahin liegen wir gleich. Dann aber unterscheiden wir uns ...

Ich erwartete eigentlich, daß Bao Lin mich anrief. Er mußte doch wissen, daß diese Zimtziege mich als Zeugin angegeben hatte. Ausgerechnet mich. Doch mein Urlaub ging zuende, ein Monat nach dem anderen vergingen, ohne daß er sich meldete. Und ich hatte keine Lust, ihn anzurufen. Du bist schuld, dachte ich, du hast mir deine schönen Kurse versaut. Eine kleine Schadenfreude konnte ich mir nicht verkneifen. Wenn er etwas von mir wollte, dachte ich, würde er sich schon melden.

Als er mich tatsächlich anrief, war Januar oder Februar. Seine Stimme klang gepreßt.

»Du hast dir aber Zeit gelassen mit deinem Anruf«, grantelte ich.

Er murmelte allerlei in den Hörer, was ich nicht verstand, weil er so undeutlich sprach.

»Bao Lin, am besten erzählst du mir jetzt, wie sich diese Geschichte überhaupt zugetragen hat. Wo ist es denn passiert?«

»Bei ihr zu Hause in ihrem Bett«, sagte er.

Als ich ihm auf den Kopf zusagte, daß das nicht stimme, gab er kleinlaut zu, es sei in seinem Büro gewesen. Die schwarze Ledercouch, dachte ich es mir doch.

»Es wäre besser gewesen, mit ihr ins Hotel zu gehen. Dann käme sie jetzt in Erklärungsnot.«

»Aber sie ist einverstanden gewesen«, sagte er. »Sie hat mir sogar mit der Hand geholfen, eine Erektion zu kriegen. Das habe ich dem Kripobeamten bei der Vernehmung aber nicht gesagt. Die Anwältin hat gesagt, ich soll das in der Verhandlung lieber nicht erwähnen. Die Imme behauptet jetzt, ich hab sie ins Zimmer gedrängt. Stocksteif, sagt sie, hat sie auf der Couch gelegen und alles über sich ergehen lassen, starr vor Schreck. Sie sagt, sie hat mich angefleht, es nicht zu tun, und mich sogar an meine Frau und meine Kinder erinnert. Dabei bin ich hinterher mit ihr ins Restaurant gegangen. Wir haben zusammen was getrunken. Ich hab sie zum Essen eingeladen. Ja, und da habe ich ihr gesagt, daß es bei diesem einen Mal bleibt, daß unsere Geschichte nicht fortgesetzt wird und daß ich meine Frau nicht verlassen werde. Da war sie sauer und ist nicht mehr in den Kurs gekommen. Dafür hat sie mir von Hand einen Brief geschrieben mit ihrer Kontonummer und hat ihr Geld zurückverlangt.«

»Hast du den Brief noch?«

»Den hab ich gleich weggeworfen.«

»Das ist schlecht.«

»Ja, und dann hat ein Mann angerufen und gesagt, das wird mir noch sehr leid tun.«

»War das ihr Freund?«

»Weiß ich nicht. Er hat seinen Namen nicht genannt, nur gedroht. Jetzt behauptet sie auch, ich hab sie geschlagen oder so was, daß sie nachher zum Arzt, zum Psychiater oder was weiß ich, gegangen ist.«

»Hör zu«, sagte ich zu ihm. »Du hast es ja eigentlich nicht verdient, aber ich will dir helfen. Vor allem gebe ich dir den guten Rat, zuerst deiner Frau reinen Wein einzuschenken. Und nimm sie auf jeden Fall mit in die Gerichtsverhandlung. Bitte sie darum, daß sie dich begleitet. Und wenn sie dich nach dieser Geschichte nicht zum Teufel jagt, bist du ihr schwer was schuldig. Überlege dir am besten jetzt schon, was du ihr Schönes schenkst. Das ist das mindeste, was du für sie tun kannst. Vor meiner Zeugenaussage brauchst du keine Angst zu haben. Ich werde dich nicht in die Pfanne hauen. Ich werde nicht gegen dich und nicht für diese Dame sprechen. Ich werde sagen, was ich gesehen habe, nämlich nichts. Da kannst du ganz sicher sein … «

»Ich bin kein Vergewaltiger. Das hat die sich alles ausgedacht, um mich zu erpressen.«

»Ich weiß, daß du kein Vergewaltiger bist. Aber eines mußt du auch wissen: Wenn ich dir helfen soll, darfst du mich nicht anlügen.«

Er stammelte noch allerlei schwer Verständliches in den Hörer, nicht nur weil er die Silben miteinander verklebte und in der Aufregung wieder die R mit den L vertauschte. Eines aber war ganz offensichtlich, daß dieser Liebhaber und Liebling der Frauen plötzlich die Welt nicht mehr verstand.

XXXII

ZEUGIN DER ANKLAGE

Es lag mir daran, einen starken Auftritt zu inszenieren. Seriös wollte ich wirken, als ginge ich in ein Vorstellungsgespräch für einen hohen Posten. Bao Lin kannte mich nur in Jeans oder im schwarzen Seidenanzug. Riet ihm, daß auch seine Frau sich möglichst elegant stylen solle. Ich wählte also ein leichtes englisches Kostüm mit tiefblauer Hemdbluse und schlang mir ein gelb-weiß-blaues Seidentuch von Hermès um die Schultern. Dazu blaue Bally-Lochpumps, sorgfältiges Make-up, frisch gekürzte und gewaschene Haare und Schmuck, dezent, aber edel.

Die Hauptverhandlung war öffentlich und lief seit elf Uhr, wie man an der Saaltür lesen konnte. Mein Zeugentermin war auf 13 Uhr 45 angesetzt. Da stand ich nun vor der hohen Eichentür des Gerichtssaals im Amtsgericht von F., durfte nicht hinein, vertrat mir derweilen im Flur die Füße und wäre gar zu gern Mäuschen gewesen. Es gab einen Richter und zwei Schöffen, als Klägerin Immes Anwältin, Imme selbst als Nebenklägerin und Zeugin, eine Staatsanwältin, Bao Lin als Beklagten und seine Verteidigerin im Strafprozeß, sowie sechs Zeugen. Vor mir wurden vernommen Immes Lebensgefährte mit Wampe ganz in Schwarz, in der Mitte der Ohrmuschel, horizontal gepierct, ein goldener Ohrring, und ihre Psychotherapeutin. Da fiel mir wieder ein, daß sie beim Tee von ihren Depressionen gesprochen hatte. Die Psychotante hat ihr vermutlich den Einsatz von Gewalt seitens des Vergewaltigers bescheinigt. (Hat ihr Freund sie noch vorsorglich vertrimmt, daß es auch danach aussah?) Als ich endlich aufgerufen wurde, war es bereits drei Uhr. Ich warf einen kurzen Blick auf die Stuhlreihen im hinteren Teil des Saales. Vier waren besetzt, offenbar mit Prozeßbeobachtern, alten Männern und jüngeren Frauen. Unter ihnen erkannte ich Laura Chen, Bao Lins Frau.

»Guten Tag«, sagte ich und setzte mich auf den Stuhl in der Mitte des Gerichtssaals vor den Richtertisch, eine weibliche Dreieinigkeit aus Imme, Anwältin und Staatsanwältin zur Linken *(When do we three us meet again in lightning, thunder and in rain?)*, Bao Lin mit seiner Anwältin zur Rechten. Imme, ganz in Schwarz, die Haare halblang, schwarz gefärbt und toupiert, hatte etwas von einer zerzausten Amsel. Als sie mich sah, strahlte sie übers ganze Gesicht und winkte mir zu mit beiden Händen, was ich jedoch geflissentlich übersah. Ihre Anwältin, dünnlippig und spitznäsig, mit graumelierten Kruseln auf dem Kopf, war sehr blass. Sie trug eine schwarze Amtsrobe. Desgleichen die Staatsanwältin mit braunem Kurzhaarschnitt, deren Augen leicht vorquollen. Die Strafverteidigerin an Bao Lins Seite, eine dickliche, robust aussehende Frau mit kurzen, dunkelblonden Haaren sprach mit rauher, etwas polternder Stimme. Der Delinquent, auch er in Schwarz, saß nach vorne gebeugt neben ihr. Er nickte mir müde zu. Diesen Wink erwiderte ich.

Eingerahmt von den zwei Schöffen, einem Mann und einer Frau, die nicht weiter auffielen, saß der Strafrichter vor mir. Seine Gesichtshaut zeigte sportliche Sonnenbräune. Sein dunkelblondes Haupthaar zeichnete sich aus durch einen modischen Afrolook. Von ihm, so mein Eindruck, hatte Bao Lin wohl am wenigsten zu befürchten.

Nachdem ich meine Personalien angegeben hatte, fragte mich der Richter, wie mir schien, sehr freundlich, ich sei ja nun schon länger in der Schule für Tai Chi gewesen, ob ich nicht erzählen wolle, wie ich dahingekommen und wie das dort so gewesen sei.

Erzählte ich also von Meister Chen's Büchern, vom Chen-Stil, den er lehre, vom Zugewinn an Energie und von Meister Chen' s Fähigkeit, diese auf seine Schüler zu übertragen. Er sei, sagte ich, ein hervorragender Lehrer und, da lächelte ich, das, was man heute einen *womenizer* nenne.

»Was verstehen Sie darunter?« fragte die Staatsanwältin strengen Blicks.

»Einen Mann, der die Frauen liebt und den die Frauen lieben.«

Ich sprach von den Radschlägereien und der Aufdringlichkeit der Nebenklägerin, die alles daran gesetzt habe, ihn sich zu angeln, obwohl sie wisse, daß er glücklich verheiratet sei. Gewalt widerspreche nach meiner Einschätzung dem Naturell dieses Mannes, auch dem, was er lehre. Das sei weder Kung fu noch Kickboxen noch Karate-Kampfsport, sondern eine Art sanfter chinesischer Heilgymnastik, weit entfernt von jeglicher Brutalität. Ich hielte ihn für keinen Vergewaltiger und hätte auch nichts dergleichen je gesehen oder gehört.

Der Richter ließ mir das Wort. Bao Lins Strafverteidigerin schien mir gar nicht zuzuhören. Erst nachdem ich schon gut zehn Minuten geredet hatte, sah sie mich plötzlich an. Jetzt erst war bei ihr der Groschen gefallen, daß die Zeugin der Anklage für den Angeklagten plädierte. Ich hatte das Gefühl, daß sie keinerlei Sympathie hegte für den schönen Chinesen an ihrer Seite. Und mit Sicherheit hatte auch Bao Lin keinen Draht zu diesem poltrigen Dragoner mit der rauhen Stimme. Dabei hatte ich ihm vorher dringend empfohlen, sich als Strafverteidiger einen Mann zu nehmen, der für seine Belange Empathie entwickeln könne. Er saß da mit gesenktem Kopf gegenüber einer Phalanx von Rachegöttinnen, eine häßlicher und biestiger als die andere. Als meine Vernehmung beendet war, bat ich, im Gerichtssaal bleiben zu dürfen. In der Pause, die Zuhörer begaben sich auf den Flur, begrüßte ich Bao Lin mit Händedruck, seine schöne Frau mit Küßchen auf die Wange.

»Du siehst gut aus«, sagte er, »sehr schick.«

Ich zog die beiden fort von den Schwarzamseln, die ihre Köpfe zusammensteckten, falls Imme nicht etwa noch auf die Idee kam, mich anzusprechen. Laura tat mir leid. Ich hängte mich bei ihr ein.

»Das kommt«, sage ich, »von den offenen Zweierbeziehungen.«

Sagte sie, sie habe nicht gewußt, daß sie eine solche habe.

Klassisch, dachte ich. Bao Lin hat also wieder einmal gelogen. Wie steht es doch bei Dario Fo? Eine offene Zweierbeziehung funktioniert, wenn sie nach einer Seite offen ist, der des Mannes. Ist sie jedoch nach zwei Seiten offen, entsteht Durchzug.

»Deine schöne und loyale Frau kannst du in Gold fassen«, sage ich leise. Nach der Pause setzte ich mich solidarisch neben sie.

Was konnte ich für ihn tun? Ich trug dazu bei, daß ihm das Strafmaß gemindert wurde. Statt drei Jahren Knast, wie die Staatsanwältin forderte, ein Jahr und drei Monate auf Bewährung. Klar, daß er auch dies nicht einsah. Als Gipfel der Ungerechtigkeit jedoch erschien ihm, daß er seinem »Opfer« 4000 Mark Schmerzensgeld zu überweisen hatte, zahlbar in zehn Monatsraten. Daher wehte wohl der Wind der Gegenseite von Anfang an. Arbeitslose Schauspielerin. Ich konnte es ihm nachfühlen.

Am Ende schien der Richter selber nicht so recht an sein Urteil zu glauben. Ihm unterlief mehrfach, die als Nebenklägerin auftretende Dame Imme als Beklagte zu bezeichnen. Freud hätte seine Freud' gehabt. Der Mann mit dem kecken Afro war der rachedürstenden Feministinnentruppe nicht gewachsen. Seine Sympathien für den Angeklagten wurden deutlich, als er zum Schluß zugab, was hier verhandelt werde, könne heute jedem Mann passieren. Die im Gerichtssaal anwesenden Rentner pflichteten ihm bei.

»Jawoll, ganz recht, genauso isses.«

Der blaue Toyota setzte die brummige Strafverteidigerin vor ihrer Kanzlei ab.

»Falls Sie Berufung einlegen wollen, melden Sie sich bei mir.«

Laura wollte nach Hause zu den Kindern. Bao Lin brachte mich zum Bahnhof.

»Viertausend Mark für nichts. So eine Gemeinheit. Dabei hat sie mich erpreßt. Der Brief, den sie vor Gericht gezeigt hat, war mit dem Computer geschrieben. Der war falsch. Sie hat mir einen ganz anderen geschrieben, mit der Hand.«

»Den du weggeworfen hast. Also kannst du nichts beweisen. Da steht Aussage gegen Aussage.«

»Ich habe ihr doch nichts Böses getan? Ich bin sogar hinterher mit ihr Essen gegangen.«

»Und dann hast du ihr gesagt, daß du deine Frau liebst.«

»Soll ich in Zukunft ins Puff gehen?« fragte er durchaus nicht rhetorisch.

»Für das Geld, das ihn der Prozeß gekostet hat, hätte er sich die erstklassigste und teuerste Edelnutte nehmen können«, sagte Schakti. »Was hast du ihm geantwortet?«

»Ich hab gesagt: Bao Lin, du bist ein hervorragender Lehrer. Du bist ein netter Mensch. Aber als Mann bist du ein Vollidiot.«

AUF DEM HOCHSEIL

1.

Zehntausend

»Ich brauche zehntausend«, sagte er.

»Soviel habe ich nicht, und selbst wenn ich sie hätte, würde ich sie dir nicht geben.«

»Martha, bitte ... Du mußt mich verstehen«, sagte er. »Dann leih mir wenigstens zwei- oder dreitausend. Fürs erste dürfte das vielleicht reichen. Den Rest kriege ich schon noch irgendwie zusammen.«

»Wieso brauchst du jetzt plötzlich Geld? Du hast mir doch dieses dicke Kuvert gezeigt mit den elftausend, alles in großen Scheinen. Zumindest hast du gesagt, daß es das ist.«

»Aber das habe ich dir doch erzählt. Das mußte ich diesem Autofritzen geben, damit der den Transporter kaufen kann. Dafür läßt er mich bei sich schwarz arbeiten. An das Geld komme ich nicht ran.«

»Ich verstehe das nicht. Du hast doch noch dein Pfarrergehalt?«

»Also bitte, ich habe genau siebenhundert. Und die habe ich Margarete gegeben, um sie zu beruhigen. Ich schulde ihr Geld. Sie setzt mir das Messer auf die Brust, will mich wieder in den Knast bringen.«

»Sie erpreßt dich?!«

Er nickte.

Martha hatte nicht mit ihm gerechnet. Er sei hier, sagte er am Telefon, habe eine Fahrt nach Frankfurt Flughafen und zurück mit seinem Wagen. Hundert Riesen bringe ihm das. Er mußte aus einer Telefonzelle ganz in der Nähe angerufen haben, denn Minuten später stand er an der Tür. Sie musterte ihn schweigend. Er trug wieder schwarze Hose zu schwarzem Hemd und darüber diese vom vielen Waschen verschossene und aus der Façon gegangene Leinenweste in Schlammgrün. Das schmale Gesicht mit den weit aufgerissenen blassen Augen unter tragischen Stirnfurchen erschien ihr noch zarter dadurch, daß er die mausbraunen Haare extrem kurz hatte scheren lassen.

»Darf ich hereinkommen?« fragte er leise und hielt den Kopf schief zur rechten Schulter geneigt.

Sie war auf Besuch nicht vorbereitet, bequemte sich dann doch, ihm eine Kanne Kaffee zu machen, und stellte schweigend den Teller mit ihrem eigenen Abendbrot auf den Balkontisch, zwei Butterbrezeln, die er achtlos und mit sichtbarem Heißhunger in sich hineinschlang. Seine Hände zitterten, als er das Filterstück in den Holm seiner Pfeife steckte und umständlich mit dem Pfeifenbesteck zugange war. Als hinge sein Seelenheil davon ab, dachte sie.

»Liebende müssen sich helfen«, sagte er, ohne sie anzusehen.

»Das hat Grenzen«, knurrte sie. »Du bist ein guter Liebhaber, aber ein schlechter Gläubiger. Nicht einmal zum Heiratsschwindler eignest du dich.«

»Wenn du mir nicht hilfst, springe ich von deinem Balkon.«

»Wenn du das tust, schaue ich dich nicht mehr an«, sagte sie.

»Das würde ich dir dann auch nicht empfehlen.«

»Du kannst noch scherzen ... «

»Nein«, sagte er, und die Stirnfalten vertieften sich dramatisch. »Es ist mir bitter ernst. Denn ich habe dir noch gar nicht alles erzählt. Es ist schlimmer, als du denkst ... Ich bin wieder rückfällig geworden.« Er zögerte, blickte an ihr vorbei.

»Dich anzupumpen ist ungefährlich.« Er starrte tragisch vor sich hin. »Die ich jetzt fragen muß, sind riskant. Ich darf weder anpumpen noch zocken.«

»Du weißt aber schon«, sagte sie tonlos, »daß das Loch in meinem Budget dadurch zustande gekommen ist, daß ich für dich mitbezahlt habe und wir üppig gelebt haben auf der Höhe«.

Er fuhr auf.

»Du glaubst, weil hier soviel Kunstgewerbe herumsteht, bin ich reich?!« Sie lachte trocken, empfahl ihm, sich mit Margarete zu arrangieren.

»Sie wird mich auf Schritt und Tritt bewachen«, sagte er.

Martha zuckte die Achseln. Es gebe, bemerkte sie spitz, viele Frauen mit Besitzer. Dann sei er eben ein Mann mit Besitzerin. Im übrigen könne sie Margarete schon verstehen.

Zornesröte stieg ihm ins Gesicht.

Schon gut, lenkte sie ein, verstehen wohl, aber nicht akzeptieren. Man erpresse niemanden, man belauere niemanden und man besitze niemanden. (Das gilt auch für dich, dachte sie. Du bist auch so ein Belauerer, so ein Erpresser … und ich wette, wenn du nur könntest, auch so ein Besitzer.) In einer Stunde müsse sie weg, sagte sie, in ein Konzert.

»Bist du verabredet?«

Sie nickte. (Ich hätte heute eine halbe Leiche im Bett, dachte sie. Fahr du nur heim zu deiner Margarete.) Doch sie steckte in ihr Abendtäschchen seinen letzten Brief, um ihn während des Konzerts zu lesen. Er schrieb ihr fast täglich, auf ein dichtes, leicht glänzendes Papier, meist in DIN A5-Format, mit Füller und schwarzer Tinte. Der freundliche Postbote schob ihr diese Briefe, indem er eine Art Kniebeuge vollführte, meist unter der Korridortür durch, weil er sie vermutlich für Liebesbriefe hielt, die auch amtlicherseits eine Sonderbehandlung verdienten. Es waren Liebesbriefe, eine ganze Schublade voll. Ein Kuvert ähnelte dem anderen, handgeschrieben adressiert, mit einer stark schräg nach rechts geneigten Schrift, mit Rundhäkchen auf dem u. Der Absender rückseitig nur durch zwei Initialen bezeichnet, seine Initialen. Das gefiel ihr. Noch nie hatte ihr jemand so schön und so fleißig geschrieben. Martha war fasziniert. Sie liebte diese Briefe. Sein letzter enthielt, was ihm bedeutsam zu sein schien, ein Rilke-Zitat:

»Tage, wenn sie scheinbar uns entgleiten,
gleiten leise doch in uns hinein,
aber wir verwandeln alle Zeiten;
denn wir sehnen uns zu sein …«

Dieser da war ganz ohne Zweifel ein großer Verführer, dachte sie. Und er legte es voll darauf an. Wie war sie eigentlich in dieses Abenteuer hineingeraten? Sie war nicht verliebt in ihn. Darin war sie sich sicher. Weshalb gerade der? Wie war das Ende Juli, als alles anfing?

2.

Berserker

Spät traf sie am Sonntagabend vor dem »Haus auf der Höhe« ein, so spät, daß die Rezeption längst nicht mehr besetzt war. Sie kam vom Dorf auf der Landstraße her und war in das falsche Forststräßchen eingebogen, mußte im Halbduster rückwärtsfahren, weil gefällte Bäume die Durchfahrt versperrten. Erst im zweiten Anlauf fand sie die richtige Abzweigung. Das schlichte Hinweisschild war, halb von Gesträuch verdeckt, leicht zu übersehen.

Man hatte es wohl nicht nötig, groß Reklame zu machen. »Ein kleines, aber feines Privatsanatorium«, hatte ihr Hausarzt, Doktor Gilbert, gesagt, der sie hier einwies. Das Haus sei ganz vorzüglich geführt und werde ihr gefallen. Obwohl es doch, wie der Name schon sagte, auf einer Anhöhe liegen sollte, war es von unten her nicht zu sehen. Ein kleiner Fichtenwald verbarg es. Und erst, wenn dieser auf der richtigen Forststraße durchquert war, lag es, umgeben von saftigen Wiesen, frei da. Bei klarem Wetter habe man sogar Alpenblick, hatte Doktor Gilbert gesagt. Martha parkte ihren alten 2CV neben einem ebenso alten Käfer, amüsiert, denn beide Vehikel hatten das H auf dem Nummernschild, das sie als Oldtimer auswies. Noch so ein Freak wie ich, dachte sie, und hatte es sogleich wieder vergessen. Das Haus hatte nichts Großartiges an sich, es war ein Landhaus aus den Fünfzigern, zweistöckig mit ausgebautem Dachgeschoß, Wintergarten, einem Giebel und rotem Schindeldach. Das Entrée machte einen dämmerig verlassenen Eindruck. Keiner mehr da. Vermutlich lagen die Kurgäste, erschöpft von den Anwendungen der Woche, bereits in ihren Betten, dachte sie, als es galt, ihr umfängliches Reisegepäck für sechs Wochen Kuraufenthalt nun ganz allein auszuräumen. Aber dann kam doch jemand. Ein unscheinbarer Mensch erschien hinter der Theke und fragte mit sanfter Stimme, ob er ihr helfen könne. Ob er zum Haus gehöre, fragte sie und nannte ihren Namen. Es seien noch weitere Kurgäste so spät angekommen, sagte der Mann und erbot sich, sie in den ersten Stock zu führen. Da befänden sich die zwei anderen Spätankömmlinge wohl schon bei Herrn Demin, der heute als Pfleger Nachtdienst habe. Der hilfreiche Geist lieferte sie ab und verschwand lautlos.

Herr Demin, in weißem Kittel, von kräftiger Statur und dunklem Kinnbart, bot ungeachtet der späten Stunde den Neulingen eine kleine Hausführung an. Außer Martha waren da noch zwei Männer mittleren Alters. Der eine, dunkelgebräunt, etwas zerknittert und ungepflegt wirkend, mit Vornamen Erwin, seinen Nachnamen hatte sie nicht verstanden, trat, als Herr Demin gerade etwas erklärte, unvermittelt und ohne sich umzublicken, mit kräftigem Schritt nach hinten. Der Tritt des derben Männerschuhs traf Martha mit voller Wucht unten am Schienbein so schmerzhaft, daß sie aufschrie. Der andere Kurgast, ein wenig jünger als der erste, tiefgebräunt und von bulligem Körperbau, der Peter hieß, auch hier merkte sie sich nur den Vornamen, brachte es kurz darauf fertig, sie befanden sich eben im Kneippraum, mit dem Ellbogen eine so heftige Bewegung genau in ihre Richtung auszuführen, daß ihre Schultertasche in hohem Bogen krachend zu Boden fiel, wobei zu allem Überfluß das Inventar ihrer Tasche sich am Boden verstreute. Martha kämpfte mit den Tränen. Ohnmächtige Wut kochte in ihr empor, so sehr fühlte sie sich durch die ungebremste Kraftäußerung dieser beiden Berserker, selbst wenn sie, wie sie sich sagte, das natürlich nicht mit Absicht, sondern aus Ungeschicklichkeit taten, schon wieder bedroht. Angerempelt, gestreßt, gleich bei der Ankunft. Das konnte heiter werden.

3.

Zwei Köpfe im Profil

Ihr Zimmer, das im Hochparterre gegenüber der Treppe zum ersten Stock lag, konnte Martha erst am frühen Montagmorgen in Augenschein nehmen, als die Sonne durch bunte Baumwollvorhänge warme Lichtstreifen auf ihr Bett und den moosgrünen Teppichboden warf und sie weckte. Sie befand sich glücklich allein in einem geräumigen Doppelzimmer mit zwei Einzelbetten. Zu zweit, nach dem gestrigen Eindruck, das hätte ihr gerade noch gefehlt. Aber da bestand keine Gefahr. Sie könne, sagte man ihr, sich ausbreiten, und sie beschloß, das zweite Bett umzustellen und als Diwan zu benutzen. So entstand in der Mitte des Zimmers auf dem weichen Flausch des Teppichbodens genügend Raum für ein paar Yogaübungen. Das Zimmer ging auf eine kleine Loggia hinaus. Martha zog die Vorhänge zurück, öffnete der Morgenluft Fenster und Fenstertür und ließ ihren Blick beifällig schweifen über sanfte Hügel, saftige Wiesen mit Obstbäumen und kleinen, kreisrunden Bauernblumenbeeten. Jenseits des Wäldchens im Dunst gewahrte man ganz zart die Gebirgskette.

Einige Programmpunkte waren laut Aushang für den Montagvormittag von seiten der Kurleitung vorgesehen. Professor Dr. Fritz Schrot würde in seiner Eigenschaft als Klinikleiter die Neuangekommenen begrüßen, ihnen sein Haus und die darin tätigen Mitarbeiter vorstellen sowie ihnen ein wenig vorläufig die Therapiegrundsätze seines Hauses darlegen. Martha hatte nach dem vorzüglichen Frühstück einen umfänglichen Anamnesefragebogen ausgefüllt, alles darin Gefragte nach bestem Wissen und Gewissen beantwortet und den Doppelbogen von vier Schriftseiten, gefaltet und in dem dafür vorgesehenen Kuvert in den Hausbriefkasten neben der Rezeptionstheke versenkt. Es ging um die durchaus zu erwartenden Fragen nach eigenen Vorerkrankungen bis zurück zu den üblichen Kinderkrankheiten wie Mumps und Masern. Auch die in der Familie aufgetretenen waren anzugeben, soweit man damit vertraut war. Gefragt wurde ferner nach Begabungen und Interessengebieten. Soweit so gut. Auch Fragen nach den jeweiligen Erwartungen an den Sanatoriumsaufenthalt ließ sie sich wohl gefallen. Als man jedoch wissen wollte, wann er, der Patient, oder sie, die Patientin, sich zum letzten Mal so recht von Herzen glücklich gefühlt hätten, stutzte sie. Lief es auf eine Gewissenserforschung hinaus? Wußten die hier überhaupt, was Glück war? Sie sah sich vorsichtig um und versuchte zu erraten, was ihren Mitpatienten dazu einfalle. Einige Männer runzelten ratlos die Brauen und sogen sichtlich verlegen an ihren Schreibstiften, während die eine oder andere Dame mit leerem Gesichtsausdruck seufzend ins Formular blickte. Martha, ebenfalls unschlüssig, was hier zu schreiben sei, entschloß sich zu einem großen Fragezeichen.

Das »Haus auf der Höhe« schien personell gut ausgestattet. Da gab es Kneippanwendungen, Akupunktur, Physiotherapie von Fußreflexzonen-Massage bis Shiatsu, einen Gymnastikraum, einen für die Atemtherapie, eine Logopädin, Musik- und Gestalttherapie, auch Psychologen jeglicher Ausrichtung. So habe auch jeder Patient hier einen persönlichen Bezugstherapeuten. Keiner solle sich übergangen oder mit seinen Anliegen und Problemen alleingelassen fühlen. Man wolle Körper und Geist als Einheit betrachten, hieß es. Ganzheitlichkeit war das Stichwort, und davon war denn auch im Vortrag Professor Schrots, einem Urologen übrigens, ausgiebig die Rede. Sogar ein ausgewiesener Seelenspezialist Jungscher Observanz schien sich im Haus zu befinden, der Martha mit seinen dunklen Locken und blitzblauen Augen sofort auffiel. Wahrscheinlich, dachte sie, kamen für ihn nur Langzeitkandidaten in Frage. Und in der Tat fiel, wie sich herausstellte, ihr Aufenthalt »auf der Höhe« in seinen Jahresurlaub, so daß sie, und das bedauerte sie sehr, ihn nur dieses erste und einzige Mal zu Gesicht bekam. Dafür reichte ihr ein langer, bläßlicher Herr mit Glatze und Brille eine ebenso blasse wie teigige Hand, stellte sich ihr als Ottlieb Hüter vor und sagte, er sei hier ihr »Bezugstherapeut«. Schade, dachte sie. Denn der Dunkellockige wäre ihr lieber gewesen.

Besonders beeindruckte sie eine anmutige Frauengestalt in blütenweißem Kittel mit antik aussehenden, hochgeschnürten Sandaletten an den gebräunten Füßen. Auffallend ihre gestreift gefärbte Zopffrisur in apartem Hell-Dunkel. Kitty Frohauf, hieß es, sei für die Gestalttherapie, aber auch für die Musik- und Gymnastikgruppe zuständig, eine junge Künstlerin, die hier, fest angestellt, ihre vielfältigen Talente darbiete.

Der besondere Stolz des Hausherrn galt jedoch einem (leider noch im Bau befindlichen) Klettergarten vor dem Haus, draußen auf der Wiese zum Wald hin. Vor allem für Angstpatienten erwarte man sich davon, und dies entspreche dem allerneuesten Forschungsstand, so Professor Schrot, die entscheidendsten Impulse.

Die liebliche Vertreterin der Gestalttherapie verteilte nach des Hausherrn Einführungsvortrag an alle Neuen lose weiße Blätter im DIN A4-Format aus festem Papier, dazu dünne farbige Filzschreiber mit der Aufforderung, improvisierend aus der ersten Eingebung heraus eine Zeichnung anzufertigen, die sich sowohl auf die ausführende Person, als auch auf deren Erwartungshorizont, wenn möglich sogar im interaktiven Sinne beziehen möge. An ein festes Thema sei dabei nicht gedacht. Man folge frei der eigenen Intuition.

Martha überlegte nicht lange, griff nach einem Rotstift und entwarf im Querformat mit lockeren Strichen auf der linken Blatthälfte zuerst einen Frauenkopf im Profil. Dabei trat ihr, vielleicht inspiriert von der schönen Auftraggeberin, der Kopf einer Jagdgöttin oder gar Venus vors innere Auge, mit bebändert aufgebundenem Lockengekringel. Nach einigem Zögern setzte sie auf die rechte Blattseite daneben einen bärtigen Männerkopf, ebenfalls im Profil, der Dame zugewandt. Sie hätte nicht sagen können, warum sie gerade dies zeichnete. Der Mann erinnerte sie an ein Jünglingsporträt der italienischen Renaissance, irgendeinen Florentiner Patriziersohn mit Lippenbärtchen, Spitzbart und halblangem Haar. Seltsam, dachte sie und hielt ihr Blatt nachdenklich in die Höhe. Dann hob sie mit ihrem Zeichenstift die Mundwinkel ihrer beiden Figuren ein wenig an, zipfelte sie aufwärts, bis sie einander freundlich anlächelten.

4.

Grüne Seide

»Auf der Höhe« pflegte der Tag mit abwechselnd warmen und kalten Kneippgüssen zu beginnen. Zuerst, zum Eingewöhnen, auf Arme und Beine. Nur die eisenharten Habitués setzten ihren ganzen Körper dem kräftigen Wasserstrahl aus. Anschließend schlüpfte ein jeder in sein Trainingszeug und legte je nach sportlichem Vermögen einen Sprint hin oder folgte in mehr oder weniger gemütlichem Zockeltrab dem zwar pummeligen, doch stets die Vorhut bildenen Herrn des Hauses, Professor Doktor Fritz Schrot. Man lief auf verschlungenen, leicht abschüssigen Waldpfaden hinaus ins Wiesenfreie, um an einer einsamen Weggabelung, unbelästigt vom Autoverkehr, gymnastische Übungen auszuführen und den vom Schlaf trägen Gelenken und dem Kreislauf aufzuhelfen.

Auf den Farnbüscheln im Wald, auf Gräsern und Wiesenblumen lag Tau. Mit geröteten Wangen infolge der jähen Sauerstoffzufuhr erreichte man keuchend und sanft transpirierend das Haus, um sich sodann, restauriert und in Tageskleidung, beim Frühstück einzufinden.

Das Speisezimmer erinnerte Martha an einen dörflichen Gastraum. Hölzerne, mehrarmige Hängelampen, passend zur hellen Holzvertäfelung hingen von der Dekke. Auf den Fensterbänken wucherten Topfpflanzen. Offenbar war man bestrebt, eine Atmosphäre rustikaler Gemütlichkeit zu verbreiten. Fehlten, so Martha, nur noch die Butzenscheiben. Aber nein, da gab es nichts zu mäkeln. Die Frühstückstafel, die hier aufgebaut war, konnte sich in ihrer abwechslungsreichen Üppigkeit sehen lassen.

Auch die beiden Tollpatsche vom ersten Abend fanden sich ein. Martha nahm möglichst weit von ihnen entfernt Platz und beschäftigte sich gesenkten Kopfes mit ihrem Teller. Erst als es darum ging, wo sie zu Mittag sitzen wollte, wählte sie sich einen festen Platz aus, wie das hier üblich zu sein schien, an einem Vierertisch, an dem bereits zwei Frauen und ein Mann saßen. Die Damen mittleren Alters wirkten freundlich, der Mann zivilisiert. Nach den Erfahrungen am Sonntagabend waren Martha diese Eigenschaften unabdingbar. Und dies sagte sie auch ihren neuen Tischgefährten, nachdem sie sich vorgestellt hatte.

»Martha Ruland«, sagte sie, »aus München.«

»Gregor Bambach«. Der Mann erhob sich und neigte sich mit einer leichten Verbeugung über Marthas Hand. Sie blickte in kleine, hellblaue Augen, die eng zusammenstanden, auch wenn er offenbar die Gewohnheit hatte, sie weit aufzureißen, wohl in der Annahme, sie dadurch zu vergrößern. Auch die modisch randlosen, getönten Brillengläser, die er, wie er sagte, für die Weite trug, verrieten diese Absicht. Mit ihrem zarten Gestell standen sie ihm gut zu Gesicht, das im übrigen ein vollkommenes Oval bildete. Die gebogene Nase, die schon ein wenig Sonne abbekommen hatte, stach groß, aber nicht allzu fleischig hervor. Gregor Bambach lächelte mit dünnen Lippen und gelben, unregelmäßigen Raucherzähnen. Die Haare waren sehr kurz geschnitten. Mausbraun, dachte Martha, ein eher unauffälliger Mann, dessen feine gepflegte Hände ihr den sensiblen Ästheten verrieten.

Monika Nieguth, die neben Herrn Bambach saß, bekannte, ohne daß man sie gefragt hätte, sogleich freimütig, sie sei Grundschullehrerin, und zwar eine von denen, die plötzlich nicht mehr könnten, denen das Organisieren von schulischen Veranstaltungen und von Unterricht immer schwerer falle. Zierlich, hager, sonnenbraun mit dünner Hakennase und kurzen, dunkelblonden Haaren trug sie stets ihr Strickzeug bei sich und strickte an einem Pollunder, wie sie sagte. Martha, die sich ohne Makeup nackt vorkam, blickte in ein ungeschminktes, aber freundliches Gesicht. Auch Anne Pongratz an ihrer Seite war lieb und unscheinbar. Noch eine Lehrerin. Alle drei Tischgenossen hielten sich, wie sie versicherten, schon längere Zeit im Hause auf, Herr Bambach sogar zum zweiten Mal. Er gab entschieden den Hahn im Korb, paradierte ein wenig mit seiner Bildung und signalisierte Weltläufigkeit. Nicht nur daß er bei Tisch eine Schillerballade aufsagte, er erzählte auch von einer »hochinteressanten Hodler-Ausstellung im Grand Palais in Paris« und verriet ganz beiläufig philosophische Kenntnisse und daß er sich auskenne in Konzert und Schauspiel. Martha spürte sein Interesse. Seine Aufmerksamkeit und Bewunderung taten ihr gut. Da konnte einer nicht nur freundlich zuhören, dachte sie dankbar. Der vermochte die Bälle zu parieren, die man ihm zuwarf, und hatte auch selbst etwas zu erzählen. Mein Gott, dachte sie bei sich, man wurde ja wirklich bescheiden. Dabei war dies doch das Normalste der Welt. War es das? Jedenfalls schien es ihr eine Ewigkeit her, seit sie solch ein »gehobenes Gespräch«, wie sie es nannte, hatte führen können. Weshalb dieser Mann bereits zum zweiten Mal dieses Sanatorium aufsuchte, ließ sich nicht erraten. Er wirkte, fand sie, gesund, körperlich wie geistig. Bei Tisch erwies er sich jedenfalls als anregender Unterhalter. Sie finde ihn »unterhaltlich«, sagte sie lächelnd. – »Unterhaltlich«, schmunzelte er erfreut, »was für ein schönes Wort!« Es schien ihn zu erheitern, als sie verriet, sie pflege zu Hause ihren Mittagstisch beim Japaner einzunehmen. Sie aber wunderte sich, daß ihm ihre besondere Art sich auszudrücken auffiel. Als er in der Frühe in einem Morgenmantel aus grüner Krawattenseide zur Kneipptherapie erschien, registrierte sie es überrascht.

5.

Phasen

Ottlieb Hüters Ordinationszimmer war nicht groß und hatte weiße Wände. Als Martha eintrat, erhob sich der Mann, den man ihr als ihren »Bezugstherapeuten« zugeteilt hatte, und reichte ihr eine schlaffe Hand. Auf seinem Schreibtisch lagen ihr vierseitiger Anamnesebogen, Schreibblock und Kugelschreiber.

»Aha«, sagte sie. »Sie haben sich schon schlau gemacht.«

Er wies mit der Hand auf einen bequemen Sessel und setzte sich ihr gegenüber.

»Sind Sie Gesprächstherapeut?«

»Das, und sonst auch noch einiges. Wir sind hier nicht so eindeutig festgelegt, Frau Ruland.«

»Entschuldigen Sie. Ich wollte Ihnen nicht zu nahe treten.«

Er lachte.

»Na, das ist schon in Ordnung. Schließlich werden wir die nächsten Wochen des öfteren miteinander zu tun haben.«

Martha sah ihn prüfend an. Höflich, freundlich, farblos, dachte sie. Es entstand eine kleine Pause.

»Doktor Gilbert hat Sie hierhergeschickt. Ein alter Freund des Hauses. Was erwarten Sie von uns?«

»Ich habe soeben einen Lebensabschnitt beendet«, begann sie zögernd, »eine zwölfjährige Beziehung, auch wenn das schon eine Weile her ist, und dreißig Jahre Berufsleben, nicht ganz freiwillig und nicht ohne Blessuren.«

»Ja, das haben Sie in diesem Fragebogen schon angedeutet. Für Sie beginnt also ein neuer Lebensabschnitt, und Sie fragen sich, was Sie damit anfangen sollen? Sehe ich das richtig?«

Martha nickte.

»Ich hatte einmal einen seltsamen Traum«, sagte sie. »In diesem Traum sah ich mein Leben in drei Abschnitten vor mir. Kurioserweise trugen diese Abschnitte Überschriften oder Titel. Die erste Phase hieß Die wilde Phase, die zweite Die bürgerliche Phase. Diese zwei schienen sich auf die Vergangenheit zu beziehen. Ja, und die dritte Phase hatte keinen Namen und bezog sich offenbar auf die Zukunft. Entschuldigen Sie bitte, wenn ich Ihnen hier mit meinen Träumen komme. Ich führe seit etwa zehn Jahren ein Traumtagebuch. Neben meinem Bett liegen immer ein Oktavheft und ein Kugelschreiber.«

»Wann hatten Sie diesen Traum?«

»Das ist gut zehn Jahre her. Ich habe das geträumt, als ich mich von meinem Lebenspartner getrennt hatte.«

»Schreiben Sie Tagebuch? Ich meine jetzt nicht Ihr Traumtagebuch.«

»Mit Unterbrechungen, ja, schon als Schülerin und in meiner Studentenzeit. Dann aber zwölf Jahre keine Zeile mehr. Erst nach der Trennung fing ich wieder damit an.«

»Notieren Sie sich Ihren Tageslauf?«

»Nein, um Gottes willen! Das würde mich langweilen. Es sei denn, ich erlebe etwas wirklich Spannendes. Ich schreibe eher auf, was mir so durch den Kopf geht, manchmal auch, wenn ich etwas Interessantes gelesen habe.«

»Tut Ihnen das gut?«

»Ja, wenn ich mich unsicher fühle oder wenn ich Angst habe. Schreiben beruhigt mich.«

»Wie kamen Sie denn dazu, Ihre Träume aufzuschreiben?«

»Als ganz junge Studentin saß ich in den Vorlesungen eines Philosophieprofessors, den ich sehr bewundert habe. Einmal bot er ein Seminar über Sigmund Freud an. Ich bin da hingegangen. Wir haben einiges von Freud gelesen, unter anderem seine Traumdeutung. Das hat mich damals schon fasziniert, vor allem die Fallbeispiele. Ich habe das später mal ausprobiert, seine Assoziationsmethode. Aber da kommt man vom hundertsten ins tausendste. Ich fand das sehr mühsam und umständlich.«

»Sie waren in einer Analyse?«

»Nein. Die Vorstellung, daß da einer hinter mir sitzt, den ich nicht sehe, der mich nur reden läßt und sich Notizen macht, ist mir, ehrlich gesagt, unsympathisch.«

Ottlieb Hüter lachte.

»Da können Sie ganz beruhigt sein. Ich bin kein Analytiker. Ich beschäftige mich im allgemeinen auch nicht mit Träumen. Darin habe ich wenig Erfahrung. Wir werden uns hier gegenübersitzen und, wenn Sie wollen, ein bißchen unterhalten.«

Martha Ruland ärgerte sich über sich selbst, daß sie sich hatte hinreißen lassen, ausgerechnet Sigmund Freud ins Spiel zu bringen. Sie hatte keine Lust, diesem Mann mit dem schlaffen Händedruck, etwa von Jean-Paul Sartre zu erzählen, der in ihrer Jugend eine große Rolle gespielt hatte, erst recht nicht von C. G. Jung, den sie in ihren Vierzigern für sich entdeckt hatte.

»Einverstanden«, sagte sie und zwang sich zu einem Lächeln.

»Ich möchte Ihnen eine kleine Anregung mitgeben. Es gibt fast in jeder Familie Aussprüche, Statements, so etwas wie erzieherische Leitsätze, gleichgültig ob positiver oder negativer Art, sei es nun von seiten des Vaters, der Mutter oder sonstiger Angehöriger. Könnten Sie sich dazu ein paar kurze Notizen machen bis zum nächsen Mal?«

6.

Eine Überraschung

Am zweiten Tag nach ihrer Ankunft nahm Gregor Bambach Martha nach dem Mittagessen beiseite. Er bat sie mit leiser Stimme, wobei er scheu zu Boden blickte, ihn auf einem kleinen Gang an die frische Luft zu begleiten, da er ihr etwas mitzuteilen habe, das auszusprechen am Tisch und namentlich vor Dritten, ihm schwer falle.

Hinter dem Haus mündete der Sandweg, den sie nun schon zweimal am frühen Morgen inmitten der Sportgruppe im Laufschritt eingeschlagen hatte. Herr Bambach hielt auf ihn zu, in der Rechten eine Pfeife, in der anderen die Pfeifentasche. Als sie vom Haus aus nicht mehr zu sehen waren, blieb er stehen. Doch hatte Martha noch etliche Pfeifenzüge abzuwarten, bis er sich endlich bequemte, den Mund aufzumachen.

»Ich bin evangelischer Pfarrer«, begann er.

»O, da stehen Sie ja unter besonderem Schutz von oben.« Sie lachte.

»Hat sich bei mir noch nicht so besonders gezeigt«, erwiderte er. »Ich bin ein arger Sünder … «

»Wie reizvoll … kann ich mir gar nicht vorstellen.«

»Warten Sie's ab. Es kommt noch besser … «

Sie hob spöttisch eine Augenbraue.

»Ich komme aus dem Gefängnis«, fuhr er fort. »Drei Jahre auf Bewährung. Zwei habe ich schon abgesessen. Bin im dritten Jahr.«

»Haben Sie Ihre Schwiegermutter ausgeraubt?«

»Ja«, sagte er und nahm einen tiefen Zug aus seiner Pfeife. »Die auch … «

»Das wird ja ein richtiger Krimi … «

»Es *ist* einer.« Er sah sie zum ersten Mal voll an. »Ich habe eins Komma drei Millionen verspielt, verzockt. Auch das Geld meiner Schwiegermutter. Das meiste Geld aber gehörte der Mutter Kirche.«

»Na, da trifft es ja keinen Armen … « Martha zuckte mit keiner Wimper, ganz im Gegenteil, sie fand es außerordentlich spannend, was dieser Mann ihr da erzählte, ja geradezu kurios. Als er jedoch im Weitergehen erwähnte, er sei schließlich die erste Person gewesen, die sie bei ihrer Ankunft am Sonntagabend »auf der Höhe« begrüßte (Welch Glanz in dieser Hütte, habe er sich gedacht), und er habe ihr auch aufmunternd zugenickt und eine einladende Geste zu seinem Tisch hin gemacht, als sie sich suchend nach einem Platz umschaute, staunte sie, denn sie konnte sich nicht erinnern. Wahrgenommen hatte sie ihn erst, als er sich vorstellte. Warum erzählte er ihr das? Es paßte ihr nicht, daß sie hier einer der Patienten ins Vertrauen zog.

»Wissen Sie, ehrlich gesagt ist es mir ziemlich egal, weshalb Sie hier sind … «

Er schaute verdutzt auf.

» … solange Sie mich als Pfarrer nicht missionieren und als Zocker nicht anpumpen«, sagte sie. »Im übrigen ist bei mir nichts zu holen, kein Glaube, kein Geld. Das könnte ich selber brauchen. Und das andere interessiert mich nicht. Sie sind doch ein erwachsener Mann.«

7.

Eine Flasche Mineralwasser

Martha lag in einem dünnen Seidenkimono bequem auf ihrem zum Diwan umfunktionierten zweiten Bett, konnte nicht schlafen, weil der Vollmond trotz zugezogener Vorhänge durchs Fenster schien, und vertrieb sich die Nacht mit Lesen, als sich die Zimmertür öffnete. Gregor Bambach, in einem Bademantel aus weißem Baumwollfrottee, die nackten Füße in Badesandalen, auf der Nase seine randlose Brille, zog lautlos die Tür hinter sich ins Schloß.

»Guten Abend, du Schöne«, sagte er und stellte eine Flasche Mineralwasser auf den Nachttisch. » … mein Alibi, falls mir jemand auf der Treppe begegnet. Im Parterre gleich nebenan steht der Kühlschrank mit den Getränken … «

»Man spielt also nicht nur Roulette«, grinste sie, »sondern auch mit Weiberherzen?«

»Soll ich wieder gehen?«

Martha rückte zur Seite. »Na klar. Ich will ja nicht schuld sein, daß Sie meinetwegen im siebten Kreis der Hölle braten.«

»Dante«, sagte er und sah sie durchdringend an.

»Wie kriegt man das eigentlich mit dem Pfarrerberuf auf die Reihe?«

Er machte eine wegwerfende Bewegung. Das sei vorbei. Diesen Weg habe er sich ja gründlich verbaut. Er setzte sich neben sie auf die Bettkante.

»Ganz schön forsch, Hochwürden.« Sie klappte das Buch zu, wollte es auf den Nachttisch legen.

»Ach … !« Er griff, ehe sie ihm zuvorkommen konnte, rasch nach dem englischen Penguin Book, dem man häufigen Lesegebrauch und Alter ansah, und lachte: »Ach …! *Lady Chatterley's Lover* …!«

Sie nahm es ihm aus der Hand, ehe er ihre Anstreichungen und Randbemerkungen lesen konnte. Es war eines ihrer Lieblingsbücher.

»*Oh, your Ladyship* … Aber ich bin doch nicht der Pfarrer. Ich bin der Gärtner … ich liebe die Frauen und die Frauen lieben mich. Hat schon einmal jemand *bella* zu dir gesagt?«

Er machte Anstalten, sie zu umarmen.

Martha wand sich. Bei dem Gerangel hatte sich der Gürtel seines weißen Frotteebademantels gelöst und enthüllte graue, oberschenkellange Jersey-Unterhosen und ein ebensolches Hemd.

»Nein«, sagte sie und ließ es offen, ob sie auf seine Frage nach dem Kosenamen antwortete oder ihn sich vom Leib halten wollte.

»Und ich dachte, du freust dich … «

Sie unterdrückte ein Lachen. »Also hören Sie mal … Ich bin gerade zwei Tage hier, und da stehen Sie mitten in der Nacht in meinem Zimmer, duzen mich und erwarten, daß ich vor Verzückung in die Knie sinke … «

»Schade«, sagte er leichthin. »Wirklich sehr schade.«

Er klemmte sich die Alibi-Wasserflasche unter den Arm, beugte sich vor und gab Martha ein keusches Küßchen auf die Stirn (»Aber das darf man doch?!«)

Erst als er die Tür lautlos hinter sich zugezogen hatte, machte sie sich klar, daß dies ein Antrag war, ein unsittlicher, wie sie sich vergnügt eingestand. Aber hatte sie sich nicht geschworen, in Einrichtungen wie dieser hier, keine Eroberungen zu machen? Waren das nicht samt und sonders »kaputte Typen«? Ganz schön frech, der Knabe, dachte sie. Geht ran wie Max an die Graupen. Soviel Unverfrorenheit verblüffte sie, seine Verehrung jedoch schmeichelte ihr, obwohl er, wie sie sich sagte, durchaus nicht ihr Typ war.

Lady Chatterley und der Gärtner … Na bravo! Den hatte sie sich jedenfalls anders vorgestellt. War nicht ein evangelischer Pfarrer schon schlimm genug? Und der da, ein Spieler, ein Zocker, ein Knastbruder … ? Aber gefährlich sah er eigentlich nicht aus, überlegte sie. Was war schon dabei? Sie beschloß, der Sache ihren Lauf zu lassen. Den häßlichen Schlafanzug hatte ihm sicher die Ehefrau gekauft. Martha hatte den sich vorwölbenden Teil dieser Hose durchaus bemerkt. Der ließ nichts anbrennen. Sie lachte in sich hinein.

8.

Geständnisse

Am Donnerstag nach ihrer Ankunft saß sie um 18 Uhr 15 unter der weiß-grün gestreiften Markise eines italienischen Cafés am Marktplatz von R., vor sich ein Glas roten Barbera und schrieb Tagebuch.

29. Juli.

Gregor Bambach, dieser Verrückte, ist mit mir in seinem Oldtimer hierher gefahren, um »einen katholischen (!) Gottesdienst in einer gotischen Kirche mit einer interessanten Schutzmantelmadonna« zu besuchen. Er hat mir seine »Angebetete« gezeigt, als ein paar alte Frauen, die in der Bank davor knieten, schon psalmodierend den Rosenkranz beteten. Die Geschichte dieser Madonna hat er mir gerade bei zwei Schluck Barbera erzählt. Sie sei eine Kopie aus der Nazizeit, angefertigt, um dem Heil des Führers ein anderes Heil entgegenzusetzen. Wenn dieser Mann pastörlich wird, werde ich ihn erwürgen. Er dachte, als wir gestern in L. und in W. waren, seine Geständnisse könnten mich vielleicht in die Flucht treiben. Das erste betraf natürlich den evangelischen Pfarrer. Ich bin, sagte ich, religiöser Atheist. Ob ich nicht eher Agnostiker sei, warf er ein. Ich bestand auf dem Atheisten, weil ich Gott abgeschafft habe. Doch das sei eine lange Geschichte. Vielleicht betet er jetzt für mich. Vielleicht aber auch nur für sich selbst, wozu er reichlich Grund hätte. Seine Story ist so ziemlich die heißeste, verrückteste, die ich jemals von einem Verehrer zu hören bekam. Nicht das Geständnis, daß er sich immer mehr von Maria und vom Katholizismus angezogen fühle, weil der sinnlicher sei, riß mich vom Sitz. Auch nicht die Bemerkung, er habe neun Jahre an einem Gymnasium Religion unterrichtet und Gottesdienste zelebriert. Nicht einmal, daß er dreimal verheiratet und geschieden sei (meine, deine, unsre Kinder), daß Ehefrau 1 ihm spinnefeind, er mit Ehefrau 2 befreundet sei, während Ehefrau 3 es vorgezogen habe, das Bundesland zu wechseln. Aber dann kam der Clou, der Hammer, der absolute Knaller: Gregor erlag (so drückte er sich aus) vier Jahre lang dem Roulette und brachte es in dieser Zeit fertig, 120 Leute um insgesamt 1,3 Millionen anzupumpen, zuerst, wie er sagte, auf legale Weise, zuletzt auf illegale, und dieses Geld restlos zu verspielen. Er wurde von der Staatsanwaltschaft wegen Veruntreuung und Betrug zu drei Jahren Gefängnis verurteilt. Er ist vom Dienst suspendiert, mein großer Sünder. Klar, daß er im Schoß der katholischen Kirche mit ihrer Beichte, Buße und Vergebung aller Sünden besser aufgehoben wäre als bei den rigiden Protestanten. Jetzt sitzt er jedenfalls unter dem Schutzmantel der Magna Mater-Isis-Maria und betet, daß er mit einem blauen Auge aus dem Schlamassel herauskommt. Er war heute beim Zahnarzt, um sich, solange er noch Beihilfe bekommt, seine kaputt gerauchten Zähne richten zu lassen, Kostenvoranschlag über 4000. Gregor ist ein ›Bazi‹ würde meine arme bayrische Mutter sagen, wenn sie es wüßte. Und da hat sie recht.

Das Komischste an dieser Geschichte ist freilich die Tatsache, daß unser beider Unbewußtes prompt und vehement via Traum reagiert hat. Der, den ich geträumt habe, ist kurz:

Ich gehe mit Gregor Bambach über Wiesen, die mit Kuhfladen übersät sind. Gemeinsam waten wir da hindurch. Den Rest hatte ich vergessen. Als ich aufwachte, war es exakt fünf Uhr früh.

Auch Gregor berichtete mir, ohne daß ich meinen Traum erwähnt hätte, er habe von mir geträumt und sei um fünf Uhr früh aufgewacht. Ich bat ihn, mir diesen Traum aufzuschreiben.

»Ich habe dich gesucht. An meiner Seite war eine sehr junge Frau. Sie war vierzehn und sehr schön. Später war da auch noch ein sehr junger Mann von etwa achtzehn. Der war weniger auffallend. Wir kamen in einem Omnibus in eine Stadt, die am Berg lag, in eine Straße, zu einem Haus, in dem du warst. Es handelte sich aber eher um ein neugebautes Haus mit einem modernen Eingang. Die junge Frau und ich, wir überquerten diagonal eine Straße. Ich legte ihr den Arm um die Hüften und fragte sie in Bezug auf dich. ›Und wie ist sie?‹ fragte ich. ›Eigenartig‹, sagte die junge Frau. Der junge Mann hingegen sagte, er müsse jetzt gehen. Die junge Frau: ›Sie wird jetzt gleich kommen.‹ Es war so, daß du noch im Haus warst und als würdest du da von oben die Treppe heruntersteigen.« … »Von oben herab«, wiederholte Gregor, als sei dies Detail wesentlich.

9.

Das Kußdreieck

»Die Liebe muß leicht sein, leicht kommen und leicht gehn«, sagte Martha zu Gregor Bambach, der es so eilig zu haben schien, sie auf seine amouröse Liste zu setzen, und ein Tempo vorlegte, daß einem Hören und Sehen vergehen konnte.

»Was ist das nun«, fragte er und drückte im Gehen ihre Hand. »Liebe oder Freundschaft?«

»Das ist«, sagte sie lachend, »eine Liebelei.«

»Dafür«, antwortete er, »müßte man dich erschießen.«

Sagte Martha, auf bayrisch sei das ein G'schpusi, Verballhornung der lateinischen »sponsa«. Die kenne er als Pfarrer doch sicher aus dem Hohelied.

Als die beiden zu Fuß unten im Dorf beim Wein waren, wurde es spät. Um 22 Uhr war »Zapfenstreich«. Spätheimkehrer mußten sich mit Unterschrift in ein Buch eintragen. Die Zeit drängte. Sie gingen sehr schnell durch den dunklen Fichtenforst. Martha hielt die Taschenlampe. Er ging hinter ihr. Als das Haus mit seinen Lichtern schon vor ihnen lag, sie den Wald aber noch nicht verlassen hatten, stoppte Martha.

»Küß mich!« sagte sie.

Sie küßten sich, atmeten ineinander.

»Dich außer Atem zu küssen, ist schön«, sagte sie und blähte die Nasenflügel.

»Kommst du noch auf meinen Freisitz?«

Sie würde es nicht tun, sagte sie. Dies sei ihr zu gefährlich. Schließlich sei sie noch keine Woche im Haus.

Das »G'schpusi« gefalle ihm besser als die »Liebelei«, sagte er.

Ob er nach einer Frau süchtig werden könne, fragte Martha.

Er glaube es wohl, sagte er, und ob das ein Angebot sei.

Samstag, 31. Juli.

Wir haben einen denkwürdigen Nachmittag verbracht, dem strahlenden Sommerwetter und meiner guten Laune angemessen. Er begann damit, daß Gregor mich bat, unsere beiden alten Autos, die traulich nebeneinander vor dem Haus parkten, zu fotografieren. Ob er nicht Lust habe, fragte ich, zum Sonnen und Schwimmen an den See zu fahren. Ich machte mich für ihn schön, zog meinen türkischen Seiden-Scharvan an, dazu ein enges Oberteil mit großem Ausschnitt, betont durch eine mehrreihige, von Korallenkügelchen durchsetzte Flußperlenkette. An den Ohren vergoldete Buckelklips von Dior, das erst kurz vor Abfahrt hierher frisch gekräuselte und geschnittene Haar mit allen zehn Fingern und etwas Gel auf Sturm frisiert. Wir holten also meine Schottendecke und das Badezeug und machten uns in meiner Oldtimer-»Ente« auf den Weg. Zwischen zwei Schwimmbädern, die überfüllt waren, suchten wir uns ein schattiges Plätzchen mit Blick auf den See. Am Ufer, das hier mit einer Mauer befestigt ist, stehen entlang eines breiten Kieswegs doppelreihig riesige Linden. Ich hatte zwei schwarze, raffiniert geschnittene Badeanzüge dabei und zwei Badematten. Nahm es mit dem Umziehen nicht so genau, während Gregor sich, eingewickelt bis zur Nasenspitze in ein großes Badetuch, mit dem Rücken zu mir recht umständlich entkleidete, um in seine Badehose zu schlüpfen. Als ihm dies endlich gelungen war und wir nebeneinander auf den Badematten lagen, bat ich ihn, mich mit Sonnencreme einzureiben, und tat dies, lustvoll auch bei ihm. Wir stiegen auch zusammen ins Wasser. Immerhin kann er schwimmen, wenn auch mit erhobenem Kopf wie die Damen, die ihre Haare nicht naß machen wollen. Er habe, sagte er, als ich ihn mit seinem Kurhausstil ein wenig neckte, nach einem Gehörsturz ein beschädigtes Ohr. Ich spielte Wasserratte, dümpelte, tauchte um ihn herum, eindeutig schneller schwimmend als er und ständig den Schwimmstil wechselnd. Als er wieder Grund unter den Füßen hatte, umschlang ich ihn in Hüfthöhe mit meinen nackten Beinen, damit wir uns im Wasser küssen und ein wenig beschmusen konnten. Er hielt mich unter Wasser umarmt und streichelte mich. Nach dem Baden wurde ich kühner. Junge Mädchen neben uns zeigten ihre nackten Brüste. Das tat ich auch, ließ das Oberteil meines schwarzen Einteilers bis zur Taille sinken. Gregor enthielt sich jeglichen Kommentars. Klar, macht es mir Spaß, ihn ein wenig zu reizen. Er ist wohl doch ein bissel »g'schamig«, der Herr Expfarrer … Ob er meinem lustvollen Exhibitionismus gewachsen ist? Ich weiß, daß ich mit meinem Lockenkopf und der leichten Bräunung gut aussehe. Der soll sich mal nicht so anstellen! Ich kann keinen Ehrpussel brauchen und einen prüden Liebhaber schon gar nicht. Wir haben uns gegenseitig mit meiner Kamera fotografiert. Stelle fest, daß ich schon wieder am Festhalten bin, wenn auch nur auf Zelluloid. Das spricht nicht unbedingt gegen den Mann. Auf der Heimfahrt hielten wir vor einem schönen Barockschloß aus dem Achtzehnten, das sich, weiß und gelb gestrichen, im warmen Abendlicht mächtig vor uns ausdehnte. Beschlossen, es eines Nachmittags zu besichtigen und beschränkten uns an diesem Abend auf einen Gang durch den französischen Garten auf der Rückseite und die Umrundung einer kleinen Orangerie, um wenigstens ein Foto zu machen. Die Schloßkirche mit einem mächtigen Baum davor, war noch offen. Gregor kniete sich in eine Bank, um dem (mutmaßlichen) Herrn des Hauses seine Referenz zu erweisen. Am Barockaltar brannte das Ewige Licht. Ich betrachtete das Intérieur, wie ich gerne sage, mit den Augen des Kunstdiebs, insgeheim jedoch irritiert durch das Verhalten meines Begleiters. Wir beschlossen unseren Ausflug in einem Speiselokal, saßen über Eck, er mit Pfeife. Zeigte mir seinen Personalausweis. Auf dem Paßbild trägt er einen Vollbart. Nicht wiederzuerkennen. Auch erzählte er mir, er habe in einem Kurhotel ein Dreivierteljahr gekellnert. Wie ich ihn einschätze, sagte ich, war er ein äußerst zuvorkommender Kellner. Auch LKW sei er schon gefahren. Das relativiert, denke ich, seinen Intellektualismus.

Es war schon spät, als sie zurückkehrten. Kurz vor der Einfahrt in den nächtlichen Fichtenwald unterhalb der Klinik hielt Martha mitten auf der Straße, zog die Handbremse und sagte »Küß mich«. Er wunderte sich, daß sie als Frau die Initiative ergriff. Das schien er nicht gewohnt zu sein. Sie hatte aber nicht den Eindruck, es sei ihm unangenehm.

»Diese Gabelung taufen wir das Kußdreieck«, sagte sie, »und werden künftig immer zu diesem Zwecke hier halten.«

»*Ay, ay, Lady*«, sagte er, tippte die Rechte lässig an die Schläfe und grinste.

10.

Dame mit Einhorn

Sonntag, 1. August, 20 Uhr 10
auf meinem Zimmer.

Ich habe mich eingelassen, hineinbegeben in diese Liebelei mit Gregor, die mir guttut. Er bat mich, heute morgen um acht mit ihm zu frühstücken, und ich ging gerne, obwohl der Wecker um sieben klingelte. Ich mache mich für ihn schön, weil er mich schön findet.

»Du bringst es fertig, lieblich und kraftvoll unter einen Hut zu bringen«, sagte er, und dies ist nur eines seiner erstaunlichen Komplimente.

»Du bist eine Frau aus Tausendundeinernacht«, sagte er, als er mich zum ersten Mal im türkischen Scharvan sah. Er wolle, so er, nicht sagen Prinzessin, weil man dabei an Die Prinzessin auf der Erbse denken könne.

Die ich aber durchaus sei, versetzte ich lachend.

Gregor meinte, auch bei ihm gebe es eine Tausendundeinenacht-Seite.

Er bewundert und genießt, denke ich, wie er es nennt, meine »Leichtigkeit des Seins«. Fragte, ob mich schon jemand »Bella« genannt habe.

Ich zöge, sagte ich, Martha entschieden vor.

»Du bist schön«, sagte er. »Du hast schöne Augen. Du hast schöne Zähne.« Er lobt an mir das, was er seiner Meinung nach selbst nicht hat. Seine Zähne sind unregelmäßig, lang und gelb. Pfeifenraucher! Seine Oberlippe ist dünn, während seine Unterlippe ein wenig vorsteht. Er hat kleine, blaßblaue Augen, die sich weiten, die sich festsaugen, festbrennen in den meinen, die süß werden, ohne mir mit unpassenden Assoziationen die Freude zu verderben. Die Begeisterung, die ich darin lese, ist wohl echt.

Ich sei sinnlich, sagte er heute, wenn das Wort sinnlich nicht zu schwach für mich sei. Er wisse aber kein anderes.

Erklärte mich damit zufrieden.

Gregor wägt seine Worte, hat Angst, mich durch einen falschen Ton, eine Ungeschicklichkeit zu vertreiben. Kein Zweifel, er ist der interessanteste Mann in dieser Klinik, ein »german lover« mit einer großen Zärtlichkeit. Er erzählte mir von der Party, wo er eine junge Frau, da sei er selbst geradeмal neunzehn gewesen, streicheln durfte, und daß er dabei das Streicheln, »das Sehen mit den Händen« gelernt habe. Er sei »hochentflammt« gewesen.

Auf seine Hände ist er stolz, wies mich auf die »krummen« Zeigefinger hin (wie auch ich sie habe), welche die Hand nach oben spitz zulaufen ließen.

Heute auf der Wiese hinter dem Haus, ich habe sie Tai-Chi-Wiese getauft, weil ich mich dort täglich meiner mir halbwegs geläufigen 24 Tai-Chi-Formen zu entsinnen pflege, verglich er mich mit der »Dame mit dem Einhorn« auf der berühmten Tapisserie des Musée de Cluny in Paris. So käme ich ihm vor. Ich kenne diese Tapisserie. Sie ist rotgrundig. Die Dame trägt einen spitzen gotischen Hut.

Sage ich, »Das ist die Anima«. Der alte C. G. Jung würde sagen, bei ihm sei der Archetyp der Anima konstelliert. Sein erster Traum weist schon darauf hin. Da gab es doch eine »Hochzeitsquaternio«, Zeichen der Ganzheit, bestehend aus der sehr jugendlichen Anima, die vom Traum-Ich befragt wird, Auskunft gibt und begleitet. Die Verkörperung des Selbst, dieser unbekannte, achtzehnjährige junge Mann, ist blaß und etwas unterentwickelt. Es fehlt die Frau, die erwachsene Frau. Die wird erwartet. Und die, sagt der Traum, bin ich.

Gregor fügte diesem Initial- oder Individuationstraum ein Symbol bei. Der Traum, sagte er, sei sooo gewesen. Und dabei beschrieb er mit den Händen eine Figur in die Luft.

Ein Kreis als Symbol der Ganzheit, sagte ich.

War sehr verblüfft über diesen Beweis der Jungschen These, auch wenn Gregor das Bild, er neigt sichtlich zu Rationalisierungen, sofort auf ein Omega reduzierte, weil dieses, so sagte er, »offen« sei. Damit du deine Entwicklung Entwicklung sein lassen und dich wieder hinausschleichen kannst, alter Schwede, sagte ich aber nicht. Offenbar behagte ihm die geschlossene Form nicht. Na ja, der Herr war ganze zwei Jahre im Knast. Oder wollte er als Kavalier auch für mich eine Öffnung lassen, da ich wiederholt meinen Freiheitsdrang und die Notwendigkeit großer Freiräume für mich postuliert hatte? Spontan und damit stracks aus seinem Unbewußten kam aber doch die richtige Entsprechung, ein Kreis und kein Omega.

Er hat Jung nicht gelesen. Den Teufel werde ich tun, ihm oder sonst einem hier zu verraten, woher meine diesbezüglichen Kenntnisse stammen. Hütete mich auch, ihm zu sagen, daß mir sein Traum bedeutender erscheine als der meine; daß ich daraus ersähe, na, sagen wir einmal vorsichtig, vermutete, daß sich bei ihm durch unsere Beziehung psychisch mehr ereignen würde als bei mir. Was wird sein? Ich begleite ihn ein Weilchen auf seinem Weg, kann ihm womöglich helfen, ihn zu gehen? Sagt nicht sein Traum, daß er seine »innere Frau« noch nicht hinreichend ausgebildet hat? Daß seine Beziehungsfähigkeit zu einer »echten« (erwachsenen)

Frau noch im Argen liege, wie seine tausendunddrei Weibergeschichten, die er andeutete, und seine drei mißglückten Ehen nahelegen, von denen er erzählte? Bei der ersten war er zweiundzwanzig. Die zweite und dritte fallen in die erste Hälfte seiner Dreißiger. Und nun ist er knapp fünfzig! Die Anima seines Traums ist eine frühreife Lolita auf der Schwelle des Erwachsenseins. Da liegt der Hund begraben, eine ganze Hundemeute!

Gregor Bambach deutete an, daß er ohne »seine bürgerliche Entgleisung«, ohne »sein Herausfallen aus der bürgerlichen Welt«, ja, so drückte er sich aus, es nicht wagen würde, eine Frau wie mich anzusprechen oder gar, ihr so deutlich den Hof zu machen. Ich sei eine seltene Kombination aus »Leichtigkeit des Seins« und »Tiefgang«. »Du bist weise«, sagte er. Habe ihm wohldosiert auch einiges von mir erzählt. Ich sei ihm vertraut, so er, als kennten wir uns nicht erst seit ein paar Tagen. Er mag es, wenn ich mich nach seinen Lebensumständen, Lebensereignissen erkundige, und gibt bereitwillig Auskunft, selbst auf die Befürchtung hin, ich ließe mich dadurch abschrecken, könne Abstand nehmen. Ich sang ihm das Lob des Augenblicks, erzählte von der krebskranken Freundin und ihrer Kunst, den Augenblick zu feiern und jedem Tag eine Struktur und einen Höhepunkt zu geben. Heute abend sitze er, so Gregor, auf dem Domplatz in F. und trinke ein Viertel auf mein Wohl. Habe ihm immerhin die Geschichte meiner drei großen Lieben erzählt, auch daß da einer schokoladebraun gewesen sei. Er hört mir aufmerksam zu, mag meinen Tonfall, wie er sagt, und scheint jede Nuance, jede Einfärbung zu registrieren. Soviel Aufmerksamkeit wurde mir lange nicht mehr zuteil. Gregor sagte, sein Krankheitsbild heiße »Narzißmus«. (Ach, du Heiliger Sigmund Freud! Ist das die Meinung des Herrn Professor Dr. Fritz Schrot?)

Ob ich ihm die Zeit von 11 Uhr 15 bis 12 Uhr 30 wid-

men wolle, bat er mich, da er am Nachmittag und Abend nicht da sein könne. Er wartete schon. Ich hatte hinter dem Haus Tai-Chi-Chuan gemacht und war ein wenig erhitzt. Er stellte sein Auto auf den unteren Parkplatz in den Schatten. Von da schlugen wir Arm in Arm einen Waldweg ein, nachdem wir uns schon im Auto gierig geküßt hatten. Er wollte ein wenig spazieren gehen. Mir war mehr nach Sitzen auf grüner Wiese. Ob wir nicht beides könnten, so ich. Ich führte ihn auf die Wiese am Waldrand und zeigte ihm, wo ich gestern im Schatten eines Apfelbaums im schwarzseidenen chinesischen Tai-Chi-Anzug Melanie Baumann, einer sportlich begabten Mitpatientin, mit der ich mich angefreundet hatte, die erste Position des Chen-Stils beibrachte: »Der Wärter des Buddha Jin Gang stampft mit dem Mörser«. Da umarmte er mich, lagen wir uns in den Armen. »Von Bienen rings umschwirrt ohn' Unterlaß… « trällerte ich ihm ins Ohr. Das Lied kannte er nicht und außerdem, so er, umschwirrten uns vorwiegend ordinäre Rinder- oder Pferdebremsen.

Im Baumschatten erzählte er mir die Geschichte seiner Bäume. Irgendjemand in einer psychosomatischen Klinik gab ihm, so sagte er, die Aufgabe, nach einem Baum zu suchen, mit dem er sich identifizieren könne. Eine Eiche habe er gewählt, sagte er, deren Krone zerstört war, aus deren Stamm aber Blätter wuchsen.

Er hatte mir schon zu Beginn der Woche, als wir abends zu viert, drei Frauen und er, ins Dorf zum Wein gingen, einen von Hitze und Ungeziefer beschädigten Kirschbaum gezeigt, der zudem noch dem Wind ausgesetzt und von allen Wettern gebeutelt sei. Das sei sein Baum, sagte er. Man hat von dort einen schönen Blick über die sanft abfallende Weide, die sich anschließenden Hügel mit ihren Bauernhöfen, Wäldchen, Getreide-und Hopfenfeldern bis hin zu den Alpen. Dort steht eine Bank leicht zurückgesetzt unterhalb des Wegrands. Ein alter Bauer saß da mit seiner kleinen

Ziehharmonika und spielte. Er sei lange nicht mehr dazugekommen, sagte er. Jetzt übe er wieder. Ich fiel mit der Stimme ein, bat ihn um ein Wienerlied. »Im Prater blühn wieder die Bäume« spielte er, und ich sang. Als er zum »Schneewalzer« überging, schnappte ich mir eine der Frauen, die sich schon im Walzerschritt wiegte, und tanzte mit ihr, ich in Jeans und Bergstiefeln, sie in Sandaletten und Sommerkleid. Als wir unseren Weg fortsetzten und uns zurückwandten, um dem lustigen Alten noch einmal zuzuwinken, juchzte ich, daß alle erschrocken zusammenzuckten. So müsse ich mich am nächsten Dienstag in der Morgenrunde vorstellen, grinste Gregor, wie unsere Gespräche häufig von Witzelei und Flax durchsetzt waren. Seit wir uns küssen und streicheln hat das abgenommen.

11.

Auf dem Hochseil

Schon in der zweiten Woche am Dienstagnachmittag um 16 Uhr fand sich Martha zu einer Einzelstunde Gestalttherapie in der Werkstatt (oder sollte man den lichtdurchfluteten Raum im Erdgeschoß eher Atelier nennen) der anmutigen Kitty Frohauf ein. Sie brauche nichts mitzubringen, hatte sie ihr gesagt, es sei alles Nötige vorhanden. In dem Raum roch es nach Farbe und Terpentin.

»Ich stelle Ihnen ein Thema«, sagte die schöne Frau mit dem blond-dunkel gestreiften glatten Haar, das sie sich zu einem losen Knoten aufgesteckt hatte. Eine vorwitzige Strähne fiel immer wieder in die Stirn und wurde von ihr geduldig und mit lässiger Handbewegung zum Ohr zurückgeschoben. Auf dem Tisch stand in blauem Glas ein Sträußchen mit einer vollerblühten rosa Rose und einigen Feldblumen.

»Ich hätte gern etwas, wo man sich die Hände nicht schmutzig macht«, sagte Martha und bemerkte amüsiert, daß Kitty Frohauf die ihren schnell versteckte, nachdem sie einen schuldbewußten Blick darauf geworfen hatte. Sie trug eine verkleckste grüne Arbeitsschürze, während diejenige, die sie für Martha aus einem Spind holte, offenbar frisch aus der Reinigung kam. Jedenfalls gab es darauf keine Flecken. Auch deine Fingernägel, dachte Martha belustigt, sind nicht ganz *comme il faut*, als die schöne Frau nach einem großen Zeichenkarton griff und ihn vor Martha auf den Tisch legte. Daneben stellte sie ein Glas mit Pinseln, Wasserglas und Wasserfarben.

»Ich gehe über eine Brücke« sei das Thema, sagte sie. Aber sie wolle sie jetzt allein lassen, damit sie ungestört überlegen könne.

Diese Frau hat eine erstklassige Intuition, dachte Martha. Das Thema gefiel ihr sofort.

»Ich mag Brücken«, sagte sie. »Es erinnert mich an das Lebensmotto einer befreundeten Dichterin. Ich glaube, ein Zitat Lope de Vegas. Hören Sie: Ich setzte den Fuß in die Luft und sie trug. Wie finden Sie das?«

»Können Sie vielleicht mit dem Fuß anfangen?«

»Schwierig«, sagte Martha. »Mir fällt dazu nur der überdimensionale Marmorfuß einer kaiserlichen Kolossalstatue in Rom ein, den ich einmal fotografiert habe, ob in der Engelsburg oder im Konservatorenpalast, ich hab's vergessen. Den kann ich aber nicht gut in die Luft setzen.«

Kitty Frohauf deutete auf Marthas Füße, die in schwarzen Espadrilles steckten. Die könne sie doch abzeichnen!?

Martha lachte. »Wie haben die Maler eigentlich ihre Hand gezeichnet, mit der sie den Pinsel hielten?«

»Ich lasse Sie jetzt allein. Ihnen wird schon was einfallen.« Und damit verließ sie mit einem aufmunternden Lächeln, wobei sie sich die unbotmäßige Strähne aus der Stirn strich, den Raum.

Martha saß vor dem leeren Blatt. In ihrem Kopf tanzten allerlei Harlekine, Clowns und Zirkusartisten von Chagall und Picasso. Endlich tauchte sie den langen Pinsel in ein kräftiges Grün und begann mit einer stattlichen Zwiebelhaube, wie man sie zuweilen auf bayrischen Kirchtürmen sieht, pinselte symmetrisch daneben eine zweite, nahm ein leuchtendes Gelb, um die Domtürme darunterzusetzen mit ovalen Lünetten und angedeutetem Stuck. Die Türme verband sie mit einem Dachdreieck, das sie später rot ausmalen wollte. Dann tunkte sie den Pinsel in Schwarz und zog zwischen erstem Turm, Dachende und zweitem Turm ein Hochseil. In die Seilmitte aber, und dies war auch die Bildmitte, zeichnete sie mit spitzem Pinsel ebenfalls in Schwarz und in chinesischer Pinselhaltung senkrecht von oben den Seiltänzer, wie er mit gespreizten Beinen, das eine ein wenig gebeugt, und mit ausgebreiteten Armen die Balance hielt zwischen den Türmen. Ohne Netz, wie ihr sofort einfiel. (»Klar«, sagte Gregor später, als sie es ihm erzählte, »klar, daß du kein Netz spannst.«) Da war also ihr Alter Ego, die Haare im Wind, die Nasenspitze im Profil in Seilrichtung, während der Rumpf frontal dastand, beide Füße nach außen gedreht.

Martha spürte unter der grünen Arbeitsschürze die kühle Seide ihres schwarzen chinesischen Tai-Chi-Anzugs. Den trug auch ihr Seiltänzer, nur nicht schwarz, sondern rot-weiß-rot gestreift. Den Himmel überzog sie quer mit blauen Blockstreifen, damit er bayrisch weiß und blau hervorleuchtete zwischen den grünen Barockzwiebeln, denen sie je ein schwarzes Stephanskreuz auf die Spitze stellte. Und oben quer über den Himmel schrieb sie mit dünnem schwarzem Pinsel das Thema: Ich gehe über eine Brücke. Dann setzte sie ins rechte untere Eck unübersehbar ihre Initialen: ein M und ein R.

Kitty Frohauf war, ohne daß Martha es gemerkt hatte, neben sie getreten und sah ihr schweigend zu.

»Sind Sie ganz allein da oben?« fragte sie sanft.

Martha überlegte. Ja, sie war ganz allein da droben über dem Abgrund gegenüber dem Himmel zwischen den barocken Domtürmen.

»Vielleicht ist ja jemand innerhalb der Turmfenster«, sinnierte sie. »Eigentlich hätte ich ein zweites Blatt gebraucht, um den unteren Teil des Doms nach unten zu vervollständigen, zusammen mit anderen Dächern und einem Platz davor, auf dem sich das Publikum drängt. Viele kleine Leute müßten dort stehen und gebannt nach oben schauen. Einige würden ihre Hüte schwenken oder in die Luft werfen.«

»Wollen Sie das noch machen?« fragte Frau Frohauf. »Ich habe Zeit, und wir haben genug Papier.«

Martha schüttelte den Kopf. Das sei nicht so wichtig. Das Wichtigste sei der Hochseilakt.

»Ihr Bild ist heiter. Es enthält nichts Bedrohliches.« Kitty Frohauf wies mit dem Daumen auf die dicken, grünen Zwiebeltürme. »Die sind sehr sinnlich.«

Martha lachte: »... Domzwiebeln, süddeutsch oder italienisch, und unbedingt Barock.« Habsburger Gelb, weiß-blauer Himmel und der Joker in der Mitte über dem Abgrund. Balanceakt zwischen den Extremen, vielleicht mein Beruf, meine Träume, aber welche? Ob die mich durchschaut? Ich weiß schon, warum dieser Gregor Bambach mich fasziniert, dachte sie. *Er* ist der Spieler über dem Abgrund, der diesen Weg realiter gegangen ist. Er ist mein »Schatten«. Nur daß ich nie so hoch gespielt habe und nicht abgestürzt bin. Was für eine erstaunliche Frau! Die weiß vermutlich mehr, als man ihr ansieht.

»Bis bald, Frau Ruland, wenn Sie wollen«, sagte Kitty Frohauf und reichte Martha das Blatt. »Heben Sie es gut auf.«

12.

Masken

Martha entschied sich, ihre Phantasien, die sie bei Kitty Frohauf zu Papier brachte, mit Klebestreifen über das Kopfende ihres Bettes zu heften. Sie ergaben nicht nur eine hübsche kleine Ausstellung, denn sie war zeichnerisch nicht unbegabt, sie ließen, fand sie und runzelte die Brauen, wohl auch tief blicken. Da war zum Beispiel der Faun. Als Kitty noch keine präzisen Themen gestellt hatte, griff Martha nach roter und grüner Pastellkreide. Sie wolle einen Faun zeichnen, sagte sie. So entstand ein Faunskopf, versehen mit Hörnchen, spitzen Ohren und einem herzförmig lächelnden Mund. Er sah verschmitzt aus, als zwinkere er ihr zu aus schräg gestellten Augen.

»Woran denken Sie?« fragte Kitty Frohauf, als sie neben ihr stehenblieb und ihr ins Blatt sah. »Das hat etwas Fröhliches.«

Hätte sie sagen sollen, daß ein Liebster ihrer Studentenzeit sie so angelächelt habe? Daß sie aus dieser Zeit sogar ein altes Fotoalbum aufbewahre, in das sie auf die erste Seite eine Kunstpostkarte mit einem von Picassos Flöte spielenden Faunen eingeklebt hatte und daneben eine braune Locke?

»Ich mag Faune«, sagte sie, als sei dies das Selbstverständlichste der Welt.

»Der große Pan … «, lachte Kitty leise und strich sich

mit dem Handrücken die vorwitzige blonde Strähne aus der Stirn.

Martha war immer wieder verblüfft über Kittys Intuition. Sie fühlte sich durchschaut, erkannt, aber es wurde kein Urteil über sie gefällt. Das war das Angenehme hier. Man ließ sie in Ruhe. Sie war frei. Niemand klebte ihr ein Etikett auf und steckte sie in eine Schublade. Sie nickte. Ja, der große Pan, der war nicht tot. Nicht für sie. Weshalb aber füllte sie drei Ecken mit den Farben dreier Spielkarten, Rot, Karo und Herz und Schwarz, Kreuz? Dazu übereinander die Zahlen acht und vier? War ihr, fragte sie sich, vielleicht unter der Hand ein Spielteufelchen unterlaufen? Gregor Bambach war das nicht. Soviel stand fest. Sie dachte auch nicht an ihn, als sie das zeichnete. War sie am Ende selbst der Spieler? Und wenn ja, welches Spiel oder womit spielte sie?

Eine weitere Aufgabe lag darin, sich durch ein Bild, das an der Außenseite der Zimmertür zu befestigen sei, den anderen irgendwie zu präsentieren, am besten noch unter Einbeziehung des Vornamens. Martha überlegte nicht lange und schuf sich, sozusagen als persönliches Emblem, eine Maske. Auch dies war etwas, was sie seit ihrer Kindheit liebte, Masken, Maskenspiel, Maskenbälle, Verkleidung. Sie wählte eine elegant stilisierte Gesichtsmaske an einem Stab, die linke Gesichtshälfte rot, die rechte schwarz ausgemalt, mit geschweiften Schlitzen für die Augen und einem lachend geöffneten Schlängelmund. Venezianisch, dachte sie. Casanova fiel ihr ein und ihr Lieblingsroman seit Schülertagen, Stendhals »Rot und Schwarz«. Im jugendlichen Romanhelden Julien Sorel gab es, wie sie wohl wußte, Anteile der jungen Martha. Sah sie sich nicht bis weit in ihre Zwanziger Jahre in ihm wie in einem Spiegel? Aber dieser Bursche war kein Heiliger. Die Menschen fielen ihm zu, namentlich die Frauen. Er liebte sie, er nahm sie sich und er fand Genuß an ihnen. Aber er blieb nicht dabei, ein Hasardeur des Lebens und der Liebe. Auch ich bin keine Heilige, dachte Martha und setzte in lateinischer Schrift ihren Vornamen darunter.

»Sie lieben den Kontrast«, sagte Kitty.

»Manchmal auch die Extreme«, fügte Martha hinzu.

»Ihr Leben steht offenbar unter einer großen Spannung.«

»Ja, und das kostet Kraft. Man muß das aushalten können.«

»Ich sehe in keinem Ihrer Bilder, ich erwähnte es schon, etwas Bedrohliches«, sagte Kitty.

13.

Ein Geheimnis

Martha wurde der sogenannten interaktionellen Gruppe Professor Schrots zugeteilt, die am frühen Vormittag stattzufinden pflegte. Sie erschien in ihrem schwarzen chinesischen Seidenanzug, den sie sonst nur anzog, wenn sie allein oder neuerdings mit Melanie Baumann auf der Wiese hinter dem Haus Tai-Chi-Chuan übte. Gregor Bambach hatte sie dort überrascht und fand das lässig fallende Kleidungsstück mit seinem hochgestellten Maokragen und den Seidenknebelverschlüssen so interessant, daß er ihr vorschlug, es in der Morgenrunde zu tragen. »Für mich«, sagte er, was sie doch ein wenig verwunderte. Sie ergänzte diesen Anzug durch die schwarzen Leinen-Espadrilles und einen schwarzen Fächer, den sie gewandt mit einem Klick öffnen und einhändig mit einem Klack wieder schließen konnte. Mein Markenzeichen, dachte sie und daß sie dieses Spiel beherrschte wie eine Spanierin. Sie mußte lächeln, als auch Gregor ganz in Schwarz erschien von den schwarzen Jeans über das schwarze Oberhemd bis zu ebensolchen Espadrilles, wie sie sie trug. Die habe er sich gekauft, sagte er, als er das Wochenende allein in F. verbrachte. Er setzte sich Martha gegenüber. Es genierte sie ein wenig vor den anderen, daß er so offensichtlich ihre Farben trug. Sie fand den Partner-look albern. Deshalb also hatte er hinzugefügt »für mich«.

In dem geräumigen Dachboden, der ausgebaut und von schönen Dachbalken überspannt als Versammlungsraum diente, mochten an die fünfzehn bis zwanzig Leute sitzen, vorwiegend Patienten. Es schienen sich allerdings auch einige Therapeuten eingefunden zu haben. Martha kannte noch längst nicht alle, da Gregor sich beständig an ihre Fersen heftete, sobald der Tagesablauf ein wenig freie Zeit ließ. Man hatte einen Stuhlkreis gebildet, in dessen Rund Professor Fritz Schrot gewissermaßen als Mittelglied fungierte. Martha musterte ihn aufmerksam. Er war nicht groß, aber stämmig. Die blonden Kurzhaarborsten standen wirr in die Höhe. Aus dem roten Gesicht mit der Stupsnase blinzelten freundliche Schweinsäuglein. Ein Energiebündel, dachte sie. Neugierig, was da komme, blickte Martha von einem zum anderen, grüßte mit einem Augenzwinkern ihre Tai-Chi-Adeptin Melanie und handhabte mit leisem Klick und Klack den schwarzen Fächer, denn es war heiß unter dem Dach. Der Professor in weißem Arztkittel, der über dem Bauch spannte, erklärte mit einer etwas gaumigen Stimme, was zu erwarten sei. Jemand verteile leere Papierbögen und Schreibstifte. Die Aufgabe laute: Dies ist mein Geheimnis. Es möge ein jeder auf dem Zettel etwas notieren, das er offen nicht zugeben wolle, noch jemals offen geäußert habe, ein gut gehütetes, intimes Geheimnis also. Die Zettel seien sodann gefaltet einzusammeln und zu mischen, sagte er und stellte einen Schuhkarton in die Mitte des Kreises. Sodann werde sich ein jeder aus den durcheinandergemischten Zetteln einen herausgreifen, ihn entfalten und laut und deutlich vorlesen. Niemand, ausgenommen der Schreiber dieser Zeilen selbst, wisse ja, wessen Zettel das sei. Es stehe kein Name darauf und keiner kenne die Schrift. Derjenige aber, der den Zettel aufgegriffen und verlesen habe, müsse seinen Vortrag mit dem Satz beschließen: Dies ist mein Geheimnis. Das Plenum könne dazu Bemerkungen machen, Vermutungen äußern, Fragen stellen. Selbstredend nicht die Identität des Schreibers betreffend. Die Anonymität müsse gewahrt werden. Es solle ein Geheimnis bleiben.

Martha nahm dieses Unterfangen nicht allzu ernst. Sie beschloß, etwas beitragen, das dem oder der, die es vorlesen mußten, nicht ganz so locker von den Lippen ging. Alle ganz brav, dachte sie, bürgerlich wohlanständig und unglücklich. Wie bringt man ein bißchen Salz und Pfeffer in diese Gruppe? Sie unterdrückte ein Grinsen.

»Ich bin fasziniert von der Liebe«, schrieb sie in Druckbuchstaben. »Ich bevorzuge Männer. Ich hatte aber auch ein Verhältnis mit einer Frau.«

Es bereitete ihr eine diebische Freude, diese Botschaft zu falten und in den Pappkarton zu stecken. Gespannt wartete sie auf die Reaktion.

Was wurde da nicht alles vorgelesen, Sündenbekenntnisse bis hin zu Tötungswünschen. Die Erotik schien ausgespart. Dann endlich trug ein blasser Jüngling ihren Text vor. Sie verzog keine Miene, blickte in die Runde, als könne sie kein Wässerchen trüben. Auf dieses Vorlesen hin entstand eine kleine Pause. Es war still im Raum.

Es wäre doch interessant zu wissen, ließ sich eine Frauenstimme vernehmen, ob der Schreiber dieser Zeilen ein Mann oder eine Frau sei.

Die Meinungen gingen auseinander, bis eine zweite Frauenstimme abschließend bemerkte, so etwas schreibe wohl doch eher ein Mann.

Die anderen nickten. Einige fanden die Sätze »toll«.

»Viel Spaß« tönte die Stimme eines der weißbekittelten Therapeuten.

»Ja da möchte man doch gleich mitmachen«, lachte ein anderer. Und sofort hatte sich die Stimmung der Gruppe aufgehellt.

Martha war zufrieden mit diesem Ergebnis. Im Haus »auf der Höhe« schien man nicht prüde zu sein. Vermutlich hatte man auch nichts gegen nächtlich-heimliche Interaktionen, sagte sie sich und dachte an Gregor Bambach, wie er im weißen Bademantel, die Wasserflasche unterm Arm im Türrahmen stand. Ein zweites Mal wirst du ihn nicht von der Bettkante stoßen, Bella!

14.

Paarungen

Die Diskussion setzte sich an den Mittagstischen fort. Es hatten sich nach der Abreise der dauerstrickenden Monika Nieguth und der unscheinbaren Anne Pongratz neue Gruppierungen ergeben, oder sollte man manche eher als Paarungen bezeichnen? Gregor Bambach saß wie vordem Martha gegenüber. Zwei weitere Paare hatten sich eingefunden. Neben Martha saß jetzt ihre blonde, blauäugige Tai-Chi-Adeptin Melanie Baumann, die sich mit dem stämmigen Peter Nöck zusammengetan hatte, diesem unglückseligen Berserker, der am ersten Abend Marthas Umhängetasche zu Fall gebracht hatte. Melanie war, wie Gregor insgeheim etwas abschätzig feststellte, eine jener Frauen, die sich weder unter den Achseln noch an den Beinen die Haare entfernten. Auch Schminke lag ihr sehr fern. Eine unangenehme Scheidung brachte sie hierher, um sich endgültig freizuschwimmen, wie sie sagte. Es helfe ihr übrigens, das Leben sportlich zu nehmen. Unter Marthas Fittichen gelangte sie im Chen-Stil, den Martha auf ihrer Wiese täglich übte, nicht nur bis Position sieben, sie tauchte nach einem Wochenende auch plötzlich mit einem sehr pfiffigen Kurzhaarschnitt auf, wobei der Oberkopf über der sanft gebräunten Stirn stiftelartig in die Höhe stand, während die Seiten kurz und zu einem glatten Bob geschnitten waren. Spitzbübisch sah sie jetzt aus, dachte Martha, und hatte nichts mehr an sich von dem verhuschten Muttchen, als das sie eintraf. Das mochte natürlich auch an ihrem neuen Freund Peter Nöck liegen, der mit der Grazie eines ausgewachsenen Grislybären die Rolle ihres *Garde du corps* oder auch *du coeur* einnahm. Martha mußte ihm heimlich Abbitte tun, als er ihr seine Geschichte erzählte. Er war ertrunken und wiederbelebt worden, einer der hoffnungsvollen Angstpatienten Professor Schrots, auf den der im Bau befindliche Klettergarten wartete. Er würde noch vor Ort sein, wenn die Arbeiten ihren Abschluß fänden, sagte er. Die Sonne hatte ihn noch dunkler geröstet. Die dichten braunen Haare hingen ihm in glatten, aber immer ein wenig zerzausten Fransen in die hellblauen Augen, Huskyaugen wie Eskimohunde. Sie fand nunmehr dieses gebräunte Muskelpaket durchaus angenehm. Die zierliche Melanie reichte ihm gerade unter die Achsel. Peter hatte schöne, kräftige Zähne und konnte nun auch wieder lachen.

Als drittes Paar gesellten sich dazu eine kesse Blonde und ein schlanker Hüne, Schwabe und Weltenbummler, wie er sagte, das fuchsrote, ein wenig strähnige Haar tief im Nacken locker zusammengebunden. Der junge Schiller, dachte Martha sofort, als er sich ihr vorstellte, die kühn vorspringende Nase, der markante, leicht spöttische Mund. Und genauso müßte auch der Dichter geschwäbelt haben. Aber dieser hier nannte sich Volker Klein. Seine neue Freundin mit Berliner Schnauze, lokkeren Sprüchen und traurigen Augen, hieß Inga Köppen und stammte, wie sie sagte, aus Berlin-Reinickendorf. Sie war groß, weißblond, lässig dauergewellt und rollte beim Gehen leicht in den Schultern. Volker war dabei, ihr das Schachspiel beizubringen. Man sah sie jede freie Minute die Köpfe zusammenstecken, gemeinsam über das Brett gebeugt. Inga sagte »icke« und »kieke ma«. Volker Klein fand das »ungemein putzig«.

So hatte sich aus dem Vierer- also ein Sechsertisch entwickelt. Es hatten die sich zuammengetan, dachte Martha, die sich sympathisch waren. Inga machte von Martha und Melanie ein Foto, als die beiden draußen auf der Wiese bis zum Kinn unter einer Kuscheldecke lagen auf einer Liege, wo eigentlich nur eine Platz hatte, und wie zwei Flaschenteufelchen hervorlachten.

»Die mögen sich«, sagte Gregor Bambach überflüssigerweise und vielleicht auch ein wenig neidisch, denn man sah es ihnen an.

Er habe übrigens gleich gewußt, welches Geheimnis dasjenige Marthas sei, sagte er bei Tisch nach der interaktionellen Gruppe. So etwas könne ja nur von ihr kommen. Als das seine vorgelesen worden sei, habe natürlich sie mit ihrer Bemerkung den Nagel auf den Kopf getroffen.

Weder Martha noch die anderen hatten auch nur die leiseste Ahnung, was denn nun sein Geheimnis gewesen sei. Sie drängten ihn, es ihnen zu verraten.

»Ich kann nicht treu sein«, sagte er.

Martha war enttäuscht. Sie erinnerte sich, daß eine der Frauen in der Gruppe vorschlug, statt »kann« solle der oder die Betreffende vielleicht besser »will« sagen. Martha hätte, wie sie in der Runde angab, gerne gewußt, »treu, wem oder was?«, schließlich gebe es verschiedene Arten von Treue, unter anderem auch »die Treue zu sich selbst«.

Dies sei die entscheidende Frage gewesen, sagte Gregor Bambach. »Ganze Christbäume« seien ihm dabei aufgegangen.

Professor Schrot merkte an, es gehe wohl doch eher um Partnertreue.

»Ich kann nicht treu sein«, warf Martha gereizt ein, erinnere sie eher an gewisse Arien aus Oper und Operette. Der Ausspruch habe etwas Schlagerhaftes, Reißerisches. Ihr erscheine diese Aussage doch reichlich plakativ.

Der oder die Betreffende kokettiere, bemerkte ein dritter.

Inga Köppen meinte kopfschüttelnd, das erinnere sie an die Debatte, ob das Glas halbvoll oder halbleer sei.

Er neige dazu, bekannte Gregor Bambach, halbleer zu sagen. Schon im Studium hätten die Mitbewohner seines Studentenheimes ihm den Spitznamen »Leiden Christi« beigegeben.

Inga wies auf seine Augenbrauen, die er gern zu ihren Enden hin nach außen abfallen lasse, und die Falten auf der Stirn, wenn er sie runzle, was ihm einen absolut niederschmetternden Gesichtsausdruck verleihe, Leiden Christi eben.

»Also so wat von Dackelfalten«, lachte sie, was Gregor Bambach sofort entrüstet zurückwies, weil, mutmaßte Martha spitz, vermutlich eine seiner Frauen so gesagt habe, all die Bettinen, Karinen, Margareten, Magdalenen etcetera, etcetera, die man gar nicht alle behalten könne.

Ob er nicht der Ansicht sei, daß sie beide dem Laster des Donjuanismus frönten, nicht Cherubino freilich, sondern Don Giovanni?

»Donna Giovanna«, sagte er mit einer leichten Neigung seines schwarzbehemdeten Oberkörpers und einem säuerlichen Lächeln in ihre Richtung.

»Was seids ihr jesusmäßig g'scheite Leut'«, spottete Volker Klein und beendete die Debatte.

15.

Leitsätze

Als Martha zum zweiten Mal Ottlieb Hüter aufsuchte, hatte sie ihre Hausaufgaben gemacht. Dieser Mister Schlaftablette war gar nicht so ohne, dachte sie. Seine Aufgabenstellung gefiel ihr.

»Sie sind, Frau Ruland, wie ich Ihrem Fragebogen entnehme, ohne Vater aufgewachsen im Haus Ihres Großvaters. Wie war denn das für Sie?«

»Als die Wohnung meiner Eltern durch die Besatzer beschlagnahmt wurde, nahmen meine Großeltern, die ein Geschäftshaus hatten, mein Großvater war Kaufmann, Tochter und Enkelin zu sich. Meine Mutter führte den Haushalt und konnte sich ansonsten mir widmen.«

»Ihr Vater galt als vermißt. Hat Ihre Mutter nie mehr geheiratet?«

»Nein, obwohl sie bei Kriegsende noch keine dreißig und eine schöne Frau war. Sie hatte wohl Verehrer, darunter war aber, wie sie sagte, kein Mann, ›der meinem Vater das Wasser reichen konnte‹. Außerdem hoffte sie ja, er würde eines Tages zurückkommen.«

»Hat sie ihn idealisiert?«

»Das glaube ich eigentlich nicht. Er muß schon ein toller Bursche gewesen sein. Ich habe von ihm zum Beispiel eine Konzertgitarre, die er sehr gut gespielt haben soll, geerbt, ein Sport-Paddelboot und ein Zelt, Skier, die mir viel zu lang waren, und Sechszacker-Steigeisen für den Gletscher, dazu Seil und Eispickel, eine F 3-Leica, einen Filmapparat und etliche Typoskripte von Vorträgen samt den dazugehörigen Diapositiven und vor allem jede Menge Porträtfotos. Er hat 1936 im Rahmen der Olympischen Spiele in Garmisch bei den Heeres-Skimeisterschaften den Zweiten im Langlauf mit Gewichten gewonnen. Er fuhr Wildwasser, bestieg Viertausender, fotografierte, entwikkelte und vergrößerte meisterhaft. Veröffentlichte schon als Schüler Gedichte. Meine Mutter hat viel von ihm gelernt und an mich weitergegeben. Sie hat sich mit diesem Mann mit Sicherheit nicht gelangweilt. Meine Eltern kannten sich zehn Jahre, ganz große Liebe. Drei davon waren sie verheiratet, eine Kriegsheirat. Mein Vater wurde Ende 44 eingezogen. Sie zeugten mich sozusagen in letzter Minute, ein Wunschkind. Ein faszinierender Mann.«

»Da haben Sie Ihren Vater ja nie gesehen?!«

»Und er mich auch nicht.«

»Dann hat also Ihr Großvater Vaterstelle bei Ihnen vertreten?«

»Als ich auf die Welt kam, war mein Großvater mütterlicherseits ein Mann in den Sechzigern. Er hat spät geheiratet. Als meine Mutter geboren wurde, war er 36.«

»Wie war Ihr Verhältnis zu Ihrem Großvater?«

»Er war vernarrt in mich, und er war meine erste große Liebe.«

»Erinnern Sie sich an irgendwelche Aussprüche von ihm, die für Ihr Leben bedeutend waren?«

Martha lachte.

»Das Leben sei lang, pflegte er zu sagen, und man sei so lange verheiratet. Deshalb solle ich mir Zeit lassen mit dem Heiraten und mir vorher die Männer gut anschauen. Mit 35 zu heiraten, sei noch früh genug. Er selbst hatte es so gehalten. Das war wohl kein guter Rat für eine Frau, denke ich heute. Damals aber fand ich ihn toll: ›vor 35 nie‹. Solange dauert das natürlich auch, bis man nach einem Studium und in einem akademischen Beruf einigermaßen situiert ist. Meine Mutter predigte mir stets, und ich begriff es an ihrem Beispiel, wie wichtig es auch für eine Frau sei, einen Beruf zu haben und auf eigenen Beinen zu stehen.«

»Ihre Mutter war berufstätig?«

»Als ich aufs Gymnasium kam, ging sie wieder in ihren alten Beruf zurück. Sie mußte dazuverdienen. Meine Großeltern wurden zu alt, ein Ladengeschäft zu führen. Meine Mutter hat den Laden vermietet. Sie war im Grunde der Mann im Haus.«

»Welche Aussprüche kennen Sie denn von Ihrer Mutter?«

»Ich war vielseitig und gut begabt, aber ein fauler Strick. Meine Mutter schärfte mir ein, man könne gar nicht genug lernen. Sagte ich, ›ich kann nicht‹, war ihre Antwort, ›nicht können heißt nicht wollen‹. Ich solle mich gefälligst auf meinen Hosenboden setzen und was tun. Sie glaubte an mich und hat mir immer den Rücken gestärkt. In einer reinen Männerdomäne hat sie selbst Karriere gemacht. Das Fazit ihrer Berufserfahrung: Eine Frau müsse immer besser sein als ein Mann, um das Gleiche zu erreichen. Die Feinde einer tüchtigen Frau im Beruf seien alle Männer, die ihr unterlegen seien. Und ich solle mir nichts gefallen lassen. ›Wehr dich‹, sagte sie. Sie habe mich nicht auf die Welt gebracht, damit mich andere kaputt machten. Das Kämpferische, das habe ich von ihr, wenn ich dabei auch oft an meine Grenzen kam. Aber ich war nicht feige ... oder nur selten ... «

»Da hatten oder haben Sie wohl eine starke Mutterbindung?«

»Na, wenn schon. Es gibt weiß Gott Schlimmeres auf der Welt.« Martha lachte.

»Wie hat sich denn diese Familienkonstellation auf Ihre Partnerbeziehungen ausgewirkt?«

»Die Meßlatte lag sehr hoch. Es hat auch relativ lange gedauert, bis mir klar wurde, daß ich meinem Vaterbild hinterherlief.«

»Obwohl Sie Ihren Vater persönlich gar nicht gekannt haben?!«

»Meine Mutter sagte, ich sei eine Vatertochter. Ich hätte viele seiner Begabungen geerbt. Das Schreiben, zum Beispiel. Angeblich sehe ich ihm auch ähnlich, obwohl er braune Augen und schwarze Haare hatte. Mit blauen Augen und blonden Haaren komme ich auf den Großvater hinaus.«

»Konnten Sie sich von dieser engen Mutterbindung lösen?«

»Da bin ich mir nicht so sicher, obwohl ich nach dem Abitur erst einmal 600 Kilometer räumliche Distanz zwischen uns gelegt hatte. Mein Abnabelungsprozeß hat meiner Mutter, wie sie sagte, sehr weh getan. Ich bin weggegangen, um nicht mit ihr verheiratet zu sein. Trotzdem war ich letztlich wohl immer mehr Tochter meiner Mutter als Partnerin eines Mannes. Es ist natürlich auch so, daß wir uns heiß lieben. Die eigentliche Abgrenzung gelang mir erst, als ich ein Jahr im Ausland lebte.«

»Also noch weiter weg gingen?«

»Na ja, die ›innere Mutter‹ trägt man ja doch überall hin mit, gleichgültig wie weit man geht. Wenn es meiner Mutter schlecht ging, stand ich natürlich Gewehr bei Fuß.

Darauf konnte sie sich schon verlassen. Und umgekehrt. Es hat eben alles seine zwei Seiten.«

»Wie haben das denn die Männer in Ihrem Leben aufgenommen?«

»Da ließe sich viel dazu sagen. Die meisten fühlten sich letztlich überfordert und rieten mir, ich solle mir einen starken Mann suchen. Das hat mich immer geärgert. Aber vermutlich hatten sie recht.«

»Und haben Sie ihn gefunden?«

»Es gab genug Kandidaten. Ich habe nicht gesucht.«

»Weshalb sind Sie hier? Was sollen wir denn mit Ihnen machen, Frau Ruland?«

»Ich bin eine Seiltänzerin. Bis jetzt ging alles gut. Aber ich kann das andere Ende des Seils nicht sehen … «

»Angst vor dem Fall?«

»Ja, vielleicht.«

»Fehlt die Ordnung in Ihrem Leben?«

»Meinen Sie die Liebe? Ich weiß schon, was nötig ist und was ich will. Aber dann kann ich es oft nicht mehr. Wille nützt da nichts.«

»Prioritäten setzen vielleicht?«

»Sie haben gut reden. Das tue ich schon. Reicht aber wohl nicht … «

»Wenn Sie am Ende des Seils ankommen, was wollen Sie dann tun?«

»Hier ist eine Brücke meiner Existenz. Fragt sich, ob die Pfeiler halten … «

»Und die Brücke? Wohin?«

»Erst mal zum Aufschreiben.«

»Und weshalb?«

»Weil ich das kann, besser jedenfalls als viele andere.«

»Und was, Frau Ruland, wollen Sie schreiben?«

»Was ich wahrnehme und was ich mir und die anderen mir bedeuten.«

»Was bedeuten sie Ihnen denn?«

»Na ja, genau das hoffe ich ja beim Schreiben herauszufinden.«

»Zeigen Sie mir doch … «

»Nein, das möchte ich nicht.«

»Und wie kann ich Ihnen helfen?«

»Daß ich zunächst sprechen kann.«

»Sie suchen Ihr Glück … «

Martha unterbrach ihn. Seine bohrende Hartnäckigkeit, Fragen zu stellen, wurde ihr zunehmend ungemütlich. Sie wich aus: »Es gibt«, sagte sie, »verschiedene Arten von Glück. Genau das zu lernen gehört zum Pensum. Ich bin dabei.«

»Möchten Sie, daß wir uns weiter unterhalten?«

»Jetzt nicht, Herr Hüter. Wir verabreden uns.«

Martha wandte sich zur Tür, drehte sich noch einmal um: »Wissen Sie, daß hier nichts zu finden war?!«

16.

Die Decke

Mittwoch, 4. August

Es hat keinen Sinn, sich an einem solchen Ort einen Mann anzulachen. Ich weiß es ja und trotzdem habe ich es getan. Gerade hat Gregor Bambach im weißen Bademantel mein Gemach verlassen, nachdem er mein Lager, das ich uns auf dem Teppichboden bereitet hatte (Decke und Handtuch) mit seinen Problemen beladen hat. Als ich sagte: »Ich will, daß du mich mit deinen Händen siehst«, fand er sich, wie er sagte, in einer Schülerrolle, die ihm nicht behagte. Dabei hatte ich ihn nur zitiert. Auch hatte er gesagt, er wolle sich fallen lassen. Er wolle meine Liebe lernen. Alles Geschwätz! Der Mann redet viel, neigt zum Raisonnieren, zum Rationalisieren. Er ist nicht einfach, nicht locker, nicht sinnlich genug. Sagte ich: »Zieh das Ding da aus« und zeigte mit der Hand auf seine halbschenkellange graue Unterhose aus Jersey, war er beleidigt, statt sich zu freuen, daß ich keinen Stoff zwischen uns haben wollte. Schließlich erwartete ich ihn ja selbst splitternackt auf der Decke.

Natürlich ist er ein Narziß. Zwischen uns ist ein Graben, sagte er, während wir kürzlich, als ich ihn von hinten umarmte, (angeblich) ein Liebespaar waren. Ja, das könnte dir so passen, wenn ich hinter dir stehe und du mich nicht siehst, kannst du munter auf mich projizieren. Das geht nicht mehr, wenn ich neben oder auf dir liege. Außerdem ist das dein Graben, nicht der meine.

Ach, ich habe die Nase voll von solchen Typen. Tagsüber raspeln sie Süßholz: Du bist schön. Ich liebe dich. Und wenn sie dann ihren Mann stehen sollen, dann sind sie nicht bereit zu streicheln, den Körper des anderen zu erkunden und ihm wohlzutun. Die romantische Liebe in den Köpfen evangelischer Pfarrer … Dabei war seine Unterhose wirklich eine Scheußlichkeit.

Wieder einer ohne Humor. Dazu diese vau-förmigen Querbalken von Augenbrauen, die tiefen Falten dazwischen und quer über seine Sorgenstirn. Dieser Mann kann sich gar nicht fallen lassen. Er kann nicht nur nicht treu sein, sondern er kann auch nicht lieben. Alles Geschwätz! »Und wenn du noch so schön bist … « Alles Quatsch! Man legt sich aber auch kein »Leiden Christi« ins Bett und noch dazu auf den Fußboden.

Er wolle »kein Tai-Chi« mit mir machen, sagte er. Es sei ihm zu kalt, zu technisch.

Bin schon sauer, betrogen um meine schöne Erregung.

Aber dann bittet er mich, für die Zeit unseres Aufenthalts mit mir »zusammensein zu dürfen«. Er sagt, ich würde ihm Schläge in den Unterleib versetzen. Jemand, der ein derart schwaches Selbstbewußtsein hat, ein derart wackeliges Selbstwertgefühl, was soll ich mit dem?

Diese Sumpfblume der westlichen Zivilation, diese Mimose des christlichen Abendlandes, dieser falsche Romantiker, was soll ich mit ihm, wenn er eine Haut hat wie Seide und nicht streicheln will, wenn er feine, sensible Hände hat und sie nicht gebrauchen will, wenn er einen schönen Schwanz hat, und nichts lernen will. Der kann noch tausend Frauen vernaschen oder verbrauchen, er bleibt ein evangelischer Pfaff, der in der Kirchen vor seiner hölzernen Schutzmantel-Magna Mater in die Knie geht und auf dem Lager einer Hetaira Musarion seinen Mann nicht steht… weil er vermutlich gar keiner ist. Ich dachte zuerst, er sei schwul. Das sagte ich ihm auch, und es hat ihn überrascht und gefreut! Stimmt, ich gehe mit ihm durch Scheiße, die Kuhfladen in meinem Traum. Soll er an seiner Vollständigkeit arbeiten! Das hat er nötig. Da ist ein weiter Weg. »Liebe!« … »Wonne!« Alles Geschwätz, Worte, Blech. Taten will ich sehen und spüren, nicht dieses gesalbte Gewäsch. Eigentlich muß ich mir diesen Schuh nicht anziehn.

»Schau mir nicht zu«, sagte er, als er seine graue Büx anzog.

»Du«, sagte ich, »das ist mir wurscht.« Ich ließ ihn gehen.

Was bringt mir das? Nix: Ärger, Frust, Enttäuschung.

Gestern waren wir am Vormittag nach der Morgenrunde auf meiner grünen Wiese hinter dem Haus. Ich machte eine halbe Stunde Tai-Chi-Chuan, diesmal ohne Melanie, die mit ihrem Peter Nöck unterwegs war. Gregor kam gegen Ende meines Tai-Chi-Programms. Ich setzte ihn auf meine Schottendecke. Zuerst hatte er sich geniert abgewandt. Das ärgerte mich.

»Du kannst mir ruhig zusehen«, sagte ich. »Es stört mich nicht.«

Also sah er mir zu. Er sagte nichts. Ich aber wußte, daß ich mich gut und kraftvoll bewegte. Wir küßten und umarmten uns.

Am Nachmittag fuhren wir mit meinem Auto nach B. Da findet am Freitag eine Festspielaufführung von Verdis »Maskenball« statt. Saßen in einem Gastgarten am See ganz in der Nähe der Seebühne, auf der ein riesiges schauerlich schwarzes Skelett aufgebaut war, »ekelhaft naturalistisch und widerwärtig symbolisch«, sagte Gregor.

»Nein, kein Symbol«, sagte ich, »sondern ein plattes Zeichen, nämlich für den schlechten Geschmack der Festspielmacher.«

Egal… Wir tranken Rotwein und turtelten, bestellten einen Tisch für 18 Uhr zum Abendessen. Dann bummelten wir durch die ansteigenden Gassen, vorbei an schmucken Bürgerhäusern und Ansitzen hinauf zu einer Burg, einem Garten am Hang, schönen Plätzen. Wir gingen umschlungen wie ein Liebespaar. Leider sind wir keines, wie sich gezeigt hat. Schade?… Auch egal! Ich zahle ohnehin im Lokal, weil dieser arme Hund nichts hat, ein Zocker, ein Spieler… Wenn eine Chance, ein Weg nicht erkannt wird, läuft gar nichts, weder eine Entwicklung noch sonst etwas. Heute im Schloß von M. sahen wir ein Wandgemälde. Ein halbnackter Riese mit erhobener Keule drohte zierlichem Göttergewusel. Gregor fragte, was das wohl sei.

»Das ist der christliche Berserker, der die heidnischen Götter der Antike verjagt oder totschlägt«, sagte ich.

Gregor hat für mich gebetet. Nein, wir passen nicht zusammen. Ich bin keine Katharina von Bora. Ich bin ein Freigeist und eine heißblütige, zärtliche Frau, eine starke, selbstbewußte obendrein. Gregor Bambach ist ein hochgebildeter Mann, ohne Zweifel. Sein Äußeres ist auch durchaus angenehm. Aber er ist kein Liebhaber für die Martha Ruland. Ich werde ihm mit Sicherheit keinen himmellangen Brief schreiben, um ihm dies auseinanderzusetzen. Bin ja selber schuld, hätte ihn hinhalten, mich nicht in sein Bett legen sollen. Es bringt nichts, nur Frust.

Freitag, 6. August

Gregor hat mir in der Morgenrunde – ich hatte mich neben ihn gesetzt – ein Brieflein zugesteckt, verborgen im Einband eines Taschenbuchs (»Epochen der deutschen Lyrik 1900–1960. Zweiter Teil.«)

Sehnsucht / hab ich nach / Dir / Sehnsucht / G.

Im Bändchen war ein Gedicht der Marie-Luise Kaschnitz angestrichen. Von Hand hinzugefügt zwei Daten, Monat und Jahr, fünf Jahre voneinander entfernt. Es ist ein Liebesgedicht, ein sehr schönes Gedicht mit dem Titel »Erwartung«. Da die angegebenen Jahre zurückliegen, hat dieses Gedicht vielleicht eine Bedeutung in einer von Gregor-Don Giovannis 1003 Love stories?! Habe mir dieses Gedicht abgeschrieben. Der Ort, eine südliche Landschaft, der Anlaß, ein Zug, der den Geliebten bringen wird. Das Gedicht einer liebenden Frau, zärtlich und unsentimental:

»… Nur diese / Langsam heran- / Wachsende Gegenwart / Diese sich unaufhaltsam // Ausbreitende Landschaft Liebe / …« Das ist sehr schön.

Gregor hat gestern an der Wiedergutmachung gearbeitet. Er wollte es nicht mit mir verderben, sagte, er wisse auch nicht, warum er am Abend in meinem Zimmer so blockiert gewesen sei. Das Bild sei so schön gewesen, ich auf der Decke am Boden mit dem Badetuch, nackt und in Erwartung. Sagte, es sei ihm zu inszeniert gewesen, obwohl er einsah, daß der Boden ein geeigneterer Ort sei als das Bett, schon wegen dessen Schmalheit. »Und der Geräusche wegen«, fügte er hinzu. Das ist wahr, wir sind meistens ziemlich temperamentvoll zugange, was das arme Bettgestell mit Knarren und Knacken erwidert, so daß wir manches Mal schon seinen finalen Zusammenbruch befürchteten. Die Leidenschaft habe ihm gefehlt, fuhr er fort. Sagte ihm, was ich von Leidenschaft halte, nämlich nichts, schon wegen der ersten Worthälfte »Leiden«. Entwickelte ihm meine Vorstellung von der »romantischen Liebe«. Die Liebesraserei von »Tristan und Isolde«, das sei nicht lebbar und ende ja auch bekanntlich im Liebestod. Ich hielte nichts von derlei »Liebe«, sagte ich. Was denn meiner Meinung nach an deren Stelle zu setzen sei, fragte er. Ich rede von Tantra und Tao, von Indien und China, der alten Zeit, versteht sich. Jetzt hat er Angst, ich will das ganze Kamasutra an ihm abturnen.

Ich darf nicht vergessen, daß er evangelischer Pfarrer ist. Eine Decke, meinte er, hätte ihm geholfen. Ist mir gleich aufgefallen, daß er gerne das Licht ausmacht, es lieber zugedeckt tut. War schon ein bißchen instinktlos von mir, ihn nackt zu mir auf den Fußboden zu bitten. Daß ich in sexueller und erotischer Hinsicht kein Schamgefühl hätte, sagte ich ihm, weil es in diesem Bereich, zumal, wenn das Gefühl beiderseits geteilt sei, meiner Ansicht nach nichts Unrechtes gebe. Die Scham Adam und Evas im Paradies komme erst nach dem Sündenfall, nachdem sie das Gebot, nicht vom Baum der Erkenntnis zu essen, übertreten hätten. Sie sei die Strafe für ein Vergehen. Vielleicht doziere ich zuviel. Das liegt wahrscheinlich an ihm, der auch dauernd redet. Sagte ihm, die Zeit, die uns hier bleibe, sei ohnhin zu kurz für ein intensives »Erkennen«.

17.

Kopfkissenbücher

»Hast du wirklich ein Verhältnis mit einer Frau gehabt?« fragte Melanie Baumann Martha, als sie beide ein wenig hochatmend und angenehm durchwärmt vom gemeinsamen Tai-Chi-Chuan-Training hinter dem Haus auf der Wiese nebeneinander bäuchlings auf Marthas bewußter Schottendecke lagen.

»Aber du bist doch nicht lesbisch?«

»Doch und wie«, rief Martha und warf sich übertrieben quietschend auf Melanie.

»Was machst du denn dann mit Gregor?« bohrte die ungerührt weiter, nachdem sie sich lachend freigestrampelt hatte und beide nunmehr sittsam auf der Decke saßen.

»Ich vögle ihn, mein Schatz.«

Melanie verschlug es die Sprache. Sie war nicht sicher, ob Martha sich über sie lustig machte.

»Ja, wie, wann denn, wo?«

Und Martha erzählte der Freundin haarklein von Gregor Bambachs allnächtlichen Wanderungen im weißen Bademantel mit der Seltersflasche unter dem Arm.

Die Freundinnen lagerten im Schatten eines knorrigen Kirschbaums, schlugen hin und wieder eine dieser penetranten Rinder-oder Pferdebremsen tot, die von den nahen Viehweiden herüberflogen. Martha betätigte ihren spanischen Fächer. Neben ihnen im Gras lag noch aufgeschlagen das großformatige Bilderbuch, das Marthas Tai-Chi-Chuan-Lehrer in all den Bewegungsabläufen und Positionen des schwierigen Chen-Stils zeigte, die Melanie bis Nummer sieben erlernen sollte, Martha bis Nummer 24 schon einigermaßen beherrschte, obwohl es deren ganze 84 gab. Sie beugten sich Kopf an Kopf über das Buch.

Martha hegte insgeheim ein Männerideal. Sie erzählte Melanie vom Buch eines Chinesen mit dem vielversprechenden Titel: Das Tao der Liebe.

»Das klingt gut«, sagte Melanie. »Da hast du wohl schon oft drin gelesen? Und jetzt fehlt dir nur noch der geeignete Typ, um dieses Tao der Liebe in die Tat umzusetzen, gib's zu. Das Buch könnte mich reizen. Ich bin demnächst mit Peter in der Stadt. Da suchen wir einen Buchladen, und ich bestelle es mir.«

»Wenn du den Peter sehr magst, dann bestell' zwei Stück. Und für mich auch eines. Ich gebe dir das Geld. Vielleicht schenke ich es Gregor, obwohl der so etwas nicht lesen will. Das ist ihm alles zu kalt, zu technisch, hat er gesagt. Weißt du, es ist wirklich ein Jammer. Im Grunde gibt es im Abendland keine Kultur der körperlichen Liebe. Da muß man nach Indien gehen. Da gab es zumindest einmal ein Tantra der Liebe. Im alten China das Tao der Liebe. Aber auch die Taoisten wurden verjagt und ihre Bücher verboten oder vernichtet. Übrig geblieben sind die Konfuzianer. Und die verstehen gar keinen Spaß in dieser Sache. Ich habe einmal gelesen, wenn man an einem Chinesen kratzt, kommt erst der Konfuzianer, dann der Taoist zum Vorschein. Das trifft auf die heutigen Chinesen wahrscheinlich nicht mehr zu. Die sind alle schon gründlich durchamerikanisiert.«

Martha konnte es nicht lassen, ein wenig zu dozieren. Sie fand in Melanie aber auch eine aufgeschlossene Zuhörerin, eine dankbare Adeptin. Als diese die schlauen Büchlein gekauft hatte, versammelten sich in Marthas Zimmer Melanie mit Peter, der den Arm um ihre Schultern gelegt hatte, sowie der Verehrer der schnoddrigen Berlinerin Inga, der Schwabe Volker mit dem aparten

Schillerkopf. Zu viert beugten sie sich über das aufgeschlagene Buch und betrachteten schmunzelnd, wobei Martha kundig das Umblättern besorgte, die Abbildungen aus sogenannten Kopfkissenbüchlein, mit denen der schöne Band illustriert war.

»Solche Kopfkissenbücher wurden den jungen Frauen entweder von ihren Müttern zur Hochzeit geschenkt oder den frisch Vermählten von ihren jungen Ehemännern vorgelegt, damit sie sich im Bett nicht so dumm anstellten«, erläuterte Martha und war sich sicher, daß jetzt wohl in zwei weiteren Zimmern des Hauses nachts die Betten zu knarren und schaukeln begännen.

18.

Sekt ohne Sekt

Martha hatte es bisher vermieden, Gregor Bambach in seinem Zimmer aufzusuchen. Sie wollte nicht, daß es offenkundig werde, daß sie, wenn auch nur auf Zeit, wie sie sich sagte, ein Paar seien, obwohl sie sich eingestehen mußte, daß jeder hier eins und eins zusammenzählen konnte. Allzu deutlich machte Gregor ihr den Hof, allzu auffällig trugen beide die Farbe Schwarz, saßen sie nach dem Essen zu zweit, er mit seiner Pfeife in die rechte, sie, in silberner Zigarettenspitze einen Zigarrillo, in die linke Ecke einer kleinen Rattanbank gelehnt, die vor einem Tischchen mit zwei Obstschalen im Durchgang zur Rezeption aufgestellt war. Er habe wichtige Schreibarbeiten zu erledigen, sagte er und zog sich nach dem Abendbuffet auf sein Zimmer im zweiten Stock, seinen »Freisitz«, zurück. Sie hatte keine Lust, am Tisch Konversation zu machen und verschwand ebenfalls in ihrem Zimmer, sei es, um ein Kapitel D. H. Lawrence zu lesen oder Tagebuch zu schreiben. Gregor hatte sie an ausdauernde Liebesnächte gewöhnt. Auch »Lady Chatterley's Lover« konnte nichts daran ändern, daß sie eine Art Sehnsucht, physische Sehnsucht nach ihm verspürte. Außerdem war sie neugierig. Dieser Mann beschäftigte sie. Sie fragte ihn nicht so gerne aus, wollte warten, bis er von sich aus erzählte. Wenn sie zu sich selbst ganz ehrlich war, war es vor allem seine in ihren Augen abenteuerliche Existenz, die sie anzog. Es faszinierte sie, einen *outcast*, vielleicht sogar einen Verrückten im Bett zu haben, einen Mann jenseits aller bürgerlichen Normen und Konventionen, einen, der den Mut hatte, seine dunkle Seite, seinen »Schatten«, zu leben. Und sie hatte genug C. G. Jung studiert und jahrelang penibel Traumtagebuch geführt, um nicht zu wissen, daß dieser »Schatten« auch der ihre war, eine mögliche, wenn auch nur in Ansätzen gelebte Existenzform. Vielleicht, überlegte sie, war sie von Natur aus stärker als Gregor Bambach? Vielleicht war sie weniger anfällig für die Verlockungen der Werbeindustrie und des Geldes, die ihm alles zu bedeuten schienen. Sie erinnerte sich an das Blatt für seine Tür, das er in Kitty Frohaufs Therapiestunde gezeichnet hatte, etwas Undefinierbares, Grau in Grau. Sie hatte nicht verstanden, was es darstellte. Nicht nur, weil Gregor offenbar zeichnerisch unbegabt oder auch unwillig war. Er wies mit dem Finger wortlos auf die sehr blasse Bleistiftinschrift. »Alles oder nichts«, las sie mit Verwunderung. Aber das paßte doch, dachte sie. War dieses Motto als Lebensmotto nicht eines Hasardeurs und eingefleischten Spielers würdig? Es interessierte sie zu erfahren, aus welchem Stoff die »echten« Spieler gemacht waren und wie ein in ihren Augen hochgebildeter und sensibler Mann zu einem solchen werden konnte.

Sie klappte ihr Taschenbuch zu und machte sich auf den Weg.

Die Uhr zeigte zehn Uhr nachts. Der Fahrstuhl rumpelte ein wenig, der Martha in den zweiten Stock hinaufbrachte. Sie hatte keine Seltersflasche, wohl aber eine Creme gegen Mückenstiche in der Hand, die er ihr geliehen hatte. Seine Zimmertür öffnete sich lautlos, als sie eintrat. Gregor Bambach saß bei geschlossener Balkontür auf seinem Freisitz – er bewohnte ein Dachzimmer mit schrägen Wänden – und schien, Pfeife rauchend, in die Sterne zu blicken. Also hatte er seine Schreibarbeiten beendet, dachte sie. Martha gewahrte etliche Leitzordner auf einem Kleiderschrank, ein weißes Telefon und eine elektrische Schreibmaschine auf dem Glastisch vor dem Fenster. Im Zimmer brannte anheimelnd ein Nachttischlämpchen. Sie legte die Mückencreme neben die Schreibmaschine und wollte schon wieder gehen, ohne ihn zu stören, als er sich umwandte, sie sah und ins Zimmer kam. Er knipste das Deckenlicht an, nahm sie in den Arm und küßte sie. »Wonne«, sagte er. Dann entschuldigte er sich, weil die Toilettentür offenstand, die Lula, die Putzerin aus Eritrea, immer offenstehen lasse. Über sein Bett war eine blaue Wolldecke geworfen. Aber er bot ihr einen Stuhl an und setzte sich mit seiner Pfeife an seinen Schreibtisch.

»Ich bin nicht gekommen, um mit dir Liebe zu machen«, sagte sie freundlich. »Du sollst mir etwas erzählen, damit ich dich besser verstehe. Mir geht so vieles im Kopf herum und ich weiß von dir so wenig.«

»Willst du das wirklich? Ich wollte dich nicht mit meinem Graus belasten. Du bist selbst hier als Patientin.«

»Du mußt mir ja nicht alles auf einmal erzählen«, sagte sie. »Beginn doch einfach damit, wie du angefangen hast zu spielen.«

Gregor Bambach war gerührt. Er sah sie nicht an, paffte schweigend ein paar Züge.

»Ist es dir unangenehm, daß ich dich danach frage?«

»Nein«, antwortete er, »aber es überrascht mich. Ich hatte den Eindruck, du willst während deines Aufenthalts hier nur einen *german lover*, wie du das zu nennen pflegst.«

»Würde dich das kränken?«

»Darüber habe ich noch nicht nachgedacht.«

Gregor Bambach erhob sich, öffnete den Kleiderschrank und entnahm ihm zwei Gläser, die er wohl dem Speiseraum der Klinik entlehnt hatte, sowie eine angebrochene Rotweinflasche. Er schenkte ein.

»Damit wir hier nicht so trocken sitzen. *A la tua salute, cara.*«

Sie tranken sich zu.

»Wo soll ich anfangen? Wir lebten in F., meine dritte Frau Eleonore und ich. Es war Sonntag, ein sehr schöner, sonniger Sonntag sogar. Am Vormittag hatte ich wie stets meinen Gottesdienst gehalten, meinen Schäfchen einen angenehmen Tag gewünscht, meinen Talar im Schrank verstaut und mich mit Eleonore daheim gemütlich zu Tisch gesetzt. Wir tranken Wein, so wie wir jetzt, waren beide glänzender Stimmung und unternehmungslustig. Was sollten wir mit diesem angebrochenen Tag weiter anfangen? Es war Eleonore, die vorschlug, nach W. zu fahren und in der Spielbank ein wenig unser Glück zu versuchen. 150 Mark wollten wir setzen, nicht mehr und dann irgendwohin fahren, um fein zu Abend zu essen. Ich sollte spielen, sie wollte zuschauen. Also fuhren wir nach W., gingen aber nicht an die großen Tische, wo wir schon oft mit klopfendem Herzen zugeschaut hatten, wo hoch gesetzt wurde.

Nein, wir gingen in den Keller zu den Automaten.

In dem Raum ist es dunkel, halbdunkel, dreiviertel-dunkel, die Lichter der Automaten funkeln und leuchten schwach, die Geräusche … aufdringlich die Gewinnmelodie eines einarmigen Banditen. Dazwischen, ordentlich und ernsthaft wirkend die Roulette-Automaten.

Um dich nicht zu langweilen, kürze ich ab. Wir setzten alles auf eine Zahl, bekamen den Einsatz nicht nur heraus, sondern erspielten uns einen kleinen Gewinn, den wir in einem schönen Restaurant gut gelaunt verpraßten. Das Dumme war, daß Eleonore darin ein Nachmittagsvergnügen sah, während ich daran hängenblieb. Von da an fuhr ich jeden Sonntagnachmittag nach W., manchmal begleitet von Eleonore, später allein, und begann, systematisch zu spielen.«

»Gab es einen bestimmten Grund für dich?«

»Das habe ich mich auch schon gefragt. Sicher gab es ein ganzes Bündel von Gründen. Wir hatten, Eleonore und ich, beide einen respektablen Beruf, verdienten zusammen nicht schlecht, hatten ein Haus mit Garten, zwei Autos … Eleonore war zehn Jahre älter als ich, sah aber sehr annehmbar aus. Man konnte sich mit ihr schon sehen lassen. Freilich, vielleicht war unsere Existenz eher ein Kleinbürgeridyll. Unser Leben verlief so normal, so reibungslos. Auch im Bett verstanden wir uns gut, selbst wenn unsere Beziehung im Lauf der Jahre den ersten Reiz verloren, an Spannung eingebüßt hatte. Ich bin ja nun hier, um dieses ganze Knäuel von Gründen zu entwirren, jeden Faden einzeln aufzudröseln, um überhaupt erst einmal zu verstehen, was da eigentlich abläuft. In Amerika wird die Spielsucht als Krankheit angesehen wie Alkoholismus oder Freßsucht. Bei uns ist sie ein moralischer Defekt.«

»Sag mir noch eins, bevor ich gehe. Was empfindest du dabei?«

»Du meinst, beim Spielen? Wenn ich es verkürzt formulieren soll: Es ist Sekt ohne Sekt. Aber streng genommen ist das viel zu schwach. Ich würde lieber sagen: Es ist wie die Vorstellung von Sex mit einer fremden Frau. Man sieht ihre Brustspitzen durch die Bluse oder vermutet, daß sie nackt ist unter ihrem Rock… Man fühlt ein feines Prickeln, erregend, einen Schauer aus den Kniekehlen in die, mit Verlaub, Gefäßfalte hinein und vorne wieder hinauf, einen angenehmen Hunger im Bauch, Hunger nach mehr… «

»Du solltest das alles aufschreiben, vielleicht würde dir das gut tun?!«

»Schon möglich… Vielleicht mache ich das tatsächlich einmal. Der Schrot hat mir empfohlen, Dostojewski zu lesen und Hans Fallada, Weltliteratur! Er war ganz beleidigt, als ich dankend ablehnte. Das ist ja nun wirklich das allerletzte, was ich momentan brauche, anderer Leute Spielergeschichten. Mir reicht schon meine eigene.« Er legte seine Hand auf die elektrische Schreibmaschine und wies mit dem Kinn in Richtung der Aktenordner auf dem Schrank.

»Wenn ich diese Sisyphusarbeit hier erledigt habe… Aber wenn ich dir jetzt auch davon noch erzählen soll, sitzen wir übermorgen immer noch hier.« Er erhob sich, löschte das Deckenlicht und machte eine einladende Handbewegung zum Bett hin. »Komm lieber neben mich, *cara mia*. Sollten wir nicht endlich etwas Angenehmeres tun als reden?!«

19.

Etwas wie Heimat

Mittwoch, 11. August

Tag nach der dritten Liebesnacht mit Gregor, Tag der Summe von fünf Orgasmen, den letzten hatten wir sekundengenau gemeinsam. Gregor hat meinen letzten Kurschatten schon überflügelt. Er ist ein wunderbarer, zärtlicher Liebhaber mit einer Haut wie ein ganz junger Mann, sehr gepflegt, sehr angenehm mit seinem guten sexuellen Appetit, einer, der seine Erektion lange halten kann, so lange, daß ich schmelze. Er sagte, ich sei die »extremste Beziehung seines Lebens«. Auch recht … Zwar ist er nicht »ein schwarzer Zigeuner«, aber er schmeckt mir. Ich mag seine Berührung, seine Küsse, seinen Schweiß, sein Sperma … Er legt mir Brieflein hinter die Tür … »cara mia« … mit einer geklauten Rose durchs Papier gesteckt … »Selbst wie eine Rose« … Seine Aufmerksamkeit, seine Anbetung, seine Zärtlichkeit und Begeisterung und seine physische Liebe tun mir gut. Ich habe ihn, er auf dem Rücken, ich auf ihm, von oben genommen. Das war für ihn neu. Er genoß es, von mir wie von einem Mann genommen zu werden, er selbst »passiv«. Ach, diese mitteleuropäischen Vorstellungen, wo der Mann von oben aktiv, die Frau darunter passiv sei. Totaler Quatsch. Schließlich lasse er mich eine sehr aktive Erektion genießen, stoße wohl auch selbst ein wenig zu. Sagte er, ich hätte die selbstbewußteste Scheide, die er je erlebt habe. Ich kam wie die Feuerwehr, ein Bild, das ihm nicht gefiel. »Romantiker«, spottete ich lachend.

Am nächsten Tag

»Ich gehe durch diesen Morgen, wie sie durch mich, mit ihrer Stimme und mit vielem anderen«, sagte Gregor neulich am Telefon. Ich fand das so schön, daß ich es sofort aufschrieb. Dieser Mann liebt mich nun schon die vierte Nacht en suite mit einer Zärtlichkeit, mit einer Ausdauer und Intensität, zwei bis drei Stunden lang, daß ich sehr schnell mit meinem Orgasmus komme und dann noch mit einem zweiten. Am Ende, sagte er, habe er gespürt, wie in meiner Tiefe eine Quelle aufgesprungen sei. »Die Flut des Yin« der Taoisten, dachte ich und freute mich, daß er es spürte, mehr noch, daß es dazu kam. Bei aller Feingliedrigkeit hat Gregor starke Beine und Schenkel, einen kräftigen Körper und offenbar eine gesunde Sinnlichkeit. Ich bin froh, daß man ihm das nicht so deutlich anmerkt wie mir. Warum eigentlich? Angst, die anwesenden Frauen würden auf ihn fliegen? Ach was! Es gebe, antwortete er, durchaus ein Indiz dafür, und sah lächelnd auf seine schönen Hände, die mich mitten im Stoßen und Vögeln so aufmerksam und wirksam an den kleinen Lippen und am Kitzler gestreichelt hatten. Gregor hat sich heute besorgt erkundigt, ob es mir nicht wehgetan hätte. Gestern hätte ich scherzhaft bemerkt: »Unter zwei Orgasmen von mir machst du's wohl nicht?!« Darüber habe er heute nachgedacht.

Freitag, 13. August.

Der Morgen begann damit, daß Gregor mich anrief. Er war gestern nacht gegen ein Uhr aufgestanden – verletzt, wie er sagte, nachdem wir gut zwei Stunden Liebe gemacht hatten, vorwiegend als »umgekehrt fliegende Wildenten«, was ich ihm aber nicht sagte. Ich kam zu nichts, weil er sich immer nach zwei, drei Stößen gegen mich preßte und so meine Plateauphase abschnitt. Mehrmals, bis ich es ihm sagte. Da war er beleidigt, sagte etwas Unpassendes von Herr und Knecht und daß ich ihn unter Leistungsdruck setzen würde, im Bett kühl sei. Er habe Angst, daß das immer so sein werde. Worauf ich erwiderte, es gebe keine Garantie. Er sei jedoch auf seinen eigenen Füßen zu mir gekommen. Niemand würde ihn zu irgendetwas zwingen. Er ging mit tragischem Gesichtsausdruck, ganz Leiden Christi und suchte vermutlich weiter nach der Blauen Blume in seinem Dachzimmer.

Ich kam zu ihm zum Frühstück. Er sah mich verliebt an, und ich machte ein paar Scherze, bis er wieder herzhaft lachte. Dafür hat er am Nachmittag herzzerreißend geweint. Was das für Tränen seien, fragte ich. »Trauer«, sagte er. Ich ließ nicht locker, denn man trauere, sagte ich, nur um etwas, was man verloren habe. Bot andere Erklärungen an: Verlustangst, Leidensdruck, Selbstmitleid. Er entschied sich für Leidensdruck. Ach ja, er weine um seine Heimat, die er nicht habe, die er sich wünsche, Heimat in einem geliebten Menschen. Dies auf einem sonnigen Weg hinter dem Dorf auf einer Bank mit schöner Aussicht.

20.

Die Lustbremse

Sonntag, 15. August

Ich sitze angezogen im Bett, eine Wärmflasche auf dem Bauch, bedeckt von meiner Wolldecke. Gregor ist gerade gegangen, um Hemden zu bügeln. Wir treffen uns zum Abendessen. Bis dahin werde ich mir noch je eine Kanne Nieren- und Blasentee machen, den ich nach Anweisung Professor Schrots ein- bis eineinhalbliterweise täglich in mich hineingießen soll. Ich bat Gregor, mir aus dem Alten Testament das Hohelied vorzulesen. Er hat es getan mit seiner sanften, leicht nasalen Pfarrerstimme, die, wie auch seine Ausdrucksweise, eine Neigung zum Preziösen hat, erfreulicherweise nicht zum Salbungsvollen. Er hat mir diesen geliebten, wundervollen Text vorgelesen, wie ich ihn gelesen haben möchte und wie man ihn besser nicht lesen kann. Mit Stendhal gesagt, war es ein Von-Liebe-Reden, das selbst schon ein Lieben ist. Gregor hat mich, so empfand ich es, mit und durch diesen Text geliebt. Ich saß im Schneidersitz auf dem Bett mit geschlossenen Augen und überließ mich der einschmeichelnden Stimme und den starken Bildern. Eine Zeile wiederholte sich, in der Sulamith die Mädchen beschwört, die Liebe nicht zu wecken, bevor sie nicht von selbst kommen will:

»Ich beschwöre euch, ihr Töchter Jerusalems, daß ihr die Liebe nicht aufweckt und nicht stört, bis es ihr selbst gefällt.«

»Du bist«, sagte ich zu Gregor, »der erste Mann, der mir mit seiner Liebe auch die Poesie ins Bett legt.«

Ich bin sehr erstaunt über diese Beziehung, die mit Siebenmeilenstiefeln durch uns hindurchjagt. Wenn ich in diese hellblauen Augen schaue, brennt es, zieht es. Gregor ist ein rötlicher Typ, »Bararossa«, wie er lachend sagte. Er hat die empfindliche Haut der Rothaarigen, ohne rothaarig zu sein. Daß er eine Heimat sucht, tut mir weh, weil ich die weder sein will noch sein kann.

Als ich von 22 Uhr bis 12 Uhr schlief, war Gregor allein am See im Kloster Billau, um eine katholische Priesterweihe zu erleben. Er fand die Veranstaltung matt. Es stellte sich heraus, daß er kommuniziert hatte. Ich fragte ihn danach. Wir saßen bei Tisch, als er davon sprach. Erwin, der traurige Lehrer, der vor vier Jahren seine Frau verloren hatte, (einer der beiden Berserker meines Ankunftstages) saß an unserem Tisch und erzählte uns vom Geruch des Weihrauchs, den seine Frau so sehr gemocht habe und den er ihr eines Tages verwehrte, weil es ihn an seine Zeit als Ministrant erinnerte, keine angenehme oder fruchtbare Erinnerung. Ja, warf ich ein, ich hätte einmal einen Durantiner-Ordensmann und Weltpriester gekannt, der sagte, er sei» systematisch zur Unselbständigkeit erzogen worden«. Gregor habe, so ich, vom Katholizismus nur die Schokoladenseite kennengelernt. Er sei, entgegnete er, darin durchaus eklektisch.

Am Samstag erfuhr er, daß gegen ihn ein Disziplinarverfahren eingeleitet sei. Er habe drei Wochen Zeit, auf den Schriftsatz, den seine Margarete ihm schicken werde, zu antworten. Damit beschleunige sich seine Sache. Gregor hat kein Geld für einen Anwalt, ist natürlich auch in keinem Rechtsschutz. Er hat Schulden bis über die Ohren und ist pfändungsgefährdet, wenn er je etwas verdient oder zu Geld kommt. Außerdem ist er auf Bewährung. In seinem Kopf arbeiten die Projekte. Und ich, ich eigne mich nicht als Notankerplatz. Ein anderer Hafen scheint der Schoß der Kirche zu sein, wie er sich auch oft zur Schutzmantelmadonna der Liebfrauenkirche flüchtet in R., betend, Zwiesprache haltend und die Messe besuchend oder die Rosenkranzandacht. Das tut ihm gut, sagt er. Ist ja okay. Aber auf welch dünnem Eis bewegt er sich! Sagte ihm, die Heimat in einem Menschen sei transitorisch. Ich kann schon verstehen, daß die katholische Kirche und die Mönchsorden mit ihren Priester- und Mönchsnachwuchsproblemen eine starke Verlockung für ihn darstellen. Genau das ist aber der Bauch der Großen Mutter, würde C. G. Jung sagen.

Daß die Große Mutter leicht zur verschlingenden Todesmutter werden kann, verschwieg ich. Gregor spielt mit dem Gedanken zu konvertieren und sich zum Priester weihen zu lassen, zum Weltpriester, in der Hoffnung, Religionslehrer an einer Schule sein zu dürfen und ab und zu die Messe zu lesen, den Schulgottesdienst. Freilich kann er das, ist das sein alter Beruf und gefällt ihm besser, als Sozialarbeiter zu werden, eine Ausbildung, die ihm die evangelische Kirche vier Jahre lang finanzieren würde. Doch was dann? Vermutlich die Arbeitslosigkeit. Ich bin sicher, daß er einen guten Krankenhaus- oder Schulpfarrer abgäbe. Aber wie halte er es, fragte ich, mit dem Zölibat? Sagte er doch, der Zölibat bedeute Ehelosigkeit, nicht Keuschheit. Er sei, sagte er, bereit, es mit dem Lutherischen »pecca fortiter« zu halten, und diese Lüge auch noch auf sich zu nehmen. Davon hat er schon eine Probe aufs Exempel geliefert, als er sich gewaltsam aus der toten Bürgerlichkeit hinauskatapultiert hat. Gregor scheint mich schon in seine Pläne einzubeziehen, sagte, er könne sich auf mich auch eine Bezogenheit vorstellen bei räumlicher Trennung.

Montag, 16. August

Ich muß aufpassen, daß mein Aufenthalt hier nicht ausschließlich Gregor heißt, daß ich mich in seine Geschichte hineinziehen lasse und sie womöglich auch noch zu meiner eigenen mache. »Du setzt mich unter Strom«, sagte ich gestern zu ihm und bemerkte, wie ich im Streß war, nicht nur auf der physisch-erotischen Ebene. Dieser Mann ist ein Seelenfänger, ein Rattenfänger, ein großer Verführer und Bezauberer. Vor mir stehen fünf rote Rosen, die er mir heute aus dem Dorf mitgebracht hat: »Du Schöne, Wonne!« Welche Frau hörte dies nicht gern? Die Lustbremse, wie ich meine Blasenentzündung etwas roh genannt habe, rückt mir den Kopf zurecht. Gregor und ich kennen uns ganze drei Wochen. Ich höre mir seine planenden Winkelzüge auf dem Schachbrett seiner existentiellen Not an, gebannt, fasziniert, hypnotisiert und – gestreßt.

Ich habe an das antike Märchen von Amor und Psyche gedacht und seine Jungianische Deutung als Leidensweg der weiblichen Individuation. Psyche, die das Gebot ihres unbekannten Nachtgeliebten, der aber der Liebesgott selbst ist, ihn nie mit Augen zu schauen, mißachtet und den Geliebten durch ihre Neugier mit dem Öl ihrer Lampe versengt und in die Flucht treibt, muß sich, um ihn zurückzuerobern auf eine lange Irrfahrt begeben mit vielen Mutproben und Gefahren. Nicht abbringen lassen darf sie sich auf dem Weg von ihrem großen Ziel, der Wiedervereinigung mit dem Liebesgott, d.h. der Vereinigung der Gegensätze, der Coniunctio oppositorum ihrer Individuation. Eine der typisch weiblichen Gefahren, sich auf dem Weg zu verzetteln, ist die Falle der Barmherzigkeit.

Dies wird man einem Pfarrer wohl kaum nahebringen können. Aber hier geht es ja nicht um mein Seelenheil, sondern schlicht um meine eigene psychische Gesundheit. Es tut mir nicht gut, für Gregor meinen Anwalt anzurufen, weil er einen Verwaltungsrechtler mit Spezialisierung im Disziplinarrecht vor dem Disziplinargericht der evangelischen Kirche braucht, – in München! Um seiner Margarete hin und wieder entwischen zu können, in mein Bett, in meine Arme. Soll er das selber tun. Ich gebe ihm gern die Nummer, lasse ihn gern von meinem Apparat aus telefonieren. Er darf sich auch durchaus auf mich berufen. Aber tun muß er das selber, so wie er morgen nachmittag auch allein zum Gespräch mit dem Prior oder Abt der Zisterzienserabtei Billau fährt, um sich Rat zu holen. Mutig ist er und tapfer. Ich aber bin selber Patient. Gregor Bambachs Schuh muß ich mir nicht anziehen, und wenn er noch so süße Augen macht. DM 2500 bis DM 4000 für Beratung? DM 10 000 für anwaltliche Vertretung? Warum ich? Es geht nicht um Leben und Tod, sondern um einen gewissen Lebensstandard. Gregor, dieses arme Schwein, kein Beruf, keine Arbeit, kein Geld, keine Wohnung, keine Frau… Dafür einen Berg Schulden, die gesellschaftliche Stigmatisierung durch die Gefängnisstrafe, drei geschiedene Ehen und vermutlich noch zahllose zerbrochene Beziehungskisten dazu, und doch ist er ein wunderbarer Verehrer, ein feiner Liebhaber, aber … Ich muß vernünftig sein, schon aus Gründen der Selbsterhaltung. Auch wenn er der interessanteste Mann ist, der mir seit langem unterkam, – ich will weder seine Heimat sein, noch sein Rettungsanker, noch ein bequemes Schlupfloch. Sagte die schöne Kitty Frohauf, der ich meine Angst gebeichtet hatte: »Wenn Sie sich an diesen Mann binden, haben Sie eine Lebensaufgabe.«

21.

Hier irrt Nostradamus

In der interaktionellen Gruppe Professor Schrots waren am Dienstag, dem 17. August, mehr Therapeuten anwesend als gewöhnlich. Ein letztes Großereignis dieses ausgehenden Jahrhunderts sollte würdig und festlich gestaltet werden, damit es sich denen, die Zeuge sein durften, ein für allemal einprägte, nämlich die an diesem Tag zu erwartende Sonnenfinsternis. Professor Schrot bediente ein Tonbandgerät, um immer wieder passende Musik einzuspielen, assistiert von einer Therapeutin, die Martha nicht kannte, auf deren Schoß die zum Vortrag bestimmten und von ihr verlesenen Texte lagen. Martha hätte es für angemessen erachtet aufzustehen und zu tanzen. Sie hatte Lust, der Sonne mit Gesang und Bewegung zu huldigen. Dies war jedoch nicht vorgesehen. Also blieb sie auf ihrem Stuhl sitzen und beschränkte sich darauf, rhythmisch mit der Fußspitze zu wippen. Gregor saß neben ihr, der sich immer mehr, dachte sie, zu ihrem Alter Ego zu entwickeln schien, denn er behauptete so gut wie immer den Platz an ihrer Seite. Ritterlich organisierte er für sie und für sich eine Pappsonnenbrille, die der Professor in weiser Voraussicht in großer Menge besorgt hatte. Es sei gefährlich, sagte er, mit bloßem, ungeschütztem Auge so lange in die Sonne zu schauen, auch wenn diese sich hinter dem vor sie tretenden Mond einmal verberge. Mit diesen Brillen auf der Nase jedoch habe es keine Not, das kosmische Schauspiel ausführlich in seiner ganzen Dauer zu beobachten und zu genießen.

Alle Patienten und Therapeuten begaben sich zu gegebener Zeit in geschlossener Formation ins Freie. Auch war man gehalten, etwas Wärmendes mitzunehmen, da das Verschwinden der Sonne mit Kühle oder gar Kälte verbunden sei. Gregor und Martha trugen Jeans, Flanellhemden und darüber Strickjacken. Irgendwie schafften sie es immer, witzelte Melanie, die ihren Peter wie einen großen Teddy an die Hand genommen hatte, sich optisch anzunähern. Beide trugen auch ihre Joggingschuhe vom Morgentraining. Professor Schrot hatte sich offenbar eigens ein schwarzes T-Shirt mit einer weißen Sonnensichel auf der Brust bedrucken lassen. Er zeigte es stolz, indem er seine schwarze Windjacke öffnete. Man nahm gemeinsam einen breiten Weg über das Dorf am Fuß »der Höhe« hinaus zu einem Hügel, von dem aus man, ein Wäldchen mit großen Nadel-und Laubbäumen im Rücken, zumindest zu drei Vierteln den Horizont vor sich hatte. Martha ging zur Rechten Gregors. Sie amüsierten sich, auf Gleichschritt zu achten. Es roch intensiv nach Jauche.

»Paß auf, daß du nirgends hineintrittst«, sagte er, als sie gemeinsam eine Wiese hinaufstiegen, die über und über von Kuhfladen bedeckt war.

Martha erinnerte ihn an ihren ersten Traum »auf der Höhe« und lachte.

»Mein Unbewußtes enttäuscht mich«, sagte sie. »Derart konkretistisch hätte ich meinen Traum nicht im Traum zu deuten gewagt.«

Sie hatten den Waldrand erreicht. Vor ihnen fiel die Wiese ab, die offenbar sonst als Viehweide diente. Sie war nicht nur übersät von Kuhdung, sondern eine herrlich üppige Sommerwiese mit den Farbtupfen zahlreicher Blumen, den weißen Flecken des Wiesenkerbels, den rosafarbenen Skabiosen, den kleinen Wickenblüten und vielen anderen, die sie nicht kannten. Unten an die Wiese grenzten reife Kornfelder. Vereinzelt schauten rote Dächer hinter Laubbäumen hervor. An den Wiesengrund schlossen sich weitere Hügel, eine ganze Hügelkette und eine hinter der anderen, bis sich die letzte im Dunst verlor.

Über dieser ländlichen Szenerie begannen sich mächtige Wolken zu ballen, als wolle ein Gewitter aufziehen. Die Leute setzten ihre Pappbrillen auf. Einige lagerten sich zu zweit oder auch allein im Gras. Melanie lag auf dem Rücken, neben ihr Peter, auf den linken Ellbogen gestützt. Volker saß ein wenig abseits, die aufgestellten Knie, wohl in Ermangelung Ingas mit beiden Armen umschlingend. Gregor wollte stehend das Schauspiel genießen. Also stand auch Martha. Ihre Hände waren kalt. Die Sonne wurde mehr und mehr zum Sonnenhörnchen, geradeso wie sie Professor Schrot auf seinem T-Shirt zeigte, war bald nur noch eine hauchdünne Sichel unter dem vollen Mondschatten. Ein kühler Wind kam auf. Dämmrig wurde es und bald auch kalt und ein wenig unheimlich, dachte Martha, eine Stimmung mit einem Anflug von Weltuntergang. Mitpatienten lagen auf dem Rücken verstreut im Gras und blickten unverwandt durch ihre Pappbrillen ins letzte Jahrhundertspektakel der Natur. Gregor Bambach lehnte sich seitlich leicht gegen Martha, bestand aber darauf stehenzubleiben. Vielleicht betete er, dachte sie. Er wirkte irgendwie steif, in sich versammelt. Sie störte ihn nicht in seiner Andacht. Peter hatte Melanie in den Arm genommen. Sie schienen sich zu unterhalten und miteinander zu scherzen. Martha richtete ihren Fotoapparat auf das andere Paar. Man hörte bald keinen Laut mehr als den Wind in den Bäumen. Kein Vogel ließ sich sehen. Sogar die Pferde-oder Rinderbremsen blieben aus. Angeblich schlossen bei Sonnenfinsternis auch die Blüten ihre Kelche, als sei es Nacht. So war es jedenfalls in den Zeitungen zu lesen, die es sich angelegen sein ließen, ihre Leser umfassend auf das Ereignis vorzubereiten.

Irgendwann aber rutschte am Himmel die Sichel von links nach rechts, vergrößerte sich, und da war sie ja wieder die Sonne, die liebe, warme. Die Welt war nicht untergegangen. Sie wird, dachte Martha, auch weitere Jahrzehnte und Jahrhunderte noch da sein und, frei nach Heinrich Heine, »beleuchten die dumme Erde«. Auf Paris, konnte man lesen, fiel kein Meteorit. Nostradamus hatte unrecht – oder vielleicht auch nur seine Interpreten. Die Besatzung des Hauses »auf der Höhe« wanderte teils plaudernd, teils in Gedanken versunken, langsam wieder zur Klinik zurück. Die Kuhfladenwiese, dachte Martha, werde ihr wohl im Gedächtnis bleiben und Gregor Bambach, wie er neben ihr ging.

22.

Wo kämen wir hin

Als Martha am Sonntagvormittag mit dem Rumpelaufzug, der nachts, wie sie befürchtete, das ganze Haus aufweckte, in den zweiten Stock hinauffuhr, um Gregor einen Besuch abzustatten, erwartete er sie schon. Er hatte ihr am Telefon ein Gedicht vorgelesen, das er, wie er sagte, im Gefängnis an die Tür geheftet habe. Es habe ihn beruhigt. Martha hatte ihn gebeten, es ihr aufzuschreiben und ging nun, es bei ihm abzuholen. Als sie sein Zimmer betrat, war es sorgfältig aufgeräumt. Auf der Glasplatte des Schreibtisches, den er unter das Fenster vor den Heizkörper gerückt hatte, standen fein säuberlich aufgereiht seine elektrische Schreibmaschine, darüber die kleine Tischlampe mit dem konischen weißen Leinenschirm, zwei übereinandergestellte Behälter für Schreibpapier, ein Adressbuch, eine kleine Schale mit Stiften, ein Notizblock, ein Zettelkasten, der Taschenrechner und das weiße Telefon, alles ordentlich nebeneinander. Unter dem Schreibtisch befand sich ein Hängeregister. Die Aktenordner nahmen ihren Platz auf dem Schrank ein.

»Mustergültig«, sagte sie und lachte. »Sieht nach getaner Arbeit aus. Was bist du eigentlich für ein Sternbild?«

»Lach nicht … Jungfrau.«

»Und dein Aszendent?«

Er seufzte und drehte komisch die Augen zum Himmel. »Dreimal darfst du raten«

»Tiger … Mietzekatze … Schleiereule … «

Er lachte. »Du kommst nicht drauf. Ich seh's schon. Ich bin, *cara mia*, durch und durch Jungfrau.«

»Und wer hat dir das erzählt?«

»Frauen, meine Schöne, die an diesen Hokuspokus glauben.«

»Aber du mußt doch zugeben, daß die Astrologie einen unbestreitbaren Unterhaltungswert besitzt. Wenn ich deinen Schreibtisch hier anschaue, mit welcher Akuratesse du die Bleistifte alle in die gleiche Richtung gelegt hast und alles andere schön parallel und auf Kante … «

»Amüsier du dich nur gut. Aber willst du nicht die schöne Aussicht von meinem Freisitz bewundern?«

Sie traten hinaus an die Brüstung. Unter ihnen lag eine mit kurzem Gesträuch bewachsene Lichtung, die in einen Abhang mit seitlich hohen, in der Mitte kleineren Fichten überging, während ein dunkelgrüner Streifen Nadelwald den oberen Rahmen abgab für sanft ansteigende, von Einzelhöfen durchsetzte Streuobstwiesen.

»Wenn die Luft ganz klar ist, sieht man von hier das Gebirge.«

»Du bist ja hier schon zum zweiten Mal«, sagte sie. »Warum bist du dieses Wochenende hier? Ich dachte, du mußt dich regelmäßig bei deiner Bewährungshelferin melden?«

»Die ist doch im Mutterschaftsurlaub. Ich bin vollkommen mir selbst überlassen.«

»Kurios … «

»Nein, wegen guter Führung.«

»Magst du mir von deiner Zeit im Gefängnis erzählen?«

»Gern, aber nicht auf dem Freisitz.«

Sie gingen ins Zimmer. Martha setzte sich, wie sie es gerne tat, wohl, wie er annahm, um ihm ihre jugendliche Beweglichkeit zu demonstrieren, im Schneidersitz auf das schmale, längs der Wand aufgestellte Bett, das von einer mittelblauen Wolldecke verhüllt war. Darüber hing ein großer, mit weißem Passepartout und schmaler Goldleiste gerahmter Kunstdruck eines Gemäldes von Chagall in verschiedenen Blautönen, passend zur Decke.

»Die Decke ist von zu Hause. Das Bild auch«, sagte er und rückte den hochlehnigen Schreibtischsessel ans Bett.

»Ich habe auch im Knast eine bunte Decke von daheim an die Holzleiste, welche die Zellendecke einfaßte, gehängt, weil man an den weißen Wänden nichts anbringen durfte. Die und ein Büchergestell haben mich die Haft ertragen lassen.«

»Geht es dir darum, dich mit persönlichen Dingen zu umgeben oder brauchst du die Optik?«

»Beides. Ich möchte diese Erfahrung übrigens um nichts missen«, sagte er. »Schlimm ist nicht meine Vergangenheit. Im Augenblick bekomme ich noch die Hälfte meines Oberstudienratsgehalts. Im Knast bezog ich noch das volle. Damit verdiente ich mehr als die meisten, die dort gearbeitet haben. Das war mir schon ein bißchen peinlich. Die waren alle sehr freundlich zu mir. Deshalb bekam ich auch bald die Erlaubnis zum Freigang.«

»Was mußtest du denn tun im Knast? Tüten kleben? Gibt's das überhaupt noch?«

Gregor lachte. »Nein, ich habe im Knast geputzt, und noch nie, sagten mir die Vollzugsbeamten, habe jemand so gut geputzt dort wie ich.«

»Was hast du geputzt?«

»Na alles, die Böden, die Toiletten, alles eben. Und was das Lustigste dabei war … Ich trug ja bei der Arbeit einen weißen Kittel. Da passierte es mir öfter, daß ich mit Herr Doktor angeredet wurde. Man hielt mich für den Gefängnisarzt. Mit einem Vollzugsbeamten bin ich übrigens heute noch befreundet. Einmal im Monat besuch' ich ihn.«

»Du wolltest mir doch diesen Spruch aufschreiben, den du mir am Telefon vorgelesen hast.«

»Ja, den hatte ich in meiner Zelle aufgehängt.« Er gab ihn ihr, fein säuberlich mit schwarzer Tinte in seiner stark nach rechts geneigten Handschrift geschrieben, auf einem DIN A5-Blatt:

Wo kämen wir hin,
Wenn alle sagten:
Wo kämen wir hin!
Und niemand ginge,
Um einmal zu schauen,
Wohin wir kämen,
Wenn wir gingen.

»Dieses Gedicht ist von Kurt Marti«, sagte er. »Wie findest du es?«

»Gedanken eines Seiltänzers? Nicht schlecht … *and very sophisticated.*«

»Na, das sagt genau die Richtige. Was glaubst du, was du bist?!«

»Ich? Wieso? Keine Ahnung.«

»Dann wirst du darüber nachdenken, *amore mio.*«

»*Ay, ay, Sir!* Wie bist du denn aufgewachsen?« fragte sie, um das Thema zu wechseln.

Er nannte ihr Geburtsdatum und Geburtsort. Sein Vater sei Handelsvertreter gewesen. Die Eltern hätten sich aber schon getrennt, als er vier gewesen sei. Die Mutter habe wieder angefangen zu arbeiten. Vormittags sei er in die Obhut einer molligen Münchnerin gegeben worden, die er Tante Fini nannte.

»Die hat genauso geredet wie du«, sagte er. »Der Tonfall und manche Dialektwörter, die du gebrauchst, sind mir sehr vertraut. Da meine ich, ich höre die Tante Fini. Ich habe sie als Kind sehr gemocht und ich habe furchtbar geweint, als man sie mir wegnahm. Sie war warmherzig. Im Gegensatz zu meiner Mutter, die sehr distanziert war.

Die Schulferien verbrachte ich bei Verwandten, die in einer anderen Stadt wohnten. So bin ich zwischen zwei Städten ohne Vater aufgewachsen. Als das mit dem Spiel und dem Knast passierte, sagte meine Mutter, das kenne sie schon zur Genüge. Ich schlüge ganz in die Richtung meines Vaters. Der tauge auch nichts. Er ist im Obdachlosenasyl gestorben.«

»O Gott, das ist ganz furchtbar«, sagte Martha. »Als ich meine Ehrenrunde im Gymnasium drehte, weil ich in Altgriechisch und Physik durchgefallen war, war meine Mutter, die ja auch alleinerziehend war, nicht gerade erbaut. Sie hat mir auch kräftig den Kopf gewaschen. Dann aber hat sie gesagt, sie sei überzeugt, ich sei stinkfaul gewesen und wenn ich mich von nun an fest auf meinen Allerwertesten setzen wollte, sei sie überzeugt, daß ich es bis zum Abitur spielend schaffen würde. Sie hat immer bombenfest an mich geglaubt.«

»Da hast du Glück gehabt. Vielleicht kommt dein für mich fast unglaubliches Selbstbewußtsein, um das ich dich glühend beneide, von daher?«

»Du meinst das, was man in der Psychologie als Urvertrauen bezeichnet? Ja, das halte ich für durchaus möglich. Ich war ein glückliches Kind.«

»Bist du das nicht immer noch, *cara*?«

»Nicht immer.«

23.

Aktion Taube

Freitag, 20. August

Gregor war nach der »Morgenrunde« bei mir auf dem Zimmer, um sich seine »Ration Zärtlichkeit zu holen«, wie er sagte. Erzählte, er habe im Traum versucht, mit dem Rasierapparat den Rasen eines Golfplatzes zu mähen. »Deute mir diesen!«

Als ich ihn kürzlich auf seinem »Freisitz« besuchte und auf die Aktenordner und das Hängeregister deutete, gestand er mir, seine Hauptaufgabe hier im Haus bestehe darin, mit der evangelischen Kirche einen Deal auszuhandeln, bei dem, falls er auf alle Ansprüche bezüglich Gehalt, Pension, Titel etc. verzichte, er eine einmalige finanzielle Abfindung bekäme. Da gebe es zwei Strategien, die er verfolge, die eine sei sozusagen der Spatz in der Hand, die andere die Taube auf dem Dach. Er arbeite im Augenblick, wie er es nannte, an der »Aktion Taube«. Da gehe es um etwa 40 Mille. Als er anfing zu studieren, habe er einige Semester Jura belegt. Vier Semester? Sechs Semester? Ich glaube, er sagte, den BGB-Durchgang bis zur ersten Prüfung. Habe mir das nicht so genau gemerkt. Könnte mir aber gut vorstellen, daß diese »Aktion Taube« etwas mit dem Versuch zu tun hat, dem Rasen eines Golfplatzes mit dem Rasierapparat beizukommen. Erinnert mich an die Vorstellung, mit einem Löffel das Meer ausschöpfen zu wollen. Gleichnis aus dem Neuen Testament? Bin nicht mehr so bibelfest. Natürlich behielt ich diese Ansicht für mich.

Ich hatte Gregor schon bei seinem ersten Traum die Jungsche Methode erklärt, Träume auf der Subjekt- oder auf der Objektstufe zu untersuchen. Sagte, alles im Traum sei der

Träumer selbst, subjektstufig betrachtet. Damit beginne man. Objektstufig gesehen, wenn der Golfplatz und der Rasierapparat nicht Symbole für etwas in ihm selbst seien, müsse er mir erst sagen, welche Bedeutung für ihn der Golfplatz habe oder welche Assoziationen sich dabei einstellten.

Da erzählte mir Gregor von Elli, einer Vermieterin, Millionärin, die begeisterte Golferin gewesen sei. In deren Haus habe er das Souterrain bewohnt. Einmal sei sie zu ihm gekommen …

Er entschuldigte sich, daß er mir schon wieder eine seiner Weibergeschichten zumute. Sagte ihm, das sei in Ordnung. Ich fände das gut. Denn ich wollte keinen Geliebten, der die Frauen im allgemeinen nicht liebe. Er verstand nicht. Als ich bei C. G. Jung Anleihe nahm, wurde er nachdenklich. Die allgemeine Liebe zur Frau, sagte ich, habe etwas mit der Einstellung des Mannes zu seiner eigenen weiblichen Seite zu tun. Es komme der Geliebten zugute, wenn die positiv sei. Ein Weiberfeind sei für mich deshalb kein wünschenswerter Liebhaber, gleichgültig, wie sehr er, falls überhaupt entflammbar, für seine Geliebte entflammt sei.

Ist Golfen nicht ein Luxus, den Gregor sich nicht leisten kann? Und fehlen ihm dazu nicht auch die geeigneten Mittel (Rasierapparat statt Rasenmäher!)? Wäre er selbst gerne Millionär, um auf den Golfplatz gehen zu können wie seine ehemalige Hauswirtin?

»Du bist luxuriös, ohne affektiert zu sein«, sagte er neulich. »Ich liebe dich, aber ich mag auch deine Passepartouts.«

Daß er für Luxus empfänglich ist, habe ich schon gemerkt. Er habe, sagte er, auch zu spielen begonnen, damit Eleonore und er sich Luxus leisten könnten.

Stelle fest, daß inzwischen meine eigene Befindlichkeit sich eher therapeutisch als therapiebedürftig entwickelt. Um mich in seiner Stunde nicht völlig zu langweilen, habe ich heute bei meinem Bezugstherapeuten ein Thema an-

geschnitten: Manchmal hätte ich den kuriosen Gedanken, wie es denn wäre, wenn ich mich nach Jungscher Manier zur Psychotherapeutin ausbilden ließe. Ich gehe über eine Brücke. Gut und schön! Nur wohin? Mister Schlaftablette kam mir gleich wieder mit seinen Prioritäten. Wie der sich das vorstellt. Als wenn das so einfach wäre.

24.

Krater

Gregor ist psychisch wohl doch kränker, als ich dachte und als es obenhin den Anschein hat. Er hat das, was er seine »schwarzen Löcher« oder »Krater« nennt, in die er falle, offenbar nicht unter Kontrolle. Wir hatten einen Spaziergang gemacht, saßen über dem Dorf auf einer Bank in der Sonne. Da hat er zum ersten Mal herzzerreißend geweint. Ich weiß gar nicht mehr, wie es kam. Ach ja, es ging wieder um Heimat, Zuflucht, Rettungsanker, Unterschlupf. All dies, sagte ich, könne und wolle ich für ihn nicht sein.

Ich bin hart zu ihm. Das weiß ich. Anders geht's aber auch nicht. Ich muß mich selbst schützen, abgrenzen bei aller Nähe. Der Mensch als transitorische Heimat für einen anderen, so etwa habe ich das formuliert. Ich lasse mich von Gregor jede Nacht lieben. Das ist wahr. Ich genieße es, bin aber weder verliebt noch willens, irgendwelche existentiellen Konsequenzen daraus zu ziehen. Er wolle mit mir leben, sagte er. Dadurch daß ich ihn ermuntere, mir seine Frauengeschichten zu erzählen, möchte ich ihn ein wenig von seiner ausschließlichen Fixierung auf mich abbringen. Am Samstag vor dem Schloß von A. auf einer Bank mit dem herrlichsten Ausblick der Welt und dem See zu unseren Füßen flossen wieder die Tränen. Ich nahm ihn in den Arm und hielt ihn fest, bis er sich beruhigt hatte. Da sprach Gregor zum ersten Mal Suizidgedanken aus:

Sein Leben sei verpfuscht. Das Beste sei es, Schluß zu machen. Er habe in der Autoschlange warten müssen, weil sich einer vor den Zug geworfen habe. Wenn er das täte, wäre alles Leiden vorüber.

Dann auch wieder Gedanken, er sei nichts wert, habe es verdient, daß es ihm schlecht gehe.

Teilweise klang das nach Selbstbestrafung. Bin dazu gekommen, Gregor mit den Augen des Therapeuten zu sehen und seine Stimmungstiefs nicht mehr nur persönlich zu nehmen, da ich merke, wie weh er sich selbst dabei tut.

25.

Torsi

Sie hatten beschlossen, das letzte Wochenende im August gemeinsam zu verbringen. Da lag das »Haus auf der Höhe« halb verwaist. Anwendungen und Therapiestunden fanden nicht statt. Die meisten Therapeuten fuhren zu ihren Familien, einige der Patienten, die in der Nähe wohnten, wurden von Angehörigen abgeholt oder unternahmen, soweit sie über Fahrzeuge verfügten wie Gregor und Martha, Ausflüge auf eigene Hand. Die Berlinerin Inga und »der junge Schiller«, die sportliche Melanie und ihr gezähmter Grisly Peter hatten sich nach dem Frühstück verabschiedet und sich zu viert in Richtung Gebirge zu einer kleinen Bergwanderung auf den Weg gemacht. Alle am Sechsertisch hatten sich als tagsüber aushäusig in das an der Rezeption ausliegende Buch eingetragen.

Gregor Bambach wandelte, wie er freimütig zugab, auf eigenen Spuren, wie es ohnehin kein Ausflugsziel in der näheren und weiteren Umgebung zu geben schien, das ihm nicht vertraut war. Insofern freute sich Martha, in ihm einen so kundigen Cicerone gefunden zu haben. Andererseits brachte er nahezu jeden Ort mit einem anderen weiblichen Vornamen in Verbindung. Doch sie war nicht eifersüchtig. Unbehagen bereitete ihr hingegen der Umstand, daß Gregor stets auch den Ausgangsort vergangener Exkursionen angab, wie etwa das Gefängnis in W., in das er nach dem »Freigang« damals zurückzukehren hatte. Sie bezweifelte, daß ihm diese Erinnerungen auf die Dauer bekömmlich seien. Der Himmel war bewölkt. Man sah die Hügel des Voralpenlandes mit Gehöften und schönen Baumgruppen, im Dunst sogar die Berge. Sie durchquerten ein pittoreskes Städtchen. Hier sei, sagte Gregor, Margarete in einer Klinik gewesen.

Martha hätte hinterher nicht mehr genau angeben können, wann Gregors Laune kippte, umschlug und schließlich rabenschwarz wurde. Vielleicht, dachte sie, erst in den Lokalen? Als sie gegen Mittag in K. ankamen, einem, wie sie fand, recht provinziellen Städtchen, zog es sie in die Stiftsschänke neben der Abteikirche St. Wolfgang. »Stiftsschänke ist immer gut«, sagte sie, und so war es. Sie stiegen hinab in niedere Gewölbe, die farbig dekoriert waren. Gregor nahm seinen obligaten Milchkaffee, während sie eine Halbe bestellte. Sie aß zwei Weißwürste mit einer frisch aufgebackenen Brezel, hinterher eine Kugel Vanilleeis zu warmen Apfelküchel, – er nichts. Wahrscheinlich, dachte sie, war es ihm peinlich, daß sie immer für beide zahlte. Es ging ja auch ganz schön ins Geld, selbst wenn ihr die Ausgabe nicht wehtat, wie sie sich sagte, geschweige denn sie reute.

Sie besichtigten die Abteikirche, die auf einem hohen

Treppensockel trohnte. Nach all den Kunstwerken von Maulpertsch und Brugger oder den Zimmermanns, die sie bisher bewundert hatten, erschienen ihr hier die Ausmalungen eher schwach. Da prunkten pompöse Altäre aus porphyrartigem Stuckmarmor, vergoldete Engel und eine Kanzel, protzig, dachte sie, wie Neros Sarkophag, oder war es seine Badewanne, die sie in Rom gesehen hatte? Gregor gefielen die weißen, mit dünnen Goldrändern versehenen Stukkaturen, während Martha sich mehr für die grünen und rosafarbenen Rokkokodekorationen und bemalten Laternenkuppeln in einem Seitenschiff begeistern konnte. Sie war ganz in ihrem Element, fuhr mit der Hand über das schöne Chorgestühl, das man leider, wie sie sagte, mit Schellack verunstaltet habe. Über jedem Sitz verführte ein buntes Scagliolabild zur näheren Betrachtung. Posaunende, paukende und fidelnde Englein standen auf den Abschlußpodesten, buckelten sich unter die Armlehnen oder streckten dem Betrachter auch frech den nackten Podex entgegen, wobei Martha lachend nicht umhinkonnte, den einen oder anderen mit den Fingerspitzen ein wenig zu streicheln. Sie hatte ein kleines Fernglas eingesteckt und betrachtete fasziniert die Deckengemälde und Altarblätter, wunderte sich, daß Gregor sich so viel Zeit ließ.

Punkt zwei stießen sie zur Abteiführung und schlossen sich ihr an, um auch die Appartements der Äbte in Augenschein zu nehmen. Martha schwelgte in der Betrachtung eleganter Intérieurs: Prunkräume in Enfilade mit kostbar vielfarbigen Parkettböden, überlebensgroßen Porträts der Äbte, erlesenen Gemälden, Stukkaturen, Ausmalungen, Öfen … in einem Raum drei mächtigen Eckschränken mit süddeutscher Bandelwerk-Einlegearbeit. Sie betrachtete diese Traumdekorationen, wie sie sagte, mit gebührendem Herzklopfen.

Gregor fand seinen Kunstgenuß, wie er hinter vorgehaltener Hand murmelte, erheblich beeinträchtigt durch die albernen Lehrerscherzchen dieses Museumsführers, der in einem fort schwadronierte und kalauerte.

»Wir hätten besser getan, die ausliegenden Informationsblätter zu lesen«, murrte er. Martha nickte, wollte sich aber die Freude an so viel Schönem nicht verderben lassen. Als sie gegen drei Uhr die Abtei verließen, wäre sie gerne noch auf eine Stunde ins regionale Museum gegangen, während es Gregor ins Museumscafé zog, wie er sagte, auf mehrere Pfeifenfüllungen und seinen obligaten Milchkaffee. Dies getan, war es vier Uhr und für das Museum zu spät. Sie bummelten durch die Stadt. Er zeigte ihr das Rathaus, die evangelische Pfarrkirche, Fluß, Gassen, ein paar Patrizierhäuser. Hinter der Abtei zur Orangerie hin, in der die Stadtbücherei untergebracht war, bewunderten sie einen französischen Garten mit bunten Blumenrabatten.

Als sie, schon auf der Rückfahrt, in W. Halt machten, hatten alle Lokale, die sie kannten, Ruhetag. Weil Gregor, der seit dem Frühstück nichts gegessen hatte, der Magen knurrte, aßen sie in einem Lokal zu Abend, das ihr nicht gefiel. Sie fand, es sei bunt und spießig in der Art eines Kinderzimmers dekoriert, woran Gregor jedoch keinen Anstoß zu nehmen schien. Also gab auch sie sich zufrieden, zumal sich sowohl seine Käspätzle als auch ihre Krautspätzle als durchaus genießbar erwiesen. Er sog an seiner Pfeife, sie an einem Zigarrillo, als er, wie sie es nannte, »einbrach«. Er ließ sich gehen, indem er ihr mit näselnder Stimme eine Selbstmordphantasie nach der anderen auftischte, eine, wie sie bemerkte, schwärzer und unappetitlicher als die andere. Ging es, dachte sie, nicht schon den ganzen Tag irgendwie unterschwellig darum? – »Rette mich!«

An diesem Morgen habe er noch vor dem Frühstück die Unterlagen, über denen er so lange gebrütet habe, unterschrieben zurückgeschickt auf dem einfachen Postweg und ohne Professor Schrot oder sonst irgendjemandem außer Martha davon zu erzählen. Er habe, sagte er, auf alle Versorgungsansprüche verzichtet gegen eine Einmalzahlung von neun Mille, die er belegen müsse, und der Zahlung pro Monat über vier Jahre seines Studiums an einer Fachhochschule in seiner Ausbildung oder Umschulung zum Sozialarbeiter. Verzichtet habe er ferner auf den Titel sowie auf die Ausübung seines Pfarrerberufs. Von den neun Mille werde er die Hälfte in Medikamenten und Zyankali anlegen. Wenn er nicht zu feige wäre, hätte er es schon längst getan. Mit dem Erzählen bereite er sich im übrigen darauf vor, es zu tun. So wie er zuerst vom Knast erzählt habe, bevor er danach ins Zuchthaus gegangen sei. Er beschrieb Martha mit äußerster Akribie und Anschaulichkeit seine »Löcher«, in denen er jeden Morgen nach dem Aufwachen sitze.

Martha war es, als habe sie plötzlich den Geschack von Verdorbenem auf der Zunge und den Geruch von Fäulnis in der Nase. Sie erinnerte sich an einen Traum, von dem Gregor ihr kürzlich berichtete, in dem männliche Torsi verstreut lagen, zerschlagene Kunstwerke, verweste Oberkörper. Sie war entsetzt, hatte ihm den Traum nicht zu deuten gewagt. Nun erschienen ihr auch Gregors Augen tot, von der Art toter Fische und rotumrandet. Auch seine Ohren waren gerötet.

Er sah sie nicht an, während er sprach. Seine Stimme klang gepreßt.

»Ich bin schweißgebadet unter dem Hemd«, sagte er. »Ich bin erschöpft. Es kostet mich eine ungeheuere Anstrengung, diese Abgründe von mir wegzuhalten. Ich habe mir sogar schon überlegt, etwas anzustellen, damit ich wieder in den Knast komme. Und du, du zerstörst mir auch noch meine Sicherheit als Mann, das letzte, was mir geblieben ist.«

Er steigerte sich hinein, erging sich in weiteren Vorwürfen gegen sie, schweren und, wie sie fand, ungerechten.

»Du sollst das jetzt bitte beenden«, sagte sie mit ruhiger Stimme, konnte aber ein Zittern darin nicht ganz unterdrücken. Plötzlich spürte sie, wie seine näselnden Zumutungen ihr an die Kehle griffen und auf den Magen schlugen. Dieses Würgen und Stechen war ihr, sagte sie sich, nur allzu gut bekannt, und sie konnte nicht verhindern, daß sie der Ekel schüttelte.

Gregor liebt mich nicht. Das hat er mir heute bewiesen. Dieser Ausflug, ein Horrortrip. Der Mann, mein nächstes Magengeschwür. Nein, diesen Mann will und kann ich nicht lieben. Er benutzt mich in der Hoffnung, ich würde ihn retten. Retten wovor? Vor der Welt? Vor sich selbst? Wie könnte ich das, sehe ich doch, daß er ganz im Bann der Großen Mutter ist. Da ist diese Schutzmantelmadonna, gegenüber in der Liebfrauenkirche, vor der er auch jetzt kniet bei der katholischen Abendmesse, während ich hier am Platz vor einem Glas Wasser, da mein Magen säuert, den Tag schriftlich aufarbeiten muß. Da ist die katholische Kirche, das Kloster Billau, Klöster überhaupt. Auch das »Haus auf der Höhe« ist so ein mütterlicher Bauch, desgleichen sein Auto, mit dem er gegen eine Wand fahren will, um Schluß zu machen. Die Große Mutter als Todbringerin … Meine Scheide und unser beider Orgasmus, um den er sich durch meine Bettakrobatik, wie er sagte, betrogen fühlt. Zwei Stunden Liebesdienst seien ihm zu lang, vor allem wenn ich, und noch schlimmer, wenn er nicht käme. Ich habe mich aufgelehnt gegen dieses blöde Orgasmusgerede, das wegen maximal zwanzig Sekunden zwei Stunden entwerte. Am liebsten hätte er, so sagte er, drei Viertel Wein in sich hineingegossen, um zu vergessen. Aber er mußte fahren. Pflückte ihm am Parkplatz von einem entlaubten Strauch eine dieser mickrigen, aber süß duftenden Spätsommerrosen, weiß, voll erblüht, ohne Blätter und Dornen. Er wehrte ab. Ich solle sie behalten und zu den sieben gelben in die Vase stecken, die er mir am Freitagmorgen verehrt hat.

Neben ihm im Lokal war ich ziemlich ratlos. Aber ich fühlte es mit aller Deutlichkeit, daß ich an meine Grenze gekommen war, daß ich nicht weiter konnte. Meine Lebensfreude, die »Leichtigkeit des Seins« standen auf dem Spiel. Auch die Freiheit, ja oder nein zu sagen, zu kommen und zu gehen … Brachte es aber nicht übers Herz, Gregor nicht zu seinem nächtlichen Besuch einzuladen … Er kommt aus der Kirche. Ich muß schließen. 20 Uhr.

26.

Die Blumeninsel

Montag, 6. September

Der Sonntag mit Gregor hat mich viel Kraft gekostet. Wir aßen noch auf der Höhe zu Mittag, um Geld zu sparen, wie er sagte. Zum See wollten wir, auf eine der beiden großen Inseln, aber erst auf der Fähre entscheiden, auf welche von beiden. Gregor wollte seinen Wagen nehmen, den weißen »Käfer« mit dem H auf dem Nummernschild, da er vom ruckartigen Schalten in meiner »Ente« immer ein steifes Genick bekäme. Er wählte kleine Sträßchen. Wir rollten hügelauf, hügelab. In einem Dorf hielt er vor einem Postkasten, um einen Brief an mich einzuwerfen, den ich heute bekam. Er mußte ihn noch vor dem Mittagessen geschrieben haben, einen Liebesbrief, denn er bezog sich auf unsere Liebesnacht, die zu unser beider Überraschung den gestrigen Horrortrip beinah vergessen ließ.

Obwohl wir uns noch gar nicht endgültig für die Blumeninsel entschlossen hatten, äußerte er schon während der Fahrt tausend Gründe dagegen. Viel zu viele Touristen liefen da herum. In Töpfen ständen abgeblühte, vertrocknete Blumen. Kurz, er ließ an der Insel kein gutes Haar.

Ich begann mich im stillen schon zu ärgern. Denn im Grunde war es mir gleichgültig, ab wir dahin oder dorthin gingen. Aber ich fühlte mich um die Wahl geprellt. So nicht, dachte ich. Als wir auf der Fähre den See überquerten, hatte ich mich, auch um des lieben Friedens willen, nun selbst für die Klosterinsel entschieden, wo Gregor zuerst Kaffee trinken wollte, um anschließend die romanischen Kirchen zu besichtigen. Gregor aber fuhr zur Blumeninsel.

Fast hatte ich den Eindruck, er wolle mich irgendwie bestrafen oder er tat es, um mir zu beweisen, daß er recht habe mit seinen Einwänden und Vorbehalten. Die Parkplätze waren voll. Noch auf dem Parkplatz wollte ich keinen Schritt mehr tun und zur Klosterinsel fahren, um mir das Geknatsche zu ersparen, sollte es so sein, wie er sich das vorstellte. Nun, sagte er ein wenig triumphierend, sei es dafür aber zu spät.

Dieser Gregor Bambach hat eine Art, jede Unternehmung von vornherein auf ihre Schwierigkeiten und eventuellen Unbilden abzuklopfen. Das ist ein ewiges Problematisieren in näselndem Ton und klagendem Tonfall. Kaum saßen wir am Wasser auf der Café-Terrasse, sagte Gregor: »Es mufft.« Ich hätte ihm Gift geben können. Außerdem saß ich ungern gleich, nachdem ich den Eintritt von DM 18 pro Person beglichen hatte, schon wieder beim Kaffee.

Das Kindergekreische, die Leute, alles störte ihn.

Wir gingen dann am See entlang unter einem herrlichen alten Baumbestand, vorbei an Dahlien in allen Farben. Es war eine Pracht. Das mußte sogar Gregor zugeben. Kaskaden plätscherten von einer künstlichen Anhöhe, Bänke luden ein, die schöne Aussicht zu genießen.

Der See glänzte, der Himmel war blau, die Sonne leuchtete. Gregor ging neben mir her und konnte nicht umhin zuzugeben, daß wir weder von Unmassen Touristen belästigt würden, denn wir gingen fast immer allein, noch daß irgendwo vertrocknete Topfpflanzen in Töpfen dahinvegetierten. Ich zeigte ihm die riesigen Fuchsienstauden, einen chinesischen Rotholzbaum, wies ihn hin auf schöne Ausblicke auf den See. Ja, ich zog ihn ab und zu auf eine weiß gestrichene Bank oder forderte ihn auf, an Rosen zu riechen. Wir stiegen zum Schloß hinauf, vor dem Orangen-und Zitronenbäumchen mit reifen Früchten in den kugelrunden Kronen in weißen Holzbehältern Spalier standen. In der Kirche, in der gerade eine Führung stattfand, warteten wir, bis die anderen Besucher sie verlassen hatten. Ich fotografierte expressive Engel von Feuchtmeyer, weidete mich an der Schönheit dieser Marienkirche aus dem achtzehnten Jahrhundert. Über die Gartenterrasse erreichten wir andere Aussichtspunkte mit Korallenbäumen und blühender Datura. Ich zog Gregor in eine Laube, vor uns weiße Statuen, Rosen, mit wildem Wein bewachsene Wandelgänge, gefügt aus römisch anmutenden Ziegelsäulchen und Rankgerüsten. Da weinte Gregor bitterlich.

Er sei doch auf der Blumeninsel gewesen, schluchzte er. So habe er sie aber nicht gesehen. Er schäme sich, daß er unrecht gehabt habe mit seiner Beschreibung, daß er Unsinn geredet habe. Allmählich zweifle er an seinem Verstand, daß er die Wirklichkeit richtig wahrnehme. Er sei wohl doch reif für das Psychiatrische Landeskrankenhaus.

»Wirst du mir ins PLK schreiben?«

Ich hielt ihn im Arm und versuchte, ihn abzulenken, wie man ein Kind ablenkt, das traurig ist. »Schau hier… Sieh dort… Ist das nicht wunderschön?«

Er gab es zu, die Blumeninsel sei über alle Maßen herrlich, versäumte aber nicht, sich auf die Schulter zu klopfen, daß er sich schließlich doch dazu entschlossen habe.

Ich denke, auch die Klosterinsel wäre schön gewesen, trotz Gregors alten Fußstapfen. Eine mächtige Kastanienallee führte uns zurück zum Ausgang, wo ein großer künstlicher Pfau und vier ebensolche Entlein, über und über bepflanzt mit mehrfarbigen Eisbegonien, und Volieren mit Aras, Goldfasanen und piepsendem Kleinstgeflügel unsere Blicke auf sich zogen. Der Abend schien gerettet. Gregors Befürchtungen, wir seien nicht vor halb neun in T., erwiesen sich als unbegründet. Auf der Fähre bot sich uns ein prächtiger Sonnenuntergang, obwohl Gregor sich gleich wieder heftig über die Zugluft beklagte, bis ich ihn hinter einen Schiffsvorsprung zog, gerade groß genug, uns beide, nebeneinanderstehend, abzuschirmen.

Wir erreichten das Schloß von T. um acht. Es leuchtete uns im schönsten Abendlicht entgegen. Unser Italiener war voll. Nur ein Tischchen an der Theke wäre noch frei gewesen. Gregor ergriff die Flucht. Glücklicherweise war nebenan ein Grieche. Zuerst behauptete Gregor auch hier, es ziehe wie Hechtsuppe. Was es schlechterdings nicht konnte, da Fenster und Türen geschlossen waren. Am Ende war es ihm doch genehm, obwohl er das Essen schon abbestellen wollte, weil es länger auf sich warten ließ. Es wurde frisch zubereitet, schmeckte köstlich, und die Welt war wieder im Lot.

Auf der Heimfahrt hielt Gregor an unserem »Kußdreieck«, lag mir im Arm und küßte mich. Punkt 23 Uhr machten wir »auf der Höhe« ins Ausgehbuch unser Häkchen, daß wir zurück seien.

27.

Baubo

Dieses Wochenende hatte Martha überfordert. Gregor Bambach hatte sie angesteckt mit seiner Angst. Ihr Verstand sagte ihr, daß sie sich frei machen müsse von all den eklen und kranken Bildern, die er vor ihrem inneren Auge heraufbeschworen und gnadenlos ausphantasiert hatte, Bilder von Tod und Verwesung. Sie hatte sich mit ihm über einen Abgrund gebeugt. Ihr war, als habe Gregor ihr den Boden unter den Füßen weggezogen. Eine Art von Schwindel hatte sie befallen und verursachte ihr körperliche Übelkeit und Magenschmerzen. Diese Symptome waren ihr nur allzu wohlvertraut, als daß sie sie auf die leichte Schulter hätte nehmen können. Im »Haus auf der Höhe« gab es, so dachte sie, nur einen einzigen Menschen, der ihr helfen konnte, diesen Schreckensszenarien etwas entgegenzusetzen: Kitty Frohauf. Deshalb ging sie zu ihr und bat für den Dienstagnachmittag um eine Einzel-Therapiestunde.

»Wo brennt es, Frau Ruland?«

»Gute Frage, ja, es geht um Brandstiftung.«

»Immer noch der gleiche Täter?«

»Sie wissen …?«

»Mein Kollege Hüter hat Andeutungen gemacht. Er überprüft das Ausgehbuch.«

»Und? Spricht etwas dagegen?«

»Keineswegs. Im Gegenteil.«

Da erzählte Martha ihr von Gregors Wallfahrten zur Schutzmantel-Madonna, von den letzten beiden Ausflügen, von seinen Selbstmordphantasien und deren Wirkungen auf ihren Magen.

Kitty Frohauf trug enge hellblaue Jeans und ein weißes Woll-Trachtenjäckchen mit aufgestickten Wiesenblumen. Darunter eine weiße Leinen-Hemdbluse, die ihre Sonnenbräune zur Geltung brachte. Im Ausschnitt ihrer hochhakigen Sandaletten blitzte das Rot lackierter Zehennägel. Wie es ihre Art war, strich sie sich mit dem Handrücken lässig die losgelöste Strähne hinters Ohr. Sie hatte aufmerksam zugehört, ohne eine Gegenfrage zu stellen. Als Martha geendet hatte, erhob sie sich, ging zum Spind und entnahm ihm zwei grüne Arbeitsschürzen.

»Vielleicht wollen Sie das, was Sie mir gerade erzählt haben, thematisieren und sich auf diese Weise davon freimachen?! Zeichnen Sie ihn doch, diesen Gregor Bambach, so wie Sie ihn sehen. Es gibt hier alle Formate, alle gestalterischen Mittel.«

»Schwarz-Weiß fände ich passend«, sagte Martha. »Eine Kohlezeichnung auf weißem Grund und in großem Format.«

Kitty hatte den Arbeitstisch im Atelier, eine Art Riesenreißbrett, leergeräumt von zum Trocknen ausgelegten Pinselarbeiten und zog aus einem Wandschrank mit Marthas Hilfe einen voluminösen Zeichenkarton. Zu zweit legten sie ihn auf die Preßspanplatte. Als Kitty dem Schrank auch noch eine Schachtel schwarzer Pastellkreiden entnommen hatte, zog sie sich zurück und überließ Martha ihrer Eingebung.

Martha schob den Bogen quer. Sie zeichnete im Stehen … einen nackten frontal zum Betrachter sitzenden Frauenkörper mit großen Brüsten und aufgespreizten, leicht angewinkelten Beinen, die Fußspitzen nach außen gedreht. Den Bereich zwischen den Schenkeln ließ sie weiß, den sparte sie sich auf, wozu, wußte sie noch nicht. Auf diesen Körper setzte sie einen runden Kopf, die Andeutung eines Totenschädels mit viereckigen Augenhöhlen, entfleischter Nase und breit aufgerissenem

Maul, aus dem zwischen spitzen Zähnen dick und lang, wie die einer Kuh, die Zunge heraushing. Das ist Kali, dachte sie, der man noch im 19. Jahrhundert Menschenopfer dargebracht haben soll. Hatte die nicht mehrere Arme? Gut, sollst auch welche kriegen, rechts zwei und links zwei. Was geben wir dir aber für Attribute in die Hände? Martha erinnerte sich, daß zum Kalikult eine Schädelschale gehörte. Also Schädelschale in die linke Hand. Dazu paßte wohl auch ein großer Knochen, ein Oberschenkelknochen für die rechte. Martha spürte, wie ihr das Blut ins Gesicht schoß: Gregors Schutzmantelmadonna. Sie trat zurück und betrachtete schweigend und aufgewühlt ihr Werk. Das war Blasphemie, was sie da gezeichnet hatte. Sie nahm wieder die schwarze Kreide. Auf den blanken Schädel gehörte noch ein halber Kürbis als Krone mit einem Kreuzlein an der Spitze. Nun fügte sie in die dritte Hand eine Dornenkrone, während die vierte eine sich windende Schlange festhielt, aus deren aufgerissenem Rachen gespalten die Zunge vorschnellte. Ausgehend vom unteren Rand der Krone breitete sich zu beiden Seiten ein Schleier aus, der für die obszön kauernde Gestalt den Hintergrund abgab. Kopfzerbrechen bereitete Martha der ausgesparte Genitalbereich. Kauerte oder hockte diese Kali-Madonna nicht in einer Art Gebärstellung? Wurde nicht auch die Göttin Baubo in einer ähnlich vulgären Stellung dargestellt? Aber das war, erinnerte sich Martha, eine sich anbietende Pose. Diese hier sollte etwas herauswürgen. Sie zeichnete in den noch freien Raum zwischen die Schenkel einen rechten Winkel mit der Spitze zum Nabel hin. Und aus dieser Spalte kam kopfunter, Augen geschlossen, die dünnen Arme ausgebreitet wie ein Gekreuzigter, zur Hälfte ein nacktes Männchen hervor, nicht dicker als der eiförmige Kopf: Gregor, dachte sie und fühlte, wie ihr Herz kräftig schlug.

Kitty Frohauf stand schon seit einiger Zeit neben Martha und sah ihr ins Bild.

»Und jetzt? Ist es fertig?«

»Nein. Den Mantel muß ich noch schwarz schraffieren.«

»Nehmen Sie die Kreide mit der Längsseite. Das deckt besser.«

Martha zupfte die Papiermanschette von ihrem Kreidestück und gab ihrem Monstre sacré samt Geburtsszene einen schwarzen Hintergrund.

»Das ist blasphemisch«, sagte sie.

»Tut Ihnen das gut?« fragte Kitty verständnisvoll.

Martha nickte. Und doch wurde ihr unheimlich. Sie erschrak vor ihren Phantasien. In großen Druckbuchstaben schrieb sie links und rechts der Krone den alten Beinamen der Madonna: STELLA MARIS. Besucherinnen sangen in einer der Barockkirchen, die sie mit Gregor besichtigt hatte: Meerstern, ich dich grüße. »Das ist ein sehr altes Lied«, hatte sie ihm zugeflüstert. »Weißt du, daß der Text auf ein Isis- und Venusgebet zurückgeht?«

»Was soll nun damit geschehen«, fragte Kitty Frohauf. »Sie müssen sich überlegen, was Sie damit tun wollen. Denn wegwerfen oder zerstören, das dürfen Sie nicht. Das wäre nicht gut.«

Gemeinsam rollten sie das Bild zusammen. Kitty klebte die Rolle mit einem Stück Paketband zu und reichte sie Martha.

»Ich werde es auf keinen Fall Gregor Bambach zeigen. Am liebsten würde ich es abgeben. Ich habe nämlich vor, mir einen Termin bei Professor Schrot geben zu lassen. Wenn Herr Bambach nichts dagegen hat, möchte ich dem Professor gerne sagen, daß ich meinen heimlichen Liebhaber für hochgradig selbstmordgefährdet halte. Vielleicht ein letzter Liebesdienst.«

»Das ist keine schlechte Idee«, sagte Kitty. »Er ist Herrn Bambachs Bezugstherapeut. Bringen Sie es ihm mit.«

28.

Puck

Die Klettergerüste für die Angstpatienten waren aufgestellt. Die geglätteten Masten überragten das Haus und leuchteten mit ihren vertikalen Querstangen und zweckmäßig gespannten oder girlandenartig herabhängenden Seilen hell gegen das Fichtengrün. Das Areal war mit einem hohen Maschendrahtzaun umfriedet. Der rote Sandboden erinnerte an einen Tennisplatz und kontrastierte effektvoll dem Wald und dem grünen Rasen.

Am späten Nachmittag, wenn die Masten mit ihrer Takelage lange Schatten warfen, erblickte man den Hausherrn, auf dem Kopf einen Sturzhelm und um den rundlichen Leib ein Klettergeschirr, wie er kurzbehost und kurzärmelig in luftiger Höhe, wenn auch auf dem untersten Schwebebalken, sich von A nach B vortastete. Sorgfältig setzte er Fuß vor Fuß und streckte dabei seitlich der Balance wegen die Arme aus. Über ihm lief an einem parallel zum Laufbalken gespannten Seil eine Rollvorrichtung, die wiederum mit einem doppelten Sicherheitsseil an seinen Gurten befestigt war. In Armhöhe befand sich noch ein Doppelseil, eine Art hänferner Handlauf, in das der Akrobat zur Not hätte greifen können. Martha erinnerte diese Darbietung an Zirkuszelt und Maibaumkraxeln.

Als sie am Donnerstagabend in Professor Schrots Sondersprechstunde kam, saß er verschwitzt, mit hochrotem

Kopf und verklebten, einzeln hochgesträubten Haaren hinter seinem Schreibtisch. Er sei, so sagte er, den ganzen Tag in den Seilen herumgeturnt. In seinen nassen Tennissachen ähnelte er eher einem Troll oder einem Waldschrat als einem Klinikchef. So kannst du den Puck spielen, dachte Martha.

Sie jedoch erzählte ihm vom Albtraum ihrer beiden Ausflüge mit Gregor, von seinen Kratern und Abstürzen, seinen unappetitlichen Grabesphantasien. Rundheraus sagte sie, daß sie Angst habe, er werfe sich vor einen Zug oder fahre sein Auto gegen die Wand, wie er es ihr schon drastisch ausgemalt habe.

»Dieser Gregor Bambach ist ein sehr interessanter Mann«, sagte Professor Schrot und kratzte sich seinen blonden Dreitagebart. »Ich weiß nicht, aber ich muß da immer an eine Katze denken. Der sagt man auch nach, sie habe sieben Leben. Die kann vom Dach fallen und landet wieder auf ihren vier Pfoten. So etwa schätze ich auch Gregor Bambach ein. Er wird einen Weg finden und wieder auf seinen Füßen landen. Meiner Meinung nach liebt er das Leben viel zu sehr. Glauben Sie mir, so einer bringt sich nicht so schnell um. Da können Sie ganz ruhig sein. Und was Sie betrifft, Frau Ruland, so würde ich sagen, er pokert hoch. In was will er Sie hineinziehen? Das ist kein Seiltanz mehr, das ist Absturz.«

Martha legte ihm die große Papierrolle auf den Tisch. Der Professor überflog die Zeichnung. Sie schien ihm nichts zu sagen, obwohl Martha, wie es ihre Art war, ihm die Interpretation gleich mitlieferte. Vielleicht hätte ich das nicht tun sollen, dachte sie. Ärzte hatten es wohl nicht so gerne, wenn ihnen Laien in die Suppe spuckten. Der Glaube an Gregors narzißtische Kränkung schien ohnehin durch nichts zu erschüttern. Martha war unzufrieden. Was verstand dieser Mann unter »hoch pokern«? Sie hätte ihn gern gefragt, doch da war die Audienz schon beendet. Er hatte kommentarlos die Papierrolle in die Ecke gestellt. Vermutlich brauchte er jetzt dringender eine Dusche und zwei kühle Pils. Da war diese Kitty Frohauf schon ein anderes Kaliber. Hatte die nicht in der letzten Frauengruppe im Turnsaal eine Aufnahme der Zarah Leander abgespielt? Die schnoddrige Berlinerin Inga, die wieder muntere Melanie und auch die gestreßte Martha hatten überrascht gelacht und lautstark mitgesungen, daß man es im ganzen Haus hören konnte.

»Was hattet ihr denn zu feiern?« fragte der traurige Exministrant Erwin, als die drei Frauen immer noch kichernd aus dem Turnsaal kamen. Und dann sangen sie für ihn das Lied der Zarah Leander noch einmal, laut und deutlich:

»Nur nicht aus Liebe weinen, es gibt auf Erden nicht nur den Einen. Es gibt so viele auf dieser Welt, ich liebe jeden, der mir gefällt!«

29.

Quellwasser und Honig

Donnerstag, 9. September

Der Ausflugsdampfer kam von der Anlegestelle und drehte ab Richtung Seemitte. Seine Wellen schlagen murmelnd und gurgelnd auf den Kies des Hotel-Badestrands. Sitze auf einer weißen Liege, die Beine hoch gelagert im Badeanzug, vor mir glänzt die Bucht des Malerwinkels. Der heißt nicht nur so. Als ich am Ufer entlangschlenderte, standen tatsächlich Malerinnen vor ihren Staffeleien. Der geschweifte Giebel des Jugendheims sieht irgendwie chinesisch aus. Die blauweiß gestreiften Fensterläden des Schlößchens zur Linken sind geschlossen. Motorboote schaukeln mit Personen an Bord im Wasser. Gefiepe der Enten- und Haubentaucherfamilien ein wenig weiter draußen und die Schreie der Möwen. Ab und zu ein einzelner Schwan. Am Kiesstrand angeschwemmte und bizarr geformte Wurzeln. Eine kleine Jolle, unbemannt, aber mit aufgezogenen Segeln dreht und wendet sich vor dem Wind, im seichten Wasser verankert. Drei Segelboote auf dem See, das gegenüberliegende Ufer im Dunst, aus dem das Donnern eines Gewitters herübergrollt. Der Himmel milchig. Es hat sogar ein bißchen getröpfelt. Wollte schon meine Sachen zusammenpacken. Mückenschwärme auf dem Wasser. Die Möwen fetzen mitten hinein und picken hektisch um sich. Hält sich das Wetter?

Kann mir nicht helfen, aber hier spricht mir alles von Gregor: gegenüber die Landzunge mit der St. Georgskirche und dem idyllischen Friedhof, wo wir uns küßten, dem Schloßhotel, wo er übernachtete, bevor er vor zwei Jahren in den Knast ging, mit der Seeterrasse, wo wir Kaffee tranken. Gregors Küsse schmecken nach Honig und Quellwasser. Bin ich verliebt? Er mundet mir köstlich. Am Montag hat er seinen 49. Geburtstag. Wir feiern ihn hier am See in einem wunderschönen Hotel. Ich als Vorhut und Quartiermacher. Er wird nachkommen.

Das »Haus auf der Höhe« liegt hinter mir. Sechs Wochen sind um. Auch Inga und Melanie sind abgereist. Wir haben zu sechst im Dorfgasthaus Abschied gefeiert. Peter und Volker als trauernd Hinterbliebene hangeln sich seither unfroh und verbissen durch die Seile des Klettergartens. Nach dem herrlichen Sommerwetter hatte es in der Nacht erstmals geregnet. Putzte mit Haushaltspapier die Tropfen und den Dreck von meinem Auto. Gregor hatte Anfang der Woche Besuch von seiner Margarete, die zu sehen mich durchaus nicht drängte.

Hat mir von einem Einzeltermin bei Schrot erzählt. Er solle, sagte dieser, es nicht gering schätzen: Die Martha Ruland habe nicht gesagt, der Ottlieb Hüter sei für sie therapeutisch bedeutsam gewesen, sondern der Gregor Bambach. Er habe einmal eine Frau finden müssen, die sich deutlich abgrenze. Ich hätte gesagt, ich fände die Beziehung wichtig und auch sehr schön, wolle ihn jedoch nur ab und zu sehen, keinesfalls aber mit ihm zusammenwohnen oder gar mit ihm leben. Offenbar war er auch noch mit der Margarete bei Schrot. Die soll gesagt haben, vielleicht sei ja die Martha Ruland so reich, daß er nicht mehr arbeiten müsse. Auch das noch! Wundere mich, daß er mir das alles so brühwarm erzählt. Die Dame hat sogar »auf der Höhe« genächtigt. Da hab ich aber Glück gehabt, daß wir uns nicht über den Weg liefen. Verdanke ich vermutlich Gregors gewieftem Arrangement.

Weiß nicht genau, was ich will. Alle Lust will Ewigkeit. Meine Gefühle wechseln. Ich liebe Gregor nicht, bin nicht in ihn verliebt. Aber das Bett mit ihm, ich genieße es und ihn. Als ich am Parkplatz kurz vor Abfahrt das Auto aufschloß, wollte er mich fotografieren. Drückte ihm die Kamera in die Hand. Fotografierte auch ihn vor seinem Wagen. Er wollte mir das Geleit geben bis T. und fuhr mir voraus. Hatte mir die Strecke sogar auf einen Zettel geschrieben, damit ich mich nicht verfahre, und startete schon zurück. Ich aber hinter ihm her, wieder in seine Richtung heraus aus dem Kreisel. Er hielt, um mir zu sagen, ich müsse die andere Richtung nehmen. Ich wollte aber nur noch einmal geküßt werden. So geht das. Zwei Tage und zwei Nächte mit ihm am See. Da werden wir uns wieder in die Haare kriegen.

Warum aber sollte ich auf diesen Mann verzichten? Wenn es regnet, verbringen wir deinen Geburtstag im Bett. Tja, und dann war ich gestern sehr glücklich auf der Fahrt hierher. Sein Schloß auf der Landzunge war leider ausgebucht, aber ich fand ein anderes, sehr schönes Hotel mit Blick auf das Schloß. Ließ prophylaktisch für halb acht Sonn- und Montagabend ein Zweiertischchen am Fenster reservieren. Denn irgendwann werden wir wohl Hunger bekommen –

Gregor schrieb mir einen Liebesbrief:

»… in allen Wirren des Tages, in allem Flattern des pochenden Herzens, auch im Flackern des Mutes, leuchtet das Bild, das ich sehe hinunterschauend an mir in Deinem Bett zwei Tage zurück am späten Nachmittag: meine Brust hinunter zum Bauch und hinüber auf Deinen, die Schenkel, die herrlichen vollen Brüste. Deinen Hals und das Kinn hinauf in die leuchtenden, noch von der Sonne der Hochebene gezeichneten Augen, und hinauf dann zum Schopf, diesem i-Punkt des Mutes.« Ich nehme an, mit »Hochebene« meint er die Plateauphase meiner Lust. Mein Liebster ist äußerst preziös in seinem Stil: »Und Lust durchströmt mich zart; der Mut, durch Dein Beispiel erquickt, hebt das Haupt: ›Leben‹ schreit Alles, und was noch gar nicht zerfiel, kräftig tritt's auf die Füße: für sich – doch strahlend zu Dir – wie durch Dich bestrahlt …«

Ich bin da verbal entschieden wenig zart, sage Titten zu Titten und Schwanz zu Schwanz und rede vom Vögeln, extra, damit ich mir an soviel Zucker nicht den Magen verderbe. Gregor ist mein Geliebter. So ist es, wenn er auf seinen Abgründen und Depressionen immer schön fest den Deckel drauflläßt. Das zu deckeln, sei Kultur, sagte ich gestern ziemlich roh. Er hielt sich daran. Die Liebe mit ihm ist angenehm. Er ist sehr gepflegt und appetitlich. Ich lecke und streichle und küsse ihn mit Lust und wirklich überall und stundenlang. 1 m 78 groß, 74 kg schwer, schön gebaut mit wohlgeformten, für einen Mann eher kleinen Händen und Füßen. Seine Haut ist hell und von feinster Struktur. Über der Brust beginnend, zieht sich eine von oben nach unten stärker werdende, hellbraune Behaarung, auch auf den Schultern, die rund sind und sich ein wenig nach vorn biegen. Bei seiner Größe wirkt er zierlich. Am zerbrechlichsten der Kopf mit den extrem kurzen, mausbraunen Haaren, wenn ich ihn mit meinen Händen halte und vorsichtig streichle, als bestünde dieser Hinterkopf und die Schädeldecke aus Eierschalen, die man leicht eindrücken könnte. Die blauen Augen nichtssagend. Sie sprechen nicht, geschweige denn, daß sie brennen oder leuchten. Das ganze Gesicht verschwimmt, löst sich auf, sobald die tragischen Stirnfalten sich glätten. Dieser Mann bedarf der Attribute: der Designer-Brille, der Pfeife, der Mode – Schwarz steht ihm, die Farbe der Kirchen und des Todes… aber auch die Farbe der Anarchie und der Existenz… Ihm geht es durchaus nicht nur um die Existenz. Er liebt den Luxus, meine Passepartouts! Der Gedanke, in vier Jahren noch das gleiche Sakko tragen zu müssen, tut ihm weh! Auch deshalb geht mir der Satz seiner co-abhängigen Margarete bezüglich meines »Reichtums« so recht zu Herzen. – Ich, und reich! Nur weil ich Seidentücher von Hermès trage. Aber die sind mindestens zwanzig Jahre alt.

Habe mir in die Hand hinein versprechen lassen, daß er während unseres See-Aufenthalts mich mit psychischen Exzessen verschont. Habe ansonsten mit sofortiger Abreise gedroht. Nun ist Genuß angesagt. Mein Geliebter will sich ein Luxus- und Liebeswochenende mit mir zum Geburtstag schenken. Die Kirche hat ihn finanziell abgefunden. Er zeigte mir noch bei unserem letzten Frühstück »auf der Höhe« ein dickes braunes Kuvert, prall gefüllt mit unanständig großen Scheinen. Habe noch nie so viel Geld auf einem Haufen gesehen, angeblich elftausend Riesen. Ein Ergebnis der »Aktion Taube«?

30.

Der Morgen

Gregor Bambach gab das dicke, braune Kuvert, das er Martha zeigte und vor ihren Augen öffnete, damit sie den Riesenpacken großer Scheine sehen könne, im Hotel in Verwahrung – und vergaß am Morgen beinahe, es auszulösen. Er steckte es in eine rindslederne Aktenmappe.

»Hast du's eilig, *cara*? Magst du dich nicht eine Stunde auf unsere Bank am See setzen? Vielleicht noch ein bißchen Tagebuch schreiben?« fragte er. »Ich habe am Vormittag etwas auf der Post zu erledigen. Dazu muß ich aber in die nächste größere Stadt. Hier haben sie kein Postamt. Ich beeil' mich, das versprech' ich dir, und ich denke, daß ich bis elf locker wieder bei dir sein kann.«

Nachdem er sie in diesem schönen Hotel so großzügig zu seinem Geburtstag eingeladen hatte, wollte sie ihm nichts abschlagen.

»Willst du das viele Geld nicht lieber noch eine Weile hier im Hotelsafe lassen, statt es in der Aktentasche mit dir herumzuschleppen oder dir aus dem Wagen klauen zu lassen?«

»*Amore mio*, das ist lieb, daß du dir Sorgen machst, aber das klaut schon keiner.«

Die zwei Liebestage und -nächte waren schön gewesen. Martha hatte erreicht, daß dieser schwierige Geliebte gelöst lächelnd in ihren Armen lag, wie sie in den seinen. Er hatte Wort gehalten. Kein Mißton, keinerlei Mißstimmung trübten ihren Genuß.

Geht doch, dachte sie.

An der Rezeption fand sich ein Kuvert von seiner Hand, ein Gruß, vielleicht geschrieben, während sie noch schlief.

»Geliebte Martha,
freue mich
auf Deine Augen
Glück, Rose, Du
bis nachher
Gregor.«

Vorsichtig begann sie, sich an seine täglichen Brieflein zu gewöhnen, die er mit ausgesuchten Briefmarken beklebte und auf der Rückseite mit seinen Initialen G. B. zeichnete.

Ein Gedicht hatte ihr Angst gemacht. Sie fand es in seinem Zimmer bei den Unterlagen auf dem Schreibtisch, hatte es heimlich an sich genommen, Verse eines Goethe-Gedichts:

Aber abseits wer ist's?
Ins Gebüsch verliert sich sein Pfad,
Hinter ihm schlagen
Die Sträuche zusammen.
Das Gras steht wieder auf,
Die Öde verschlingt ihn.

Ach, wer heilet die Schmerzen
Des, dem Balsam zu Gift ward?
Der sich Menschenhaß
Aus der Fülle der Liebe trank?
Erst verachtet, nun ein Verächter,
Zehrt er heimlich auf
Seinen eigenen Wert
In ungenügender Selbstsucht.

Merkwürdig, dachte Martha, als sie auf der Bank am See ihrem Tagebuch dieses Blatt entnahm und beklommen wiederlas. Sah Gregor sich so? Manchmal blickte sie in ihn wie in einen Spiegel, sah sich in ihm gespiegelt, die

Seiltänzerin und der Spieler. Hier war er ihr fremd und unheimlich. Angst stieg in ihr auf.

Kurz vor elf hörte sie sein Hupen, als er den Wagen vors Hotel stellte. Die Sonne schien, sanfte Wellen plätscherten ans Ufer. Er hatte sie um die Hüfte gefaßt, sie legte den Arm um die seine.

»Gehen wir noch einmal zum Schloß«, sagte er. »Später werden wir uns daran erinnern.«

Umschlungen schlenderten sie am See entlang, nahmen den Weg hinaus auf die Landzunge mit ihrem Schloß, der Kirche und dem malerischen Friedhof, um auf der Seeterrasse zum letzten Mal Kaffee zu trinken. Martha zog es zum Strand, der mit großen, rundgeschliffenen Steinen und einigen Felsen bedeckt war. Dort waren sie ungestört. Nur die Möwen segelten herbei und kreischten. Sie richtete ihren Fotoapparat auf ihn und drückte auf den Auslöser. Dann setzte sie sich auf einen Felsbrocken dicht am Wasser und bat ihn, auch von ihr ein Foto zu machen.

Er streckte die Hand nicht aus nach der Kamera, stand einfach da mit weit aufgerissenen Augen. Tränen rannen ihm über's Gesicht. Und plötzlich brachen alle Dämme. Gregor Bambach tat sich keinen Zwang mehr an, schrie sie hinaus seine Klage, schleuderte sie heraus, erhob seine Stimme, hemmungslos schluchzend, schrie und tobte gegen den See, gegen das Schloß, gegen das Leben überhaupt, gegen sein Leben, dieses sein beschissenes Leben, und richtete seine wütende Anklage zuletzt gegen Martha, die ihn entsetzt ansah.

»Bist du jetzt komplett verrückt geworden?« Röte stieg ihr in die Wangen, auch ihre Stimme hob sich. »Du, ich mach' das nicht mehr mit. Verstehst du? Ich kann nicht mehr.«

Er war plötzlich still, das Gesicht aschgrau.

»Ich gehe wieder in den Knast«, sagte er tonlos.

Martha atmete tief durch und sah ihn da stehen, den zerbrechlichen Eierschalenkopf zur linken Schulter geneigt.

»Lebwohl«, sagte sie leise.

31.

Der Spieler

Spielsucht und Lüge sind untrennbar miteinander verbunden. Diese Erfahrung blieb auch Martha Ruland nicht erspart. Sie suchte nach Einsichten, fand einen Ausspruch von André Costellani, wonach Zocken Selbstmord in Raten sei, und bei ihrem Liebling C. G. Jung den Satz, daß nur der einen Spieler retten könne, der ihm energisch Widerstand leiste. Wieder zu Hause las sie endlich *Der Spieler* von Dostojewski und kaufte sich Hans Falladas *Wer einmal aus dem Blechnapf frißt*. Sie dachte an Gregor, wie es ihm wohl ergehen mochte, und sehnte sich nach ihrem schlimmen Geliebten.

Doch der rief sie schon eine Woche später an, nicht aus dem Gefängnis. Er wohne wieder bei seiner depressiven Margarete und werde im Oktober in der Fachhochschule das Studium zum Sozialarbeiter aufnehmen. Als sie, Martha, ihn dort am Strand hinter dem Schloß allein zurückgelassen habe, sei er ziellos und unendlich traurig um den See geirrt, sagte er.

Martha verbot ihm nicht, sie anzurufen. Sie erlaubte ihm, ihr zu schreiben. Täglich schob ihr der Postbote seine wunderbaren und seltsamen Briefe, diese mit Feder und schwarzer Tinte geschriebenen Liebesbriefe unter der

Korridortür durch. Sie wartete schon darauf, ihnen galt ihr erster Blick am Morgen. Und dann stand er selbst vor ihrer Tür: *amore mio, cara, cara mia ...!*

Nach ihrer Balkonszene, als Gregor Martha um Geld anging und ihr mit Selbstmord drohte, war sie zur Philharmonie im Gasteig gefahren Es hatte seine Richtigkeit mit ihrer Konzertkarte, wenn ihr dieser Termin auch äußerst gelegen kam. Daß sie sich weder auf die Münchner Philharmoniker noch auf Mozarts Violinkonzert konzentrieren konnte und während der Musik an Gregor dachte, war eine andere Sache. Wie stets ging sie nach dem Konzert in ein Lokal in der Nähe auf einen Wein und eine Gulaschsuppe. Sie las Gregors Brief, den sie am Morgen erhalten hatte. Als sie kurz vor Mitternacht jedoch nach Hause kam, stand unübersehbar Gregors weißer Oldtimer-Käfer vor ihrer Tür, angefüllt mit Tabaksqualm, daß man den Pfeifenraucher im Wageninnern kaum erkennen konnte. Als er sie sah, stieg er aus, den Kopf schief über der rechten Schulter, tiefe Furchen auf der Stirn.

»Bist du den ganzen Abend hier vor der Tür im Wagen gesessen?« fragte sie ihn bestürzt. »Du mußt ja völlig durchfroren sein.«

»Ich konnte nicht wegfahren, *cara*. Ich wollte mich nicht auf diese Weise von dir trennen. Dazu ist mir unsere Zeit auf der Höhe zu kostbar.«

Wider besseres Wissen bat sie ihn herein.

»Verstehst du, ich will reinen Tisch machen, bevor ich in der nächsten Woche mein drittes Jahr abzusitzen, wieder ins Gefängnis gehe. Margarete hat mich angezeigt. Du hast mich nach dem Kuvert mit den großen Scheinen gefragt. Ich habe dich belogen, Martha. Keinen Groschen mehr habe ich. Ich habe alles verspielt, die zehntausend von der Kirche und das Geld für Oktober. Die Geschichte mit dem Automenschen, der das Geld für mich in Verwahrung genommen hat, um einen Transporter zu kaufen, ist gelogen. Ich habe alles in die Spielbank getragen, nachdem wir uns am See getrennt hatten.«

»Du bist also nicht weinend um den See geirrt, wie du gesagt hast!?«

»Doch, hinterher. Ich komme heute auch nicht vom Frankfurter Flughafen, sondern von der Spielbank. Sechstausend habe ich gewonnen, um dann alles, alles bis auf den letzen Pfennig wieder zu verspielen. Ich habe dich belogen. Wirf mich bitte nicht weg.«

Er fing an zu weinen.

Sie erbarmte sich seiner und richtete ihm in ihrem Gästezimmer das Bett.

Martha konnte nicht schlafen. Sie hatte das Bild vor Augen, das sie von diesem Schmerzensmann gezeichnet hatte. Jetzt glaubte sie es zu verstehen. Diese Stella maris war die Große Mutter der Leiden und des Todes. Ihre Attribute: die Schädelschale, der Knochen und die Dornenkrone. Die Schlange mit der gespaltenen Zunge, das christliche Symbol der Lüge. Der Schutzmantel: Hohn. Geld, Geld, und die Gier danach. Dieser Mann wollte das schnelle Geld. Er machte sich nicht gern die Hände schmutzig, diese zarten, gepflegten schönen Hände. Unentschlossen und schwach, schwankte er zwischen vielen Entwürfen hin und her, nannte er sie nun Spatz oder Taube. Jetzt verstand Martha auch plötzlich den Initialtraum ihrer zweiten Nacht auf der Höhe, in dem sie zusammen auf einer Wiese durch Kuhfladen wateten. Mist – ein altes Symbol des Geldes. Der Teufel, heißt es, scheißt immer auf den größten Haufen. Wir leben unser Tagleben, dachte sie, und nachts im Schlafen erzählt uns der Traum eine Geschichte dazu. Jeder für sich, in dieser Wüste des Egoismus, die man das Leben nennt. Armer Liebling.

Jetzt schlief dieser Unglücksrabe wie ein Toter ein Zimmer weiter in ihrem Gästebett. Morgen, dachte Martha, werde ich dir deinen Koffer vor die Tür stellen. Endgültig. Sie war froh und plötzlich sehr traurig.

Hanna Leybrand im Manutius-Verlag

Schafft die Träume ab
Gedichte nicht nur von der Liebe (2003)
Gebunden, 93 Seiten
ISBN 978 3 934877 22 1
(derzeit vergriffen)

»In den prägnanten Wortgebilden des Debütbandes *Schafft die Träume ab* spricht eine Heidelberger Lyrikerin von Rang.« *Rhein-Neckar-Zeitung*

»Ein eigener lyrischer Kosmos«
Fränkische Nachrichten

»Ein bemerkenswerter Band... Hanna Leybrands Gedichte besitzen Klang und Rhythmus; sie fordern darüber hinaus einen aufmerksamen, belesenen und aktiven Leser, aber sie verstehen sich auch darauf, eine entsprechende Haltung zu belohnen.«
Hans-Peter Ecker in: Deutsche Bücher

»Gelegentlich ein Nachklang der römischen Liebesdichtung des Catull, ein Anklang an Else Lasker-Schüler, eine Anspielung auf Hilde Domins ›Machandelbaum‹. Poesie, Musik und Liebesthema suchen den Einklang. ›Unterm Schneemond tanzen / Harlekin und Kolumbine‹. ›Auf der Tastatur meiner Rippen / spielt ein Kobold den / Minutenwalzer in Des-Dur‹. Unverkennbar weibliche Sinnlichkeit versteckt sich nicht. ›Dein Geschlecht unter vollen Segeln‹. Oft ist es ein einziges lyrisches Bild, das haftenbleibt – aber das vermag ein ganzes Gedicht mitzutragen.«
Walter Hinck, Frankfurter Allgemeine Zeitung

Der Chaosforscher

Geschichten & Kurzprosa (2005)

Gebunden, 158 Seiten

ISBN 978 3 934877 41 2

»Nach einem virtuosen Gedichtband *(Schafft die Träume ab)*, legt die in Heidelberg lebende Schriftstellerin ihren 1. Band mit Erzählungen und Prosaminiaturen vor, der auf Anhieb überzeugt.«

Besprechungsdienst für öffentliche Bibliotheken

»Hanna Leybrands Geschichten erheitern, bieten Kurzweil. Ihre skurrilen Charaktere entwickeln ein Eigenleben, das sich über das Ende der Texte in der Phantasie des Lesers fortsetzt.« *Rhein-Neckar-Zeitung*

»Die realistische Stimme ist bei Hanna Leybrand mit einer psychologisierenden Weltanschauung verbunden. Manchmal bekommt man das Gefühl, als ob man etwas aus Honoré de Balzac' Zyklus *La Comédie Humaine* in der Hand hätte. Aber auch die Wirkung von Stendhal ist in den Geschichten Leybrands erkennbar, wobei ihre eigene, zeitgenössische Sichtweise ihre Werke entscheidend prägt. Aktualität und Tradition, Weltoffenheit und innige Verschlossenheit bilden die Ambivalenz, die den Leser beim Studieren ihres Buches begleiten. Ein Kurzprosaband der besten Sorte.«

Zoltán Szalai, Pester Lloyd.
Die deutschsprachige Zeitung Ungarns, Budapest

»Zu einem Bravourstück wird die Skizze eines ›Nymphchens‹, einer griechischen Lolita.«

Walter Hinck, Frankfurter Allgemeine Zeitung

Der Schwarzwaldschamane
Geschichten & Kurzprosa (2006)
Gebunden, 219 Seiten
ISBN 978 3 934877 52 8

Nach ihrem ersten Prosaband legt Hanna Leybrand hier neue Erzählungen, Eskapaden der Phantasie, Erinnerung und subtilen Beobachtung vor. Sie speisen sich aus der Fülle der Erfahrung mit komplexen Menschen und dem eigenen Ich. Wie man in Liebes- und Lebenslagen miteinander umgeht, zieht die Autorin immer wieder in den Bann. Momente prekären Glücks, die Existenzformen gerade der schrägen Vögel, aber auch die Lebenstaktiken und die Worte, mit denen man Schweres erträgt, reizen ihre erzählerische Imagination. Ironisch werden reale und eingebildete Probleme umkreist. Der Leser wird nicht mit Bösartigkeit überfallen, sondern nimmt mit dieser Erzählerin vieles von neuem oder zum ersten Male wahr, dies gerade dort, wo sich der genaue Blick auf die Verrücktheiten des Alltags satirisch richtet.

»Hanna Leybrand ist eine scharfe Beobachterin … zur Satire auf die Beutelschneiderei von Scharlatanen und die Blindheit der wahllos Sinnsuchenden schärft sich die Geschichte vom ›Schwarzwaldschamanen‹.«
Walter Hinck, Frankfurter Allgemeine Zeitung

Tage in Weiß und Blau
Gedichte (2007)
Gebunden, 115 Seiten
ISBN 978 3 934877 57 3

»Der 2. Gedichtband der Heidelberger Lyrikerin und Erzählerin kann erneut durch eine ebenso eigenständige wie farbige Sprache und durch suggestive Bildsequenzen überzeugen. Der thematische Bogen ist diesmal weit gespannt und reicht von (sehr gelungenen und anrührenden) Kindheitsreminiszenzen über den Wechsel der Jahreszeiten (eines der klassischen Themen der Lyrik), über Liebes- und Freundschaftserfahrungen bis hin zu einem humoristischen oder doch ironischem Spiel mit literarischen Vorbildern. Leybrand verfügt über eine erstaunliche Variabilität lyrischer Töne und Formen, bleibt trotz virtuosem Spiel mit lyrischen Zitaten, immer verständlich, ohne dabei je ins Triviale abzugleiten.«

Besprechungsdienst für öffentliche Bibliotheken

»Das Plädoyer für die Tradition seit Homer wird immer deutlicher: Das ›greise Abendland / tausendfach totgesagt / … die Hand darauf, daß wir / sein Herz noch schlagen hören / unter dem Panzer / der neuen Eiszeit‹. Dem Rückblick zur Wiege der europäischen Dichtung antwortet die Wiederbeschwörung der eigenen Kindheit (›Im Garten meiner Mutter‹). Das poetische Ich registriert den Wechsel der Jahreszeiten, zumal in Heidelberg. Wieder gelingt es, das Flüchtige der Erscheinungen in einprägsamen Bildern einzufangen. ›Papageno Mai‹, ›Zündschnüre der Sonne‹, ›der Wind kommt um die weißen / Parallelogramme der Flug / linien auszublasen‹. Auch Parodistisches taucht auf.«

Walter Hinck, Frankfurter Allgemeine Zeitung

Das Nest
Neue Prosa – Neue Lyrik (2011)
Gebunden, 220 Seiten
ISBN 978 3 934877 83 2

»Besonders gelungen ist die Titelerzählung des Bandes … Wie hier, in der pädagogischen Provinz einer Klosterschule, nach und nach die idyllischen Fassaden wegbröckeln und ein unmenschlicher Unterdrückungsapparat sichtbar wird – das ist souverän und lakonisch erzählt und stimmig bis ins atmosphärische Detail.«

Besprechungsdienst für öffentliche Bibliotheken

»Unendlich sind die Spielarten der Liebe, unerschöpflich auch das Reservoir an Schmerz … Davon erzählt sehr subtil und facettenreich die Geschichte ›Sebastian‹ aus dem Prosa- und Lyrikband ›Das Nest‹. … Der Textilkaufmann Harry und die viel jüngere Studentin Andrea formieren in dieser Geschichte ein ungleiches, platonisches Paar, in dessen Freundschaft sich die Erotik immer wieder Bahn brechen will, das aber, wie die beiden Königskinder im Volkslied, nie ganz zusammenfindet. In Form einer Rückblende und in der Wiederlektüre eines von Harry geführten Tagebuchs wird das Verhältnis nach und nach erzählerisch vertieft, werden Irrwege und Höhenflüge der Freundschaft, ihre Einzigartigkeit und ihr entsetzliches Ende plastisch. Lange klingt diese in unprätentiösem Gestus vorgetragene und von Lebensklugheit gesättigte Geschichte nach. Auch die titelgebende Erzählung [Das Nest] … zeugt von der beeindruckenden Tiefenschärfe des distanzierten und zugleich empathischen Blicks der Autorin auf ihre Figuren.«

Frankfurter Allgemeine Zeitung